어른의 중력

어 른 의
중 력

생의 1/4 승강장에 도착한
어린 어른을 위한 심리학

사티아 도일 바이오크 지음

임슬애 옮김

Quarterlife

윌북

부모님, 아니타, 아이라, 이본,
열정과 진심이 깃든 삶을 보여준 그들을 위해.
그보다 더 위대한 선물은 없기에.

앞으로 도래할 미래는 당신 안에서, 당신 자신으로부터 창조될 것이다.

그러니 내면을 바라보라. 비교하지도, 평가하지도 말라.

타인의 길은 당신이 갈 길이 아니다.

타인의 길은 당신을 속이고 유혹하겠지만

당신은 자기 내면에 있는 길을 걸어야 한다.

─ 카를 융, 『레드북』

20대는 눈부시다?

이 말은 누군가의 추억 속에서나 가능한 이야기일 뿐, 당사자에게는 늘 허구다. 역사 이래로 늘 그랬다. 기성세대는 "아프니까 청춘"이라는 말로 고통의 책임을 젊은 세대에 전가하면서 그들이 고통을 견디지 못하고 투덜대거나 포기하면 나약하고 쓸모없는 사람 취급해왔다. '삶은 고통'이라고 가르치지만 정작 그 고통을 감수해야 하는 이유는 알려주지 않으면서 말이다. 그러는 사이 자살이 이 시대 20대와 30대 사망 원인 1위를 차지하게 되었다.

며칠 전에도, 그리고 오늘도 내 상담실에는 삶을 포기하고 싶은 충동에 시달리는 20대 청년들이 다녀갔다. 아마도 멀지 않은 미래에 또 다른 누군가가 같은 주제를 들고 나를 찾아올 것이다. 좌절과 비통함으로 가득 찬 그들을 위해 내가 할 수 있는 일이라고는 그간의 삶이 얼마나 고단했는지, 그런데도 포기하지 않고 살아내느라 얼마나 고생이 많았을지 공감해주는 것뿐이다. 지금의 나는 고통스러운 시간이 쌓이고 쌓이면 자신만의 찬란한 역사가 된다는 것, 고단한 시간 속에서도 의미로 가득한 찰나를 발견하는 것이 그 무엇보다 감동적이라는 것, 그리고 이러한 경험이 누적되면 생의 어느 순간 자신이 그토록 갈망하던 '왜 사는가?'에 대한 답을 얻게 된다는 것을 경험을 통해 알고 있다. 하지만 이러한 앎을 2030의 언어와 감수성으로 전달하는 것은 늘 버겁고 힘이 드는 일이다.

이 책은 나와 같은 고민에 빠진 이들에게 안도감과 신뢰감을 주는 내용들로 가득 차 있다. 저자는 청소년기 이후의 삶, 즉 10대 후반에서 30대에 이르는 시기를 '쿼터라이프'로 정의하고, 자기만의 삶이라는 작품을 창조하는 과정에서 쿼터라이퍼가 겪게 되는 다양한 어려움을 이해하기 쉽게 설명하고 명쾌한 대안을 제시한다. 저자는 말한다, "타인에 대한 경청에 앞서 자기 자신의 목소리를 경청하라"고.

저자는 자신이 믿는 것과 타인이 믿는 것을 세심하게 분리해내라고, 자신의 목소리에 귀 기울이고 경청하라고 강조한다. 그래야 무엇이 진정한 자기 자신이고 아닌지 알아내기 수월하고, 상황이 모호하거나 순응해야 한다는 압박이 있을 때 그 갈등 속에서 자신이 어떤 입장인지 알아낼 수 있기 때문이다. 저자의 말처럼, 타인에게 집중하느라 정작 자신에 관한 지식 쌓기를 거부하거나, 자신의 욕구를 지켜내지 않으면서 자신만의 삶을 살고자 하는 것은 모순이다.

이 책은 청소년기 이후 쿼터라이퍼뿐 아니라 모든 이들에게 삶의 진정한 의미를 발견하도록 도와주는 지도와 같다. 저자는 자신의 생각과 가치를 강요하려 들지 않는다. 그저 점잖고 품위 있는 문장으로 자신과 내담자가 경험한 것을 들려줄 뿐이다. 그가 들려주는 흥미롭고 감동적인 이야기를 들으며 몇 번이고 고개를 끄덕이다 보면 어느 순간 '옳다'는 생각이 든다. 그것이 이 책의 힘이다. 이번 겨울방학 북 리딩 시간에는 저마다의 쿼터라이프 시기를 지나고 있는 학생들과 이 책을 읽을 작정이다. 벌써 마음이 설렌다.

김태경 · 임상심리학자, 서원대학교 상담심리학과 교수

『어른의 중력』은 막 중년이 되어 쿼터라이프 시기를 반추하고 있는 내게 큰 선물처럼 다가왔다. 30대 때 친구들과 이야기하다, 나를 포함한 많은 친구들이 세금 납부나 돈 관련 일을 공포심에 미룬 적이 있다는 사실을 알게 되었다. 세금만 그러했을까. 살림, 일터에서의 예의, 관계의 변화 등 많은 것들이 버거웠었다. 잘 지내는 척했지만 뭘 잘 못하고 있는 건 아닌지 불안했고, 잘하고 있을 때조차 '이게 전부일까?'라는 생각이 종종 들었다. 미지 속을 걷고 또 걸으며 불안을 잊고자 참 많은 사람들과 그룹에 '속해 있었다'. 속해 있다고 착각하기도 하며.

작가는 쿼터라이퍼의 혼란과 허기의 이유, 쿼터라이프를 건강히 통과하는 과정을 내담자와의 상담을 통해 이야기한다. 책을 읽으며, 독립의 과정 속에서 자기 자신이 되려 했던 그 시기, 빈칸으로 남겨져 있던 내 안의 기억과 상실을 재방문할 수 있었다.

쿼터라이프를 건너고 있는, 혹은 지나온 그 시기와 잘 이별하고 싶은 이들, 그리고 진정한 자신으로 가는 통합의 여정에 있는 모두에게 이 책을 진심으로 추천한다.

김보라 · 영화 〈벌새〉 감독

알리는 말

✕

　이 책에 등장하는 인물들의 이야기는 여러 내담자와 진행한 상담 내용을 합한 것이다. 특정 내담자를 한 명의 인물로 재현하지 않았으며, 실제 인물을 가려낼 수 있는 세세한 개인 정보는 전부 완전히 바꾸었다. 심리 상담은 상담자와 내담자의 비밀 유지라는 신성한 약속에 기초하는 전문적인 분야임에도, 내담자의 이야기를 사례 연구로 사용하는 방법에 대한 윤리적 지침이 거의 없다. 나의 목표는 비밀 유지 원칙을 엄격하게 지키는 동시에 내담자의 사연을 단순화하거나 글의 도구로 이용하지 않으면서 온전한 이야기를 제공하는 것이다. 성공했기만을 바랄 뿐이다.

　이 책에서는 코로나-19 감염증을 다루지 않는다. 원고는 대부분 바이러스가 나타나기 전, 내담자와 함께 상담실에 앉아 이야기를 나누던 시절에 쓴 것이다. 이 책을 구상할 당시 내 목표는 어느 시대에 읽어도 유효한 글을 쓰는 것이었기에, 최근 전 세계와 심리 상담에 생긴 변화를 반영해 원고를 고치는 작업은 하지 않기로 했다. 코로나바이러스는 어떤 방식으로든 동시대 모든 사람의 삶에 영향을 끼쳤고, 독자가 마침내 이 책을 집어 들었을 때 세상이 또 어떻게 변했을지 지금의 나로서는 알 길이 없다. 그리고 내 목표는 줄곧 변함없었다.

　어느 시대의 독자가 읽어도 지침을 얻을 수 있는 책을 쓰는 것.

✕ **차례** ✕

머리말

어른의 무게가
보이지 않는 중력처럼 무겁게 느껴질 때 · 13

1부

생의 1/4, 정의되지 않은 이름 없는 시기

1장 · 20대는 눈부시다는 거짓말
　　　왜 누구도 이 고통에 대해서 말하지 않을까? · 21

2장 · 누군가는 걸어온 길
　　　그들은 언제나 방향을 잃고, 잃고, 찾았다 · 33

3장 · 지금보다 더 나은 삶
　　　방황을 끝낼 안전한 지도가 우리에게 있다면 · 42

2부

어른의 무게를 넘어

4장 · 의미형 · 61

5장 · 안정형 · 80

6장 · 분리 · 101

7장 · 경청 · 135

8장 · 구축 · 180

9장 · 통합 · 208

맺음말

길을 잃었을 때는
완전히 다른 미래에 온 마음을 바쳐야 한다 · 232

감사의 말 · 243

일러두기

각주는 모두 옮긴이의 주입니다.

어른의 무게가
보이지 않는 중력처럼 무겁게 느껴질 때

"왜 이렇게 길을 잃은 기분일까?"

"내 인생은 왜 이토록 엉망진창이지?"

"왜 나만 정체된 걸까?"

"대체 나는 뭐가 문제인 거야?"

그 마음, 잘 안다. 미묘한 회의감부터 사그라지지 않는 두려움까지, 10대 후반, 20대, 30대 사이에는 부정할 수 없는 고통이 퍼져 있다. 심각한 불안과 우울, 고통, 방황이 일반적인 상황이다. 자살률뿐만 아니라 약물 과다 복용으로 인한 사망률도 이루 말할 수 없이 높다. 이런 상황을 더욱 악화하는 것은 고통의 원인이 단순히 정신과 질환이라고 진단하고 손쉬운 해결책을 제시해 오히려 혼란과 스트레스를 가중하는 현실이다. 마치 이 시기가 복병처럼 개인과 보건 시스템을 공격하고 있다는 태도다. 하지만 문제는 단순히 정신 질환이 아니다. 더욱 본질적인 문제는 지금 우리가 이 시기에 일어나는 일들을 제대로 파악하지 못했다는 것이다. 청소년기 다음에 이어지는 20여 년의 기간을 무엇이라 불러야 할지, 정확하게 합의된 용어조차 없는 형편이다.

나는 이 시기를 **"쿼터라이프**Quarterlife"라고 부른다. "쿼터라이프"는 애비 윌너가 1997년에 처음 만들어낸 후 내가 성인기에 진입한

13

2000년대 초반에 널리 쓰이게 된 "쿼터라이프 위기Quarterlife crisis"[*]라는 용어에서 착안한 것이다. 쿼터라이프는 뚜렷한 특징이 있는 발달기로서, 고유한 지침과 충실한 안내가 필요하다. 가족의 압박과 자신을 향한 수치심으로 가득한 시기, 위기가 물밀듯이 이어지는 시기로 쿼터라이프를 깎아내릴 필요는 없다. 문제가 생긴다고 바로 의학적인 해결책을 써야만 하는 것도 아니다.

이 책은 그 대안에 관한 것이다.

나는 심리 치료사로서 성인기 중에서도 쿼터라이프에 집중하게 되었는데, 그 이유는 나 자신이 그 기간에 방황하면서 살았기 때문이다. 왜 이렇게 힘든지 알고 싶어서 타인에게서 통찰과 해답을 구했으나 정보라든지 응원 같은 것은 드물었다. 성장기 내내 학교에 다니면서 대비해온 삶과 앞으로 나 혼자 살아내야 하는 삶은 아무리 봐도 똑같은 것이 아니었다. 이 나이대 사람들이 대부분 그렇듯 나는 교육과정의 사다리를 타고 줄곧 위로 올라가도록 지시받았다. 초등학교 1학년에서

---

[*] 애비 윌너에 의하면 이는 삶의 질과 방향성에 관해 극심한 불안을 느끼는 증상으로, 주로 20대 초반에서 30대 중반 사이에 나타난다고 한다. 저자는 윌너가 설정한 연령 범위를 16세에서 36세로 확장해 '쿼터라이프'라고 명명하고, 이 시기를 지나는 사람을 '쿼터라이퍼Quarterlifer'라고 부른다. 국어에서 이와 대응하는 단어로 '청년기'와 '청년'을 떠올릴 수 있다. 그러나 사전적 정의와 국어 사용자들이 인식하는 정의가 제각각인 데다가 복지, 심리, 사회 등 각 전문 분야에서 저마다 다른 정의를 따르고 있으며, 무엇보다 저자가 비판하는 미국 사회의 청년기 인식과 정의와 겹치는 부분은 있어도 정확히 맞아떨어지지 않는다. 그래서 무리해서 번역하는 대신 저자의 용어와 논지를 그대로 남겨두기로 했다.

2학년으로, 5학년에서 6학년으로, 그렇게 오르고 올라 고등학교, 대학교로. 그러고는 갑자기 세상으로 **방출**되었다. 어른들은 지금껏 학교 너머의 삶에 관해 단단히 일러주었다는 듯 자연스럽게 등을 떠밀었다. 하지만 실제로는 그렇지 않았다. 나는 건강한 식사를 만드는 법이나 자동차 타이어를 교체하는 법은커녕 내가 누구인지, 내가 삶에서 원하는 것이 무엇인지 질문하는 법도 몰랐다. 게다가 복잡하게 얽힌 수많은 사회적 문제와 환경 재해로 고통받는 이 세상에서 사는 삶이 어떤 것인지 탐구할 도구를 얻지도 못했다.

어른들은 인생이란 직업적 성공, 결혼, 자가 소유 같은 목표를 향해 올라가는 반듯한 계단 같은 것이라는 믿음을 심어주었지만, 우리는 그것이 거짓이라는 사실을 저마다의 계기를 통해 깨닫는다. 성인기가 더 나은 미래를 향해 나아가는 직선적인 시기라는 착각은 딱딱하고 고루하며 이성애 중심적인 성별 고정관념, 위계적인 인종 서열과 경제 서열에 기반한 것이다. 이런 고정관념과 위계는 해야 할 일을 하나하나 실행해나가면 충만한 삶을 살 수 있다고 암시한다. 사실은 그렇지 않은데도.

쿼터라이프는 단순한 여정이 아니다. 이 시기에는 **경험**을 쌓아야 한다. 새롭고 혼란스러운 체험이 필요하다. 복잡한 관계와 실패, 위험, 갈망, 모험을 직접 겪어보지 않고 완전한 심리적 발달을 이뤄내기란 불가능하다. 현실 세계에서는 지저분하고 혼란스러운 것을 어떻게든 없애버리려고 애쓰지만, 쿼터라이프의 심리적 발달은 계획대로 깔끔하게 이루어지지 않는다. 경험은 자기만의 삶을 향한 탐색의 기반이다. 삶이란 원래 전적으로 고유한 것이기에 미리 작성된 지도나 말끔하게 닦인 길이 존재할 수 없다. 신화학자 조지프 캠벨이 삶이라는 여정에 관해 고민하면서 지적한 것처럼, "눈앞에 길이 보일지라도, 그 길은 내가 갈 길이 아닌 타인이 갔던 길이다".

하지만 일반적인 발달의 패턴을 알면, 삶의 여정에서 이정표로 삼을 수 있다.

이 책에서는 시대를 불문하는 쿼터라이프의 여정 속으로 파고들 것이다. 처음에는 옛 문헌과 회고록을 탐구하고, 그다음에는 미라, 코너, 그레이스, 대니, 총 네 명의 내담자와 진행한 심리 치료 사례를 살펴볼 것이다. 2부에서 진행될 네 개의 이야기는 사뭇 다른 쿼터라이퍼가 자기만의 방식으로 자신에 관해 알아가면서 고유한 인생 여정을 개척하는 모범적인 예시가 될 것이다.

쿼터라이프라는 시기를 이해하는 첫 발걸음은 두 종류의 쿼터라이퍼와 각각의 목표, 그리고 내가 '성장의 네 기둥'이라 정의하는 발달 작업을 알아보는 것이다. 일단 그레이스와 대니의 이야기로 의미형 쿼터라이퍼와 안정을 향한 그들의 여정을 소개한 후, 미라와 코너의 이야기를 통해 안정형 쿼터라이퍼와 의미를 향한 그들의 여정을 소개할 계획이다. 의미를 먼저 구하는 사람이든 안정을 먼저 구하는 사람이든, 궁극적인 목표는 같다. 둘 다 거머쥐는 것, 즉 자기 삶에서 온전함과 평온을 경험하는 것이다.

성장의 네 기둥, 즉 '분리', '경청', '구축', '통합'은 발달을 위한 이정표와도 같다. 네 기둥은 차례대로 하나씩 완료하고 넘어갈 수 있는 단계라든지 일련의 숙제 같은 것이 아니다. 전부 삶의 안녕과 만족에 중대한 변화를 가져올 중요한 심리적 작업 분야다. 이 작업에는 열린 마음과 끈질긴 노력이 모두 필요하다. 쉽게 이뤄낼 수 있는 작업이 아니며, 구조적이고 조직적인 장애물이 무수히 포진해 어려움과 혼란을 더

한다. 하지만 지독한 트라우마와 고통으로부터 굉장한 변화가 일어날 수 있으며, 일반적인 발달 패턴을 알아두는 것은 변화에 도움이 된다.

이 작업이 꼭 심리 치료를 통해 이뤄져야 할 필요는 없다. 하지만 심리 치료는 안전하고 일관적인 환경을 조성하여 깊은 고민과 몸 중심의 치유, 성실한 지도, 자기 성찰이 이루어지도록 장려하는데, 이런 환경은 우리 시대에 흔히 발견할 수 있는 것이 아니다.

많은 사람이 쿼터라이퍼가 자아도취적이라고 비난하지만, 나는 내담자에게 자기 자신의 삶과 경험에, 과거와 현재와 미래, 전부에 관심을 기울이라고 북돋아주고는 한다. 불변의 결론을 찾는 것보다 광범위한 호기심이 중요하다고 강조한다. 자기 자신을 향한 관심은 장단기적 우울과 불안 증상을 완화하는 데뿐만 아니라, 자신이 추구하는 고유한 삶의 여정이 무엇인지 밝혀내는 데에도 도움이 된다. 보통 쿼터라이퍼는 바람직한 어른을 정의하는 수많은 모순적인 메시지를 흡수하기 마련이다. 유능하고 성공적이면서도 인기 많고 매력적이어야 하며, 부유하고 유명하면서도 똑똑하고 재미있어야 하고, 창의적이고 혁신적이어야 하지만 자아도취나 이기적인 태도는 금물이고, 특권층이거나 잔인한 짓을 하거나 세상의 고통에 무지해서도 안 된다. 쿼터라이퍼는 이렇게 서로 상충하는 무언과 유언의 지침을 따르려고 애쓰다가(이 중에 자기 자신에 관한 지식을 얻거나 자신을 돌보는 방법에 관한 조언은 하나도 없다) 방향을 잃고 속절없이 헤매게 된다. 그러나 자기 몸과 역사에 관해, 오래된 트라우마와 스트레스에 관해, 자신이 욕망과 갈망을 느끼는 대상에 관해 더 깊이 파고들수록, 미래에 관해 직감적으로 알고 있었던 것들을 되새기게 될 것이다. 바로 이것이 내가 추구하는 작업이다. 나는 한 사람의 상처를 대충 가늠해서 반창고만 덕지덕지 붙이는 것을 원하지 않는다. 몸과 영혼이 세상 속에서, 즉 피부를 맞대며 관계를 맺고 가족을 꾸려 함께 식사하며 살아가는 등 삶의 수많은 사회 문화적 경험 속에서 가장 잘 감응하는 방식을 찾아낼 수 있도록 호기심을 자극하고자 한다.

이 책은 자기 자신과 자신의 상황을 바꾸고 싶은 마음이 절박한, 피곤하고 두려우며 우울하고 불안한, 어쩌면 자신에게 가망이 없다고 생각하는 (대략) 열여섯 살에서 서른여섯 살의 모든 독자를 대상으로 한다. 인생의 1/4 지점에서, 보이지 않는 거대한 중력처럼 눈앞에 닥친 세계가 무겁게 느껴지고, 그 거대한 무게와 하찮은 나의 고민을 왔다 갔다 하면서 한 발짝도 앞으로 나아가지 못하는 사람을 위한 것이다. 이 책은 끝없는 절망과 떨칠 수 없는 불안에서 벗어나 명확성과 방향성과 기쁨이 가득한 성인기를 구축하려고 애쓰는 모든 사람을 위한 것이다. 이 고통받는 지구에서 자기만의 길을 찾기 위해 애쓰는 사람을 위한 것이다. 지금 자신이 어디에 있는지 알아내기 위해 과거의 쿼터라이프를 돌아보는 사람을 위한 것이다. 쿼터라이퍼의 부모, 치료사, 교육자 들을 위한 것이기도 하다. 자기 자신을 탐구하는 행위의 궁극적인 목표는 한없이 고통스러운 세상에서 자기만의 삶과 목표를 찾고 만들어내는 것이다. 많은 사람이 이런 작업을 "자기 배꼽 관찰하기navel gazing"라면서 폄하하지만, 이는 고대부터 권장된 작업이라는 것을 상기하고자 한다. "자기 자신을 알라, 그러면 신을 알게 될지니."

1부

**생의 1/4,
정의되지 않은
이름 없는 시기**

1장

20대는 눈부시다는 거짓말

왜 누구도 이 고통에 대해서 말하지 않을까?

내가 쿼터라이프에 관심을 두게 된 것은 대학교 졸업이 가까워졌을 때부터였다. 동기들 대부분이 미래에 불안을 느낀다는 사실을 눈치채기란 어렵지 않았다. 진작에 미래의 직업을 마련했거나 로스쿨에 진학할 계획을 세워둔 평온하고 행복한 소수를 제외하면, 그 시절 우리는 마치 해변에 모여 놀고 있는데 고질라 같은 괴물이 나타난 듯 어쩔 줄을 몰랐다. 어떤 친구들은 두려움에 사로잡혀 이쪽저쪽으로 뛰어다니면서 그럴듯한 생존 계획이라면 무엇이든 찾아내려고 애쓰고 있었다. 다른 친구들은 인생의 가장 좋은 시기가 다 지나갔다는 것을 깨달은 듯 완전한 체념 상태에 빠졌다. 전과 마찬가지로 다소 지나치게 파티를 즐기는 친구들도 있었다. 계속 대학생처럼 살 수 있다면 이 거대한 위협도 사라져버릴 것이라고 믿는 듯했다.

그때까지 우리는 공부하고, 과제 하고, 시험을 봤다. 운동하고, 시위하고, 파티 하고, 학생 식당에서 함께 점심을 먹고, 비가 내리지 않는

날에는 너른 잔디밭에 누워 있기도 했다. 항상 바쁘고 할 일이 많았으나, 학교를 잘 다니다가 졸업하겠다는 목표에 집중한 상태였다. 수업마다 정해진 일정이 있고 기말고사가 있었다. 한 학기는 다음 학기로 이어졌고, 그러다가 졸업할 때가 됐다. 마지막 기말고사 기간이 지나고 가족과 졸업식에 갈 준비를 마치자마자 모든 게 순식간에 진행되었다. 난데없이 맞이한 우리의 상황은 이랬다. 거의 20년 동안 이어지던 학교생활이 끝났고, 앞으로 해야 할 일에 관한 안내는 사실상 없었다. 어떻게 하면 대학에 들어갈 수 있는지, 어떤 학교에 들어가야 하는지 사방에서 열렬히 홍보하던 것과는 대조적이었다. 이제 우리는 고객이 아니라 학교라는 보금자리에서 쫓겨난 20대 초반의 꼬맹이들이었다. 받은 지시는 하나뿐이었다. **이제 가. 가라고. 도와주는 건 여기까지야.**

고등학생 시절과 마찬가지로 지금 내가 제대로 살고 있는지 확신할 수 없었다. 실존적인 고민을 꺼내면 사람들은 대부분 흘려들었다. 그저 "사는 게 원래 그래"라든지 "나중에 깨우치게 될 거야"라는 대답뿐이었다. 어린 시절부터 몹시 좋아하던 로맨틱 코미디 〈금지된 사랑 Say Anything〉의 마지막 장면을 곱씹었다. 사랑을 앓던 청소년 시절에 돌려보고 또 돌려보던 장면은 주인공 로이드 도블러가 줄리엣에게 구애하는 로미오처럼 머리 위에 스피커를 들고 있는 장면이었다(당연한 말이지만, 그 스피커에서 흘러나오는 피터 가브리엘의 〈네 눈동자 속에 In Your Eyes〉도 반복해서 들었다). 하지만 졸업이 가까워지자 영화의 다른 장면이 의식으로 스며들었다. 카메라가 빙빙 돌아가고, 졸업생 대표이자 로이드의 줄리엣인 다이앤 코트가 다른 수많은 졸업생과 학부모 앞에서 연설을 한 후 마지막에 이렇게 덧붙인다. "이 세상 앞에 선 내게는 크디큰 희망과 야망이 있어요. 그렇지만 미래를 생각하면, 솔직히 정말…

무서워요." 그 당시 내 심정을 간략히 설명하면 바로 그랬다. 큰 야망을 품고 세상 앞에 섰지만 너무나도 두렵다는 것을 부정할 수 없었다.

대학 졸업 3년 뒤 나는 포틀랜드 시내에 있는 소프트웨어 스타트업에서 프로젝트 매니저로 일하고 있었다. 직장을 구하기 전까지는 인도주의 활동이나 사회정의 활동을 하는 단체에서 경력을 쌓으려고 했다. 수없이 많은 비영리단체에 지원서를 내고 해외 활동에도 두 번 자원했다. 처음에는 콜롬비아 보고타에 있는 교도소였고, 그다음에는 쓰나미로 초토화된 스리랑카 해안 지역이었다. 생활비를 마련하기 위해 다양한 시간제 초보 일자리를 전전해야 했다. 그러다가 사회적 기업과 SNS가 주목받던 초창기엔 창업에 도전했고, 나 같은 사회 초년생에게 해외의 공동체를 도와줄 기회를 제공하는 회사를 세웠다(이 경험을 발판으로 스타트업과 테크 업계로 진출할 수 있었다). 프로젝트 매니저로 취직하자 졸업 후 처음으로 좋은 보수와 정규직 지위를 누릴 수 있었고, 갑자기 계좌 잔액에 여유가 생겨 감사한 마음이었다. 하지만 행복하지는 않았다. 재정적인 생존을 제외하면 내가 하는 일에 어떤 '의미'가 있는지 알 수 없었고, 나 자신을 위한 삶을 살고 있다는 느낌도 없었다. '좋은 직장'이 있었고 그것에 감사했지만, 내가 만들고 있는 테크 프로덕트는 정말 누군가에게 필요하거나 기발해서 탄생한 것이 아니라 중년 남자들의 인맥에서 탄생한 듯한, 정말이지 시시한 것이었다. 나는 26층 창밖의 여름 하늘을 응시하면서 차라리 밖으로 뛰쳐나가 자전거나 타고 싶다는 생각에 잠긴 채로 일과 대부분을 보냈다. 내면과 조응하면서 세상에 영향을 줄 수 있는 인생을 꾸려가려고 애썼으나 실패하고 있었다. 내가 꿈꾸던 미래가 아니었다. 그렇게 오랫동안 학교에 다니면서 공부한 이유가 이런 삶을 살기 위해서라니, 믿기 힘들었다.

일기를 쓰면서 많은 시간을 보냈다. 그때 나는 줄곧 헤매는 듯한 기분이었으므로 그 기분에 관해 썼다. 방향감각이 본능에 내장된 듯한 야생동물들에 관해 쓰던 기억이 난다. 예를 들어 수컷 늑대는 무리를 떠나 세상으로 나아갈 때 뚜렷한 방향감각과 목적의식을 보인다. 코끼리는 물에서 얼마나 멀리 떨어져 있든 어디에 물이 있는지 항상 알아낼 수 있다. 거북이는 멕시코만류가 어느 방향에 있는지, 해변의 어느 지점에서 언제 알을 낳아야 하는지 안다. 제왕나비는 매번 수천 킬로미터에 이르는 경로를 따라 이동한다. 하지만 우리 인간은 계획, 목표, 전략, 때로는 순전히 운에 의존해 각자도생으로 삶의 길을 찾는 듯 보였다. 우리의 본능에는 무슨 일이 일어난 걸까? 나는 학교에서 배웠기에 세상의 작동 원리에 관해 잘 알고 있었지만, 그런 작위적인 원리를 내 삶에 적용하는 일은 결코 수월하지 않았다. 글을 얼마나 많이 쓰든, 말을 얼마나 많이 하든, 무엇이 옳은 결정이고 몸과 마음이 내게 무슨 말을 하는지 알아듣기 힘들었다. 어디로든 나아갈 자유가 있었지만, 자유로운 야생의 생명체가 아니라 우리에 갇힌 채 다소 '지나치게' 각성된 상태로 이리저리 서성이는 비참한 호랑이가 된 기분이었다.

그러던 어느 저녁, 퇴근 후 늦여름의 열기 속에서 자전거를 타고 집으로 돌아갔다. 피곤한 몸으로 숨을 몰아쉬면서 룸메이트들과 함께 사는 흰 주택에 들어섰다. 힘든 한 주였다. 회사에 정리해고가 있었고, 아끼던 동료들이 갑자기 직장을 잃었다. 그중에는 내가 관리하던 직원도 많았다. 반면 혐오스러운 사람들은 전부 살아남았다. 악취를 풍기듯 부족한 능력을 드러내는 약탈자 같은 임원과 그의 동생도 마찬가지였다. 그런 환경에서 계속 일하고 싶은 마음이 없다는 것을 스스로 알았다. 신뢰하지 않는 프로덕트의 개발을 돕고 있었고, 더 이상 존중하지 않는 사람들에게 둘러싸여 있었다. 흔히들 내 또래는 삶을 향한 열정으로 가득하기 마련이라고 생각했지만, 매일 조금씩 영감을 잃어버렸고 내가 살고 싶은 삶을 향한 믿음이 사라졌다. 룸메이트에게 오늘 하루가 어땠는지, 팀장이 내가 퇴사하지 않도록 어떤 식으로 설득했는지 이야기하는데, 갑자기 숨이 막히고 울음이 터지면서 바닥에 쓰러지고 말았다. 한계점에 다다랐던 것이다. 내가 뭘 하며 살고 있는 건지 알 수 없다는 생각이 들었고, 다들 그런 생각을 그만하라고 조언했으나 그럴 수 없었다. 구역질이 날 것 같았다. 머릿속에서 수많은 목소리가 다투었다. 바보 같은 테크 회사를 때려치워, 스톡옵션을 받을 때까지 기다려, 옛날처럼 시간제 일을 여러 개 하면 되잖아, 발전을 향한 기회니까 받아들여, 경험을 쌓는 거야, 잠깐 쉬면 좀 어때, 고통을 통해 성장하면 돼. 결정의 순간이 다가오고 있었다.

그 어느 것도 명확하고 궁극적인 목표를 제시하지 못했다. 내게 아이를 갖고 싶은 마음이 없다는 것은 알고 있었고, 결혼도 먼 훗날의 일처럼 느껴졌다. 그렇다면 내 목표는 재산을 축적하고 회사에서 승진하는 것뿐일까? 어느 쪽으로 고개를 돌려도 막다른 길이었다. 마음속의 소음이 잦아들지 않았다. 내 중심을 찾을 수 없었다. 어마어마한 압박감에 지쳐버린 상태였지만, 내 걱정들이 하찮고 지겨워서 죽을 것 같았다. 내가 하는 일은 위기가 끊이지 않는 세상에 흠집조차 내지 못했다. 내가 하는 일은 뚜렷한 행복감이나 목적의식을 선사하지 못했다. 목제 바닥에 엎드려 우는데, 함정에 빠진 기분이었고 미쳐버릴 것 같았다. 대학을 졸업한 20대는 눈부시게 성장해야 정상이었다. 대체 난 뭐가 문제야?

어떤 질문에도 확실한 답이 없었다. 하지만 나는 내 주변의 고통이나 허세에서 패턴을 발견하기 시작했다. 룸메이트부터 친구, 데이트 상대, 동창, 동기, 동료까지, 주변의 또래들은 나와 비슷한 방식으로 고통받고 있었다. 나보다 더 심하게 앓는 친구들도 있었다. 심각한 병을 진단받거나 자살 위험 때문에 보호관찰 중인 경우도 있었다. 나보다 훨씬 안정적인 친구들도 있었다. 그들은 정기적으로 실존적인 고민에 빠져 자기 인생의 기반을 무너뜨리자고 마음먹는 것 같지는 않았다. **이 모든 것에 무슨 의미가 있지?**라고 자문하며 마음 끓이는 것 같지 않았다. 하지만 자기가 하고 있는 일에 단단한 확신이 있는 것처럼 보이지도 않았다. 사실 우리 가운데 독립적인 삶에 필요한 수많은 것들, 이를테면 구직법이나 돈 관리, 세금 납부, 데이트, 섹스, 대인 관계, 요리, 청소 등에 관해 제대로 교육받은 사람은 거의 없었다. 우리가 잘 지내는 게 당연하다는 듯한 사회적 분위기가 있었고, **잘 지내고 있다고 우기는** 사람들도 많았다. 우리의 정신적인 위기, 우울, 불안에 관해서는 다들 쉬쉬하면서 우리가 겉멋만 들었다고 농담했다.

나는 우리가 겉멋만 들었다는 농담이 항상 의아했다. 각 세대는 그 시대만의 중대한 사회적 위기를 이겨내야 하고, 그렇게 그들의 세계관이 형성된다. 우리도 다르지 않았다. 우리는 9·11 테러의 여파로 옛날처럼 해외에서 수많은 전쟁이 발발하는 와중에 성장한 세대였다. 기후변화는 생전 처음 보는 끔찍한 세기말 영화처럼 우리의 미래에 짙어가는 그림자를 드리웠고, 우리가 아메리칸드림을 좇는 사이 대규모 경제 위기가 닥쳤다. 그런 와중에 학교, 식료품점, 콘서트장, 극장, 쇼핑몰에서 총기 난사가 벌어지는 현실에도 익숙해져야만 했다.

진심으로 우리를 걱정해주는 사람은 아무도 없는 것 같았다. 인종차별적인 정책과 사익으로 점철된 사법제도는 내 또래이거나 더 어린 사람들을 수도 없이 가둬놓았다. 우리를 실질적인 응원과 지침이 필요한 시민이라고 생각하지 않고 범죄자라고 생각한 결과였다. 멘토와 사회의 도움이 필요한 곳에 경찰과 법정이 있었다. 내 또래 중 상당수가 행복한 삶을 유지하기에는 턱없이 부족한 임금을 받으며 가난 속에서 살았고, 노숙자가 되기도 했다. 막대한 학자금 대출과 축적된 신용카드 빚이 많이들 있었다. 이는 우리 나이대를 콕 집어 겨냥한 공격적인 마케팅의 결과이기도 했다. 트라우마와 학대를 겪었는데도 적절한 심리적·신체적 돌봄 없이 방치된 친구들도 많았고, 그 결과 약물, 알코올 재활원을 들락거리기도 했다. 너무 많은 사람이 만연한 약물 과다 복용 문제로 죽었으며(기업의 탐욕이 불러일으킨 결과였다) 이런 죽음은 앞으로 더 증가하기만 할 것이었다. 그리고 우리 중에 믿을 만한 의료보험이 있는 경우는 드물었다. 어떤 보험이든 있으면 그나마 다행이었지만. 고통과 불안과 우울 때문에 도움을 받고자 의사나 심리 전문가를 찾아가면, 진료나 상담 막바지에 병을 진단받고 약을 처방받는 방식으로 잽싸고 간단하게 처리되기 일쑤였다. 우리가 **왜** 이런 기분을 느끼는지 깊이 고민하거나, 어떻게 해야 할지 진심 어리고 값진 지침을 제공하는 경우는 거의 없었다.

월세 집의 더러운 바닥에 엎드린 채로 고통에 겨워 울고 있으니, 내 방황에는 분명 해결책이 있다는 생각이 들었다. 나를 비롯한 수많은 사람이 느끼고 있는 혼란과 정신적 고통 뒤에는 더 큰 의미가 있어야만 했다. 붐비는 교도소나 길거리로 내몰리거나, 총기 난사, 온갖 정신 질환, 만성적인 통증의 희생자가 되어 끝없이 치료 센터를 들락날락하는 게 운명이라고는 믿을 수 없었다. 또래 사이에 고통이 만연해 있다면, 무언가 더 큰 원인이 있는 것이지 개인의 탓이 아니었다.

나는 직장을 그만뒀고, 기분이 좋았다. 나와 어울리는 곳이 어디인 지는 아직 몰랐지만, 그 회사가 아니라는 것은 알 수 있었다. 왠지 그런 직감이 들었다. 사회심리학자 케네스 케니스턴이 일찍이 말했던 것처럼, 인간은 "자신에게 '지금보다 더 나은 삶'을 누릴 권리가 있다고 느낄 수 있다, '더 나은 삶'이 무엇인지 정확히 정의할 수 없을 때도". 나는 더 나은 삶이 있다는 것을 알았다. 그게 정확히 무엇이고 어디서 구할 수 있는지 아직 알아내지 못했을 뿐이었다.

이 시기에 나는 인내심 많고 걱정도 많은 어머니와 자주 격정적인 통화를 했는데, 어느 날 그런 통화를 마친 후 안에 책이 든 도톰한 우편물을 받았다. 『영혼 돌보기Care of the Soul』라는 책의 제목에 흥미가 생겨 재빨리 읽기 시작했다. 가톨릭 수도사에서 심리 치료사로 전향한 저자 토마스 무어는 삶에 인지적으로 접근하기보다는 직감과 존재를 통해 접근해야 한다고 주장했다. 나는 어머니에게 같은 종류의 책을 추천해달라고 했고, 분석심리학의 창시자인 카를 융의 회고록 『기억, 꿈, 사상』을 추천받았다. 서점에서 그 책을 집어 들었고, 집에 도착하자마자 바닥에 놓인 매트리스에 앉아 꼬깃꼬깃한 적갈색 표지를 바라보다가 완전히 몰입해 읽었다. 밑줄을 긋고 여백에 별을 그리고 체크 표시를 했다. "내 온 존재는 미지의 무언가를 찾아, 시시한 일상에 의미를 부여해줄 그것을 찾아 헤매고 있었다." 이 문장을 읽었을 때 비로소, 누군가가 나를 똑바로 바라봐주는 느낌이 들었다.

내가 읽고 있는 책이 왜 그렇게 중요한지 언어로 설명할 수 있게 된 것은 몇 년이 지난 후였다. 그 당시 할 수 있었던 말은 이 책 속의 무언가가, 이 안에 담긴 생각이 내게 어디로 가야 할지 알려주고 인생을 바꿔놓으리라는 것뿐이었다. 융이 인간을 이해하는 방식은 내 삶 속의 경험과 깊이 공명했다. 과거에는 그 어디서도 접하지 못한 방식이었다. 융이 **자기만의 삶**을 찾아내고 살아내야 할 필요성에 관해서 쓴 대목을 읽었을 때, 나는 내 끝없는 질문과 **더 나은 삶**을 향한 탐색이 옳다고 인정받은 기분이었다. 융이 완벽과 성취가 아닌 **온전한 삶**을 추구해야 한다고 강조했을 때는 그 기분이 더욱 강렬해졌다. 오랫동안, 정말 오랫동안 느끼지 못한 깊고 지속적인 평온을 느꼈다.

　나는 융의 저서를 하나하나 독파하면서 그가 상징과 잠재의식에 어떻게 집중했는지 파악했고, 당시 반복해서 꾸던 꿈을 파헤쳐보기 위해 꿈 연구 모임에 나갔다. 융을 전공한 심리분석가에게 상담받으면서 대학원에 진학해 융 심리학을 공부하기 시작했다. 깊이 고민하고 내린 결정은 아니었지만, 내 결심에 그토록 단단한 확신을 품은 것은 정말 오랜만이었다. 나는 두 가지 사실을 알았다. 이토록 짧은 기간에 이토록 큰 평온을 안겨준 사상을 공부하고 싶었고, 심리학이라는 보다 넓은 분야에서 이 기이하고 혼란스러운 시기에 관해 무엇을 알고 있는지, 혹은 어떤 생각을 하는지 배우고 싶었다.

　대학원에서, 그리고 졸업 후에도 나는 알게 되었다. 청소년기와 중년기 사이의 발달을 이해하기 어려운 이유는 이 시기를 제대로 정의조차 못 하기 때문이었다. 실제로 내가 직접 심리 치료를 진행하면서 '쿼터라이프'라는 용어를 사용하기 시작한 후에야 이 20년 남짓한 기간을 일컫는 다양한 이름표 사이에서 허둥지둥하며 곤란함을 겪지 않을 수 있었다.

　쿼터라이프를 지칭하기 위해 흔히 사용하는 어휘는 성인기나 청소년기에 이런저런 수식어를 붙인 것뿐이다. **연장된** 청소년기extended adolescence, **어린** 성인기young adulthood, **이른** 성인기early adulthood, **성장**

하는 성인기emerging adulthood 등등. 심리학 문헌을 살펴보면 각각의 용어를 향한 상반되는 관점을 자주 접할 수 있는데, 그럼에도 모든 용어의 공통점은 이 시기를 일종의 **중간다리**로 간주한다는 것이다. 인생의 20년 남짓한 기간이 '진정한' 생애 주기 사이에 낀 전환기에 지나지 않는다는 듯한 태도, 무언가 중요한 일이 일어날 때까지 앉아 기다리는 로비 격이라는 듯한 태도다. 이보다 더 심각한 문제는, 경제력과 인간관계 면에서 어느 정도 기반을 마련해야 진정한 성인기가 도래한다고 생각하는 경향이 있다는 것이다. 그런 기반을 마련하면 고통의 로비에 있던 사람이 마법처럼 '진정한 인생'이라는 웅장한 복도로 입장할 수 있는 것처럼 행동한다. 실제로 심리학에서는 쿼터라이프 이전의 생애 주기에 각각 어떤 발달을 이뤄야 하는지, 어떤 스트레스와 힘겨움을 기대할 수 있는지 정의가 완료된 상태다. 지금 일반적으로 성인기를 정의하는 방식과 달리, 이 시기들은 성취에 기반하지 않는다. 아직 말을 못한다고 해서 유아를 갓난아기라고 하지는 않는다. 마찬가지로 모차르트의 음악을 배우고 있다고 해서 유아를 청소년이라고 하지도 않는다. 발달의 기준 목표가 세워져 있기는 하지만, 보통 생애 주기를 성공과 실패로 정의하지 않는 것이다. 그렇다면 성인기도 마찬가지여야 한다. 너무나도 많은 사람이 '청소년기'와 '성인기'에 수식어를 붙여 쿼터라이퍼를 조롱하는 용도로 사용하고는 한다.

　이 시기의 발달을 이해하는 데 방해가 되는 또 다른 원인은 어느 시기든 특정 세대를 지칭하는 단어가 유행을 타면 다들 그 단어에만 집착하는 풍조다. 이렇게 한 세대에 꼬리표를 붙이는 행위는 그 세대가 쿼터라이프에 진입했을 때 이루어지고는 한다. 과거의 '밀레니얼', 최근 'Z세대'를 보면 알 수 있듯, 특정 세대를 일컫는 말은 '요즘 애들'(이것도 흔히 쓰는 말이다)에게 주로 사용된다. 세대를 지칭하는 말인데도 그 세대만의 특징보다는 특정 나이대를 묘사하는 용도로 쓰이는 것이다. 이는 막대한 혼란과 오해를 낳는 심각한 문제다. 현재 많은 밀레니얼이 정확히 쿼터라이프 시기를 지나고 있고 나머지는 중년에 진입했다. 매일 더 많은 Z세대가 쿼터라이프에 진입하고 있으나 대다수는 청소년기와 아동기에 머물러 있다. **세대와 생애 주기는 같은 것이 아니다.**

같은 나이대에 속한 사람들이 전부 똑같은 것도 아니다. 한 세대를 향한 편견은 다른 세대의 관점을 기반으로 하고, 역사적으로는 미국 백인 중산층을 중심으로 생성된 후, 다른 인종과 다양한 경제적 계층의 20대와 30대에게 투사되었다. 게다가 이런 편견은 주로 무시하고 조롱하기 위해 사용되는 것 같다. 연장자가 젊은 사람들을 보면서 통탄할 때 활용되는, 정말이지 오래되고 지겨운 현상이다. "역사상 어느 시기든 노인들은 요즘 젊은이들이 20년 전의 젊은이들만 못하다고 말하면서 새롭고 진실한 지적이라고 생각한다." 발달심리학자 에릭 에릭슨이 1968년에 기록한 씁쓸한 관찰이다.

발달심리학과 임상심리학 분야에서도 이 연령대를 지칭할 보편적인 용어가 없다는 것이 문제의 핵심이다. 적절한 어휘가 없는 데다가 새로운 세대가 나타날 때마다 처음부터 연구를 다시 시작하는 상황이니 무엇이 '정상'이고 '건강'한 것인지 판단하기 어렵다. 내가 이 시기를 '쿼터라이프'라고 지칭하는 것은 이 단어에 수식어나 조롱의 함의가 없으며 그저 인생의 특정한 시기를 나타내기 때문이다. 다른 발달기와 마찬가지로 쿼터라이프도 명확한 기점이 있는 것은 아니다. 각자 살아온 삶에 따라 다르겠지만, 사람들은 16세에서 20세 사이에 청소년기를 지나 쿼터라이프에 진입했다고 느낀다. 그리고 36세에서 40세 사이에 쿼터라이프를 지나 중년기에 진입하게 된다. 간단하게 말하면 쿼터라이퍼는 청소년과 중년 사이의 어른이다. 쿼터라이프는 첫 번째 성인기다.

오랫동안 우리에게는 이 시기의 발달에 관한 이해가 필요했다. 문화는 끊임없이 변하고, 삶에 새로운 기술이 침투하며, 새로운 위기가 영향을 미칠 것이다. 그런 변화는 한 세대의 행동과 경험을 형성하겠지만, 인간의 발달과 건강의 기반을 재정의하지는 못한다. 이제 20년마다 새로운 인구 집단과 행동 패턴에 관한 통계를 붙들고 시간 낭비하지 않아도 된다. 한 사람으로 성장하고 자기만의 삶을 만들어내는 시대 불변의 과제에서, 세상의 변화는 이야기의 배경이지 이야기 그 자체가 아니다.

· 2장 ·

누군가는 걸어온 길

그들은 언제나 방향을 잃고, 잃고, 찾았다

역사와 문학을 살펴보면, 시대, 문화, 민족을 불문하고 같은 문제로 고민했던 쿼터라이퍼들의 절절한 기록이 가득하다. 약 1600년 전에 출간된 신학자 겸 철학자 성 아우구스티누스의 『고백록』은 서양 최초의 자서전이라고 알려져 있는데, 어쩌면 최초의 쿼터라이프 회고록이라고 해도 맞을 것이다. 성 아우구스티누스(당시에는 히포의 아우렐리우스 아우구스티누스라고 불렸다)는 이렇게 썼다.

열아홉의 나이에 진실과 지혜를 탐색하자고 처음으로 진지하게
결심한 이후로 지금껏 지나온 긴 시간을 되돌아보며, 나는 굉장히
의아한 점을 발견했다. (…) 지금 나는 서른 살인데도 그때와 똑같은
진창에서 허덕이고 있다는 사실을 깨닫게 된 것이다.

아우렐리우스는 결혼에, 간섭이 심한 어머니의 압박에, 돈과 인기

와 영향력에 집착하는 자신의 성향에 저항하고 있었다. 자신에게 무엇이 맞는 길일지 깊이 고민하는 중이었다. 결혼과 직업적인 성공은 어렵지 않을 듯했지만 그가 품고 있던 심오한 질문들에 대한 답이 되어줄 수 없었다. 그리고 이런 아우렐리우스는 그 시대에 드문 인간상이 아니었다. 아우렐리우스와 그의 친구 둘은 모두 길을 잃은 심정으로 답을 찾고 있었다.

우리는 굶주린 사람들처럼 헐떡이면서 서로에게 자신의 갈망을 토로할 수밖에 없었다. (⋯) 고통의 원인을 알아내기 위해 노력하고 있었다. 하지만 머리 위로 어둠이 드리웠고, 우리는 애써 외면한 채 질문했다. '언제까지 이렇게 살아야 하지?'

대학 시절 나는 비슷한 문제에 사로잡혀 있었다. 매일같이 미래를 향한 의문에 짓눌리고 있던 시절, 과거의 수많은 이들이 그랬던 것처럼 『젊은 시인에게 보내는 편지』를 발견했다. 이 책은 위대한 시인 라이너 마리아 릴케가 당시 열아홉 살이었던 프란츠 크사버 카푸스에게 보낸 서한집인데, 릴케의 그 편지에서 커다란 위안을 얻었다. 1902년에 카푸스는 릴케의 모교인 오스트리아의 군사학교에서 공부하던 중 어떻게 하면 시인이 될 수 있는지, 어떻게 살아야 하는지 묻는 편지를 보냈고, 릴케는 답했다.

친애하는 카푸스 씨. 두려워하면 안 됩니다. 당신 앞에서 슬픔이 자라나고 있다면, 그 어느 때보다 큰 슬픔이라면, 빛이나 구름의 그림자처럼 불안이 당신의 손과 모든 몸짓 위로 드리운다면,

깨달아야 합니다. 당신에게 변화가 일어나고 있다는 것, 삶이 당신을 잊지 않았다는 것, 품 안에 당신을 안고 추락하지 않도록 지켜주리라는 것을.

릴케가 쓴 모든 문장은 10대 후반에 처음 읽었을 때와 마찬가지로 그후 오랜 세월이 흐르는 동안 변함없이 위안을 주었다. 또한 내 우울과 혼란이 나와 내 시대에 국한된 것이 아니라는 사실을, 그 책을 통해 처음으로 어렴풋이나마 알게 되었다. 책 속의 편지를 쓰기 시작했을 때 릴케는 겨우 스물일곱 살이었다. 릴케 자신도 덴마크 작가인 옌스 페테르 야콥센의 소설에서 위안받고 있었다. 야콥센이 1880년에 쓴 『시인 닐스 리네』는 세상에서 자신의 길을 개척하려는 쿼터라이퍼의 이야기였다. 주인공 닐스의 고통은 내게도 익숙하게 다가왔다. "자신에게 분명 결함 같은 것이 있는 거라고, 존재 가장 깊은 곳에 치유할 수 없는 결함이 있는 거라고, 그는 자신에게 말하곤 했다. 인간은 **삶으로써 완전해질 수 있다**고 그는 진심으로 믿었던 것이다." 지금껏 이 구절을 수없이 반복해 읽었음에도 여전히 감동한다. 내가 보기에 이 구절은 쿼터라이프의 핵심인 고통과 갈망의 공존 상태를 완벽하게 표현하고 있다. 닐스 리네는 원하는 삶을 성취하려고, 종종 자신을 억누르는 세상에서 고유한 삶을 꾸려가려고 노력하지만 성공하지 못해 좌절한다. "끝없이 도약하려 애쓰지만 발조차 떼지 못하는 상황에 그는 완전히 지쳐버렸다. 모든 것이 허무하고 하찮았으며, 기형적이고, 혼란스럽고, 몹시도 시시했다." 나는 쿼터라이프 시기를 지날 때 "끝없이 도약하려 애쓰지만 발조차 떼지 못하는 상황"을 줄곧 견뎌야 했고, 내 또래들도 마찬가지였다. 상담을 시작한 후로는 같은 상황의 내담자도 거듭 마주치게 되었다.

소설, 회고록, 역사 기록에서 쿼터라이프의 이야기를 모아보기 시작했더니 여기저기서 똑같은 불만과 방황이 보였다. 그리고 현대 페미니즘에도 쿼터라이프의 불안이 깊이 새겨져 있다는 것을 알게 되었다. 프랑스 철학자 시몬 드 보부아르는 1949년에 출간한 여성의 삶에 관한 역작 『제2의 성』에서 성인기를 앞둔 여성의 내면을 조명한다.

> 희망과 야망을 품을 나이에, 삶의 의지와 세상에서 자기 자리를 찾으려는 의지가 강해지는 나이에 수동적이고 의존적으로 살아야 할 운명에 처하는 것은 고통스럽다. 이 투지 넘치는 나이에 여성은 깨닫게 된다. 자신에게 그 어떤 싸움도 허락되지 않는다는 것, 자신을 버려야 한다는 것, 미래는 남편의 좋은 직업에 달려있다는 것을.

쿼터라이프는 여성의 가임기와 겹치기 때문에 결혼과 양육에 관한 고민, 혹은 두 과제를 해야만 한다는 확신이 커지기 마련이다. 성역할은 단호하고 답답할 때가 많다. 보부아르가 말한 것처럼, 여성이 쿼터라이프에 자연스럽게 품게 되는 "희망과 야망"을 향한 본능이라든지 "삶의 의지와 세상에서 자기 자리를 찾으려는 의지"는 사회가 여성에게 강요하고 기대하는 수동성과 의존성에 정면으로 반하는 것이었다. 여성이 겪은 다양한 정서적·신체적 증상은 필연적인 결과였다.

미국 페미니스트 베티 프리단은 1963년에 출간한 저서 『여성성의 신화』에서 보부아르의 주장을 확장해서 당시 미국의 수많은 가정주부가 느끼던 은밀한 고통에 관해 이야기했다. 사회는 주부들이 한없이 행복하고 삶에 만족하리라 기대했으나 현실은 그렇지 않았다. 이상하게도, 그 책이 출간되고 40년이 지날 즈음에 대학을 졸업한 나는 삶에 제약이 없는 비혼이었는데도 매우 비슷한 심정이었다. 나는 내 시대와 가족의 기대에 맞게 살았다. 결혼하고 아이를 갖는 대신 대학 졸업장을 딴 것이다. 그러나 그런 특권과 자유 속에서도, 프리단의 책에 나온 여자들처럼 의아해하곤 했다. **이게 전부일까?**

> 그 고통은 20세기 중반 미국 여성들이 앓던 이상한 불안, 불만,
> 갈망이었다. (…) 주부들은 침대를 정돈하고, 장을 보고, 소파 덮개를
> 맞추고, 아이들과 땅콩버터 샌드위치를 먹고, 보이스카우트와
> 걸스카우트 모임에 데려다주고, 밤에 남편 옆에 몸을 뉘면서
> 두려움에 사로잡힌 채로 머릿속에서 질문했다. '이게 전부일까?'

그들은 동시대가 쿼터라이프 여성에게 기대하는 것들을 전부 수행해냈다. 사회가 여성은 이런 것을 원하기 마련이라며 권장한 것들을 전부 갖고 있었다. 하지만 자기 삶에 빠진 것이 있지는 않은지 자꾸만 의아해졌다.

작가 리처드 라이트는 자신이 나고 자란 사회를 바라보면서 **이게 전부일까?**라는 고통스러운 질문을 품었다. 라이트의 회고록 『깜둥이 소년』은 1900년대 초기 미국에서 가난과 인종 분리 정책을 견뎌내면서 작가로 살아가려고 분투한 쿼터라이퍼의 이야기라고 할 수 있다. 라이트는 스무 살의 나이에 '짐 크로 법'이라 불리는 인종 분리 정책이 시행되던 남부를 떠나 시카고에 정착했고, 우체국에 정규직 입사 지원서를 넣었다가 거부당했다. 어린 시절 내내 영양실조에 시달렸던 탓에 직

장에서 요구하는 최소 체중에 미치지 못했던 것이다. 그는 다양한 이유를 들어 자신을 탓했다. "자기 회의가 파도처럼 밀려들어 나를 덮쳤다. 나는 언제나 삶의 너덜너덜한 가장자리를 붙잡고 버텨야 하는 운명일까?" 하지만 "몇 그램의 살덩이" 때문에 자격이 충분한 일자리를 놓친다는 것은 부당하다고 생각했다. 그리고 "체중, 피부색, 인종, 모피 코트, 라디오, 냉장고, 자동차, 돈처럼 눈에 보이는 것을 기준으로 모든 것을 판단하는 미국의 물질적인 삶"과 불화하는 자신을 고민했다. 라이트는 더 많은 것을 갈망했다. 그에게는 창작의 야망이 있었다. 전업 작가가 되고 싶어서 오랫동안 혼자 글쓰기를 공부한 참이었다. 그런데도 주변에는 그에게 작가가 될 능력이 없다고 생각하는 사람들이 있었다. 집에 있는 날이면 그는 이것저것 꼬치꼬치 캐묻는 매기 이모에게 시달려야 했다. 매기 이모는 그가 남동생, 어머니와 함께 사는 집 가까이에 살아 종종 놀러오고는 했다.

> 매기 이모는 책만 읽는 나를 보며 어리둥절했다. 나의 지극히
> 내향적인 성격을 파악했고, 그것이 마음에 들지 않았던 것이다. (…)
> "얘, 너 변호사라도 되려는 거니?" 이모는 묻곤 했다.
> "아닌데요."
> "그러면 왜 그렇게 항상 책만 봐?"
> "좋아서요."
> "책에서 뭘 얻는데?"
> "아주 많은 걸 얻어요."
> 내 말이 주변 사람들에게는 어이없고 멍청하게 들린다는 것을
> 알았다. 내가 자란 세상에서 독서는 사실상 미지의 영역이었고,

가장 귀중한 것은 1다임, 1달러, 아파트나 일자리였다.

라이트 내면에 있는 무언가가 집중과 관심을 요구하고 있었다. 라이트가 타인으로부터 정서적인 도움도, 실질적인 도움도 받지 못할 때 그를 추동한 것은 그의 "희망과 야망", 아픔, 절박한 충동이었다.

영화와 TV를 살펴보면 **어디에든** 쿼터라이퍼 캐릭터가 있다. 로맨틱 코미디에 등장하는 동경의 대상이나 모험 이야기의 주인공은 보통 쿼터라이퍼다. 그러나 그들은 보통 지나치게 전형적이고 과장되게 묘사되어, 그들이 지나는 생애 주기는 이상할 정도로 투명해진다. 캐릭터가 젊다는 사실에 기반한 이야기는 많지만, 이 시기가 **얼마나 어려운지** 진솔하게 재현해낸 경우는 드물다. 쿼터라이프 캐릭터는 대상화와 페티시와 비인간적인 묘사의 대상으로 전락하는 것이다.

한편 쿼터라이프는 전 세계적으로 신화와 민담에서 가장 자주 묘사되는 시기이기도 하다. 모든 문화권에는 쿼터라이프에 관한 구비문학이 전승되는데 이는 그저 흥미롭기 때문만이 아니라 젊은이를 향한 심리 교육의 역할도 했기 때문이다. 젊은이들의 귓가를 맴돌던 이야기들은 명확하게 말해주었다. 삶에는 성공과 좌절이 있을 테고 좌절 때문에 죽을 지경에 이를 수도 있겠지만 그런 좌절을 이겨낼 방법이 있고, 그 방법은 이상할 수도 있다고. 그래도 위험과 혼란을 이겨내면 더 나은 자신이 되어 있을 테고, 그것은 성장하고 변화한 자신일 것이라고. 이런 이야기들은 소위 현대의 명언 중 하나인 "당신을 죽이지 못한 것은 당신을 더 강하게 만든다"는 말보다 훨씬 더 깊고 긍정적인 무언가를 알려주었다. 인생의 보이지 않는 부분에 관해 알려주었다. 외로움과 고통, 두려움, 지겨움, 혼란을 이겨내고 그 경험을 소화한 후에는 기뿜과 쾌감, 즐거움을 만끽할 수 있다는 것을 알려주었다. 이런 이야기들은 자신을 신뢰해야 한다고, 삶이란 의미를 찾아가는 미지의 개인적인 여정이고 사회적 성공과 실패는 표면적인 이야기일 뿐이라고 알려주었다.

그림 형제의 동화집만 봐도, 「세 가지 언어The Three Languages」와 「소름을 찾아 나선 소년The Story of the Youth Who Went Forth to Learn What Fear Was」(나는 이 두 이야기를 가장 좋아한다)을 비롯한 많은 작품이 아버지에게 쫓겨나 인생의 소명을 찾으러 나선 남성 퀴터라이퍼에 관한 것이다. 예상할 수 있듯 주인공들은 각자 자기만의 여행을 떠나고, 전에는 한 번도 마주친 적 없는 재앙과 혼란을 겪는다. 그리고 자신이 겪은 불안의 해답이 예상과 완전히 다르다는 것을 알게 된다. 이 여행자들은 진정한 꿈이란 성취나 업적과 관련이 없다는 사실을 배운다. 그런 허황한 욕망은 다치거나 망신당하는 방식으로 좌절된다. 언제나 그런 욕망보다 더 깊은 삶의 목적이 있다.

1940년대에 신화학자 조지프 캠벨은 세계 곳곳의 수많은 이야기를 연구해 '영웅의 여정'이라는 주요한 주제를 밝혀냈는데, 나는 20대 중반부터 캠벨의 연구를 공부할 수 있어 정말 운이 좋았다고 생각한다. '영웅의 여정'에 관한 이야기들은 주인공(대부분 퀴터라이퍼다)이 의식의 한 단계에서 다음 단계로 넘어가면서 겪는 변화에 관해 말한다. 이 변화는 용기, 우연, 노력, 기적의 조합으로 발생한다. 절대 논리나 계획으로만 이뤄지지 않는다. 캠벨에 의하면, 이런 이야기들이 주장하는 것은 결국 '한 사람의 성장'이다.

캠벨은 '영웅의 여정'을 크게 세 단계로, 즉 출발, 성장, 귀환으로 나누었다. 그리고 영웅의 여정 이야기가 과거에 남자아이들이 사춘기에 도달해 심리적으로 새로운 발달기에 진입할 때 치르던 성인식과 같은 구조를 이룬다고 분석했다.

인간의 발달기는 고대나 지금이나 똑같다. 어린이는 타인에게
의지하면서 훈육과 복종의 세계에서 성장한다. 어느 정도 성장을
이루면 이 모든 것을 초월해서 **의존 상태에 머물지 않고 권위를
획득해 자신을 책임지며 살아야 한다.**(강조는 내가 한 것이다.)

신화와 동화를 문자 그대로 해석하지 않고 상징적으로 읽어내면,
쿼터라이프 발달기에 필요한 것에 관해 깊은 통찰력을 얻을 수 있다.
이런 이야기와 융 심리학 안에는(융의 연구는 캠벨과 나의 작업에 큰 영
향을 미쳤다) 이 세상에 홀로 선 쿼터라이퍼에게 심리적 방향감각을 제
공해줄 진정한 지침과 이정표가 있다. 그렇지만 동시대에 맞게 캠벨과
융의 연구를 재해석해야 한다. 과거의 연구는 대부분 남성의 발달과 남
성이 주인공인 신화를 바탕으로 한다. 그렇다고 남성 영웅의 여정에 맞
서는 여성 영웅의 여정을 탐구할 시기는 이미 오래전에 지났다. 그 대
신 성별을 넘어서는 사고를 통해 미지의 여정을, 더 진취적이고 적극적
이며 더 깊고 사색적인 여정을 탐색해야 한다. 의식의 발달은 생물학적
발달과 마찬가지로 일정한 유형과 함정을 품고 있다. 하지만 성별을
구분할 필요는 없다. 발달에는 자연스러운 흐름이 있으며, 역사적으로
쿼터라이퍼는 두 성향으로 나눌 수 있을지언정 모두 같은 목표를 추구
했다.

3장

지금보다 더 나은 삶

방황을 끝낼 안전한 지도가 우리에게 있다면

아기들이 비슷한 시기에 네발로 기거나 걸음마를 시작하는 것처럼, 성인들은 비슷한 시기에 자기만의 인생을 향해 떠난다. 전통적으로 쿼터라이프는 원가족을 떠나 독립적인 삶을 도모하는 시기다. 처음 집중하는 대상이 일, 육아, 결혼, 학업 중 어떤 것이든 모두가 세상으로, 새로운 삶으로 나아가려고 노력하기 시작한다.

하지만 쿼터라이프 여정의 목표는 단순히 파트너를 구하거나 경력을 쌓는 것이 아니라 자기 자신을 찾는 것이다. 자기만의 개인적이고 진실한 삶 말이다. 쿼터라이프 발달기의 궁극적인 목표는 온전한 자신을, 내면과 외면이 일치하는 삶을 경험하는 것이다. 여정의 목표는 **지금과 다른** 무언가, **지금 이상의** 무언가를 향한 가슴 저릿한 갈망이 멈추는 것이다. 쿼터라이퍼는 삶의 기반, 안전함, 사회적 안정을 원하기도 하고, 모험, 경험, 자기만의 의미를 원하기도 한다. 일상을 유지하기 위해 굳건한 체계를 구축해야 하지만, 삶에 온기와 동기를 부여하는 수수께끼, 친밀감, 심지어 불안 같은 것도 끌어안아야 한다. 쿼터라이프 심리학을 논할 때, 나는 이러한 모순을 '**안정**과 **의미**를 향한 혼란스러운 갈망'이라고 설명한다.

⁘

성인기

20세기 중반에는 '중년의 위기'라는 개념이 새로이 주목받았고 이를 경험하는 사람도 많아졌다. 이에 따라 성인기의 행동 양식과 목표에 관한 굳건한 믿음이 심하게 흔들리기 시작했다. 사회 전반에 영향을 끼칠 정도로 많은 사람이 중년의 위기를 겪으면서 무어라 정확히 정의할 수는 없지만 '지금보다 더 나은' 삶을 갈구했다. 중년의 위기는 심리적 변화의 기점으로 정의되었다. 자식들이 독립한 후 부모가 '빈 둥지'의 허전함을 느끼는 시기, 결혼 생활이 무너지는 시기, 부모의 죽음 같은 힘든 사건들이 실존적·정신적 고민을 낳는 시기로 중년기를 해석하게 되었다. 중장년 성인이 생존 기반, 안정감, 가정을 이뤘다고 해서 당연히 만족하며 살고 있으리라고 기대하는 경향이 전반적으로 옅어졌다. 수많은 중산층 중년이 자기 삶에 부족한 것이 있고 자신에게 다른 무언가가 필요하다는 사실을 깨닫게 되었다.

중년의 유행병이 일으킨 지진은 성인기를 둘로 나누어 놓았고, 발달심리학에서 각 영역이 구체화되었다. 성인기 전반부는 '안정'이 강조되는 시기이고 이때 목표는 경제적 기반, 삶의 기반, 출산과 양육이라고 정의했다. 성인기 후반부인 중년기와 노년기는 '의미'를 파고드는 단계로, 창의적인 활동과 관계, 내면세계 탐구를 통해 자기 자신을 새로이 발견하는 것이 목표였다. 이것은 직관적으로 이해할 수 있는 간단한 구분이었다. '안정'을 확보한 뒤 '의미'를 찾기. 일단 삶에 뿌리내린 후 존재나 필멸성에 관한 고민에 몰두하기.

그러나 실제로 성인기의 발달이 이렇게 명확한 구분 아래 진행되는 경우는 드물다. 이는 비현실적인 구분이라고 할 수 있다. 특정한 인구 집단의 인생만 반영하는 모형이고, 이런 서사는 그 전성기에도 제대로 작동하지 못했다. 물질적 기반을 중시하는 사고, 이성애 중심적인 사고는 삶의 형태를 아주 좁게 정의했기 때문에 많은 사람이 우리에 갇힌 듯 불편함을 느꼈다. 실로 우리가 아끼는 역사, 문학, 신화 속 다양한 퀴터라이퍼의 이야기는 그런 간단한 서사에 맞아떨어지지 않기 때문에 **이야기**로 기록된 것이다. 퀴터라이퍼는 손쉽게 안정적인 삶을 구축할 수 없었거나, 자신이 구축한 삶에 답답함을 느낀 사람들이었다. 그럼에도 불구하고 성인기의 목표(퀴터라이프에 안정을 확보하고 중년기에 의미를 찾아내기)에 관한 고정관념은 굳어졌고 발달심리학의 성인기 이해를 장악했다. 오랫동안 우리 문화를 주도해온 서사의 상당수가 그렇듯, 성인기의 발달에 관한 서사 역시 재검토가 필요한 상황이다.

그동안 수많은 퀴터라이퍼가 자신의 증상과 위기를 세상에 알리고 예술 작업과 사회운동에 뛰어든 덕분에 우리 사회는 성인기의 삶이 무엇인지 다시 생각해볼 수 있었다. 자본주의의 기대에 부합하기 위한 성취와 성과, 이성애 중심주의와 가부장적 사고에 기반한 답답한 성역할 관념, 백인 우월주의가 낳은 경제적이고 사회적인 학대로 구성된 제한적인 성인기 묘사에 저항한 결과였다. 지난 백 년 동안 다양한 배경을 가진 퀴터라이퍼가 소리 높여 표한 불만이 동력이 되어, 엄격한 성역할이 느긋해졌고, 노동법이 개정되었으며, 고등교육 접근권이 확장

되었고, 피임이 보편화되면서 평균 첫 자녀 출산 연령이 높아졌으며, 당연하게 여기던 성인기의 가치가 줄곧 도마에 올랐다. 발달기의 목표가 하나씩 차례차례 이루어지는 것이라는 관념(먼저 삶의 안정을 구축하고, 그다음에 의미를 찾는다) 그 자체를 다시 생각하게 되었다. 실제로 **안정**과 **의미**, 두 가지 목표는 언제나 쿼터라이프에 속했다. 쿼터라이프에는 안정만 중요한 것이 아니었다.

우리 시대의 쿼터라이퍼는 이런 깨달음에 자유를 느끼면서도 발달 목표와 성역할이 명확하게 나뉘었던 과거를 그리워한다. 과거에 비해 더 많은 자유를 누릴 수 있어서 감사하고 안도하지만, 명확한 '삶의 의미'가 무엇인지 혼란스럽고 무엇을 해야 할지 알 수 없는 것이다. 그렇다고 해서 소위 '전통적인' 가족 역할로 퇴행하는 것이 이런 상황에 해답이 되어줄 수는 없다. 옛시대의 목표를 추구해서는 만족을 얻을 수 없다. 하지만 이 시대의 새로운 목표는 뭘지, 아직 명확하게 정의되지 않은 상황이다.

쿼터라이프의 궁극적인 목표는 자기만의 독립적이고 고유한 삶을 구축하는 것, 안정적이고 의미 있는 삶이 정확히 어떤 삶인지 **개인적**이고 **구체적**인 방식으로 밝혀내는 것이다. 쿼터라이프를 잘 살아낸다는 것은 '정상적'이거나 '훌륭'하거나 '성공적'인 것과는 관련이 없다. 그런 서사를 더 오래 지속하면서 쿼터라이퍼에게 천성과 가치에 맞지 않는 삶을 살도록 강요하면, 그들은 치솟는 정신병 확진율에 지배당할 것이고, 길을 잃었다는 심정으로 미래를 향하게 될 것이다. 안정과 의미 둘 다 적절하고 건강한 지향점이라는 사실을 더 많은 사람이 받아들일수록, 성인기를 '승자'와 '패자'로 가르는 경향도 줄어들 것이다.

대개 발달심리학에서는 중년기가 의미를 추구하는 시기라는 가정에 기초해 쿼터라이프의 안정 추구에 집중했지만, 그것은 온전한 설명이 아니다. 지금껏 세상에는 두 종류의 쿼터라이퍼가 존재했다. 안정을 먼저 추구하면서 자신의 우선순위를 편안하게 받아들이는 사람도 있고, 의미를 먼저 추구하면서 종종 자신이 사회의 기대에 부응하지 못한다고 느끼는 사람도 있다. 사실 안정과 의미는 명확하게 무 자르듯 나눌 수 있는 것이 아니라 넓은 스펙트럼를 이루고 있지만, 나는 전자를 '안정형', 후자를 '의미형'이라고 부른다.

두 가지 유형의 쿼터라이퍼, 즉 의미형과 안정형을 이해하는 일은 쿼터라이프의 심리를 이해하는 첫 번째 단계다. 자신이 의미와 안정의 스펙트럼에서 어느 지점에 위치하는지 가려내면 더 강력한 동기와 열의를 갖춘 채 쿼터라이프의 온갖 과제를 해결해낼 수 있을 것이다. 쓸데없고 혼란스러운 말들, 고루한 기대와 조언에 압도당하지 않을 것이다.

✣

의미형

성인기에는 안정에 집중해야 한다는 관념에 흥미를 느끼지 못하는 쿼터라이퍼는 어느 시대에든 있었다. 1930년대에, 프랑스 작가 콜레트 오드리Colette Audry는 자꾸만 망설여지는 마음을 일기로 남겼다. "나는 성장하고 싶었지만, 실제로 어른들이 살고 있는 삶을 진지하게 꿈꾼 적은 한 번도 없었다. (…) 그래서 어른들과 다른 모습으로 성장하고 싶은 욕망이 생겼다. 부모, 안주인, 주부, 가장 등 그 어떤 어른과도 닮지 않은 사람으로 성장하고 싶었다." 오드리의 위기에 관해 시몬 드 보부아르는 다음과 같이 설명한다. "오드리는 아이로 남기를 원하지

46

않는다. 하지만 어른들의 세계는 두렵거나 지루해 보인다." 오늘날에는 이런 상태를 "청소년기의 연장"[*]이라고 일컫기도 하지만, 오드리로서는 자신이 원하지 않는 미래를 거부한 채 줄곧 지금처럼 살겠다는 의식적인 선택을 했던 것이다.

1970년에 사회심리학자 케네스 케니스턴은 이런 도피적 행동을 분석했다. "실제로 '청소년기의 연장'이라는 심리적 문제를 앓는 젊은 이들이 있는 것은 사실이지만, 상당수는 청소년기의 즐거움을 좇는 게 아니라 자신이 살고 있는 불공정한 세상 속에서 맞닥뜨릴 수 있는 위험을 정확하게 분석한 끝에 성장을 지연하고 있다." 60년대와 70년대의 쿼터라이퍼 집단은 성인기를 향한 양면적 감정을 적극적이고 열렬하게 주장했고, 케니스턴은 그 심리를 이해하고 있었다. 쿼터라이퍼들은 부모와 같은 삶을 살고 싶지 않았고, 부모가 지지하는 세상을 지지하고 싶지 않았다.

종종 아이들은 독립적인 성인기에 누리게 될 자유를 갈망한다. 그래서 아동기 내내 성인이 되기를 목표로 삼는 것이다. 하지만 성인기가 가치관을 폐기하는 시기나 사회적인 의식이 죽어버리는 시기처럼 보인다면, 쿼터라이퍼가 성장 앞에서 망설이는 것도 당연하다. 케니스턴은 썼다. "성인의 역할이 흥미진진하고 충만하게 보였다면, 그 역할이 심각하게 차별적인 것이라도 여성과 남성 모두 성인의 세계에 순응하는 일에 별다른 문제를 겪지 않았을 것이다. 순응을 위험 요소로 인식하는 이유는 순응의 대상이 전혀 매력적이지 않기 때문이다."

---

[*] 신체적 발달이 끝났음에도 정서적·경제적·사회적 독립을 거부하고 청소년기에 머무르려는 것.

반전시위, 인권 운동, 제2물결 페미니즘 시대의 쿼터라이퍼 사이에서는 '안정'적인 가치에 집중하는 것을 두려워하고 꺼리는 경향이 상당히 증가했다. 하지만 현상 자체는 새로운 것이 아니었다. 사회가 성인에게 으레 기대하는 것들이 불편하거나 견딜 수 없는 사람들은 어느 시대에든 존재했다. 자기 내부의 자아감과 외부의 성인기에 대한 기대가 불화하는 사람, 성인기의 문화가 공허하고 부도덕하거나 그저 지루하다고 생각하는 사람 말이다.

역사적으로 이처럼 망설이는 쿼터라이퍼는 주로 예술가, 작가, 활동가, 독신자, 낙오자, 히스테리나 우울증 환자였다. 중독이나 정신병으로 요절하거나 가족사에서 지워진 사람도 있었다. 천재라고 칭송받기도 했으나 여전히 규범의 예외로 간주되었다. 여러 면에서 '실패자'라고 인식되었으며, 그들의 가족은 수치와 슬픔을 안아야 했다.

각각의 나라와 문화권마다 이런 비순응주의자를 부르는 이름이 있다. 하지만 발달심리학에서는 증상에만 관심을 가졌을 뿐 존재를 기록하는 일은 소홀했던 것이 사실이다. 역사 속의 수많은 작가, 예술가, 치료사가 그랬던 것처럼 그들은 '병자' 취급을 받거나 다양한 장애를 진단받았다. 때로는 '범법자'가 되어 사회에서 사라졌다. 병명, 범죄 경력, 중독의 종류에 따라 분류되어 발달심리학에서 사라졌다. 그러나 이 쿼터라이퍼들의 내면에는 그런 꼬리표가 암시하는 것보다 더 많은 일이 일어나고 있다. 그들은 '의미형'이고, 사회의 외부인으로 취급될 이유가 없다.

의미형은 감정을 조절하고 생활력을 기르며 세상을 살아갈 자신은 없을지라도, 마음속에서 자신이 생물학적 나이보다 성숙하고 지혜롭다고 느낄 수 있다. 굉장한 소질과 재능으로 반짝반짝 빛나면서도 현대인의 삶에 필요한 일상적인 과제를 수행하는 데 어려움을 겪는다. 그리고 돈이나 직선적인 시간관념에 부정적인 감정을 느끼기도 하는데, 이는 그들의 사회 참여를 방해한다. 의미형은 돈을 역겹고 위험하고 사악하고 더러운 것으로, 고통의 근원으로 인식한다. 직선적 시간을 '감옥', '사회적 구조물', '사람들을 자본주의에 묶어놓는 족쇄'로 바라본다. 이런 관점 때문에 그들은 자기 내면에 있는 또 다른 욕망, 풍요롭고 안정적이며 탄탄한 기반을 갖춘 삶을 향한 욕망과 무의식적인 갈등 관계를 형성한다.

　의미형은 종종 지금보다 안락한 삶을 꿈꾸지만, 그러다가 '변절자'나 '좀비' 같은 것이 될까 봐 내적인 갈등에 휩싸인다. 그 결과 많은 사람이 억울함에 어쩔 줄을 모르면서 자신이 풍요롭고 기능적인 삶을 살지 못하는 이유로 세상과 시스템을 탓한다. 의미형의 과제는 단순히 '기능적'이거나 '성공적'인 삶을 꾸리는 것이 아니다. 그들은 시간 관리나 돈 관리 같은 생활적인 어려움에 더해 심리적인 문제도 직면하고 해결해야 한다. 의미형은 우울하고, 정서적으로 힘들고, 지적인 개념과 추상적인 개념에 집착하고, 심지어 정신병에 걸린 것처럼 보일 가능성이 크다. 신화적인 시간관념이나, 아예 시간관념이 없는 세계와 깊은 연결감을 느낄 수도 있다. 스펙트럼의 극단으로 치달으면 조현병 같은 임상적 진단을 받게 된다. 의미형은 자신이 '모든 것'과 연결되어 있다고 느끼면서, 자신을 세상과 구분하고 자신이 혼자라는 사실을 받아들이지 못할 가능성도 있다. 어쩌면 타인에게 등을 돌리고 고립된 상태로 살 수도 있다. 때로 끝없는 수면, 고립, 극단적인 내향의 삶은 내면의 치유를 위한 특효약일 수 있지만, 의식적으로든 무의식적으로든 외부로 나오길 거부하면서 정체될 가능성도 있다.

역사적으로 의미형은 전형적인 '중년의 위기'를 겪지 않는 경향이 있는데, 삶 자체가 하나의 길고 긴 위기처럼 느껴지기 때문이다. 의미형이 살아남아 중년기에 진입했다면 이미 세상에서 살아가고 성장하는 방법을 깨달은 경우가 많다. 실제로 의미형은 균형을 찾는 작업에 몰두해야 한다. 처음에는 안정을 목표로 삼는 행위에 거부감을 느낄 수도 있지만, 내면의 의미 감각과 연결을 유지하면서 어떤 형태로든 안정적이고 기능적인 사회생활을 구축해야 하는 것이다. 지금까지 설명한 의미형의 이야기는 내 상담실을 거쳐 간 두 내담자 그레이스와 대니의 이야기를 통해 다음 장에서 더 깊이 고민해볼 예정이다.

✛

안정형

반면 문화가 정해놓은 '어른의 삶'을 보다 자연스럽고 능숙하게 살아내는 사람들도 줄곧 있었다. 더 성공적이고 건실하며, 더 '체계적인' 쿼터라이퍼들. 나는 이들을 '안정형'이라고 부른다. 의미형이 한마디로 '예술가', 철학자나 음악가인 것과 달리, 안정형은 한마디로 '변호사', 이를테면 금융에 종사하거나 사업을 운영하고 가정을 꾸리기 위해 의식적인 노력을 기울이는 사람들이다. 그들은 좋은 성적, 탄탄한 과외 활동, 장기적인 계획, 가정 꾸리기, 안정적인 직장 생활, 승진, 저축 등 한때 성인기의 근본적인 과제라고 간주했던 목표들을 우선시한다. 강력한 종교적·정치적 신념을 갖고 있을 수도 있는데, 자신의 믿음에 회의를 품거나 내적인 갈등을 경험할 기회가 아직 많지 않았을 것이다. 갈등이나 회의를 느끼고 있다면, 분명 그런 감정을 억압하는 데 능숙하다. 안정형은 자신에게 사회 규범에 순응하는 능력이 있어서 다행이라고 생각한다. 타고난 천성이 그렇거나, 따돌림당하는 것을 싫어하기 때문이다. 의미형에게는 적응하겠다는, 따돌림당하지 않겠다는 굳건한 결심이 있다.

　세상은 안정형 쿼터라이퍼를 "굳건하다", "정상적이다", "안정적이다"라고 묘사한다. 작가 게일 쉬이의 표현을 빌리자면, 그들은 "세상을 만족시키고 의문의 대상이 되지 않기 위해, 외부로부터 인정, 칭찬, 보상을 받기 위해 '가짜 자아'"를 구축한 사람들이다. 쉬이의 베스트셀러 『여정』은 성인기 발달 단계와 그 과정에서 생기는 위기에 관한 책으로, 케네스 케니스턴의 저서와 엇비슷하게 1976년에 출간되었다. 하지만 케니스턴의 관찰과 글쓰기 주제가 의미에 편향된 쿼터라이퍼였던 것과 달리, 쉬이는 정반대의 유형을 탐구하면서 이 시기를 "노력하는 20대", 후에는 "첫 번째 성인기"라고 불렀다.

　안정형은 종종 의미형보다 불안과 자기 보호가 심한 것처럼 보이고, 극단적인 경우 나르시시스트나 소시오패스가 되어 자신을 방어한다. 자신과 타인의 삶을 조종하면서 삶의 기능을 유지하기도 한다. 특히 의미형 부모와 자란 쿼터라이퍼는 혼란스럽고 고생스러운 삶을 부정적으로 바라보기 때문에 삶에서 안정을 얻기 위해 과잉 각성 상태가 될 수 있다. 때로는 자기 몸과 감정을 통제하려고 다양한 방법을 시도하기도 한다. 식이장애로 고생할 수도 있고, 연애를 못 하면 불안해할 수도 있다. 불만족스러운 관계일지언정 관계가 주는 안도감을 홀로 맞이하는 미래의 불확실함보다 선호하는 것이다. 그러나 때가 되면 안정형의 삶에는 필요한 것이 생긴다. 기존에 구축해놓은 체계와 파트너만을 믿는 대신, **자기 자신**을 믿을 수 있어야 한다. 삶의 통제력을 놓아주고 수수께끼를 받아들여야 한다. 사회 적응력을 놓아주고 알 수 없는 내부의 욕망과 필요에 자신을 내맡겨야 한다. 적극적으로 다른 가치를 추구하며 균형을 잡지 않으면, 신경쇠약에 걸리거나 자신의 현실을 깨닫고 충격에 빠지는 등 대가를 치르게 되는 날이 도래할 수밖에 없다. 그러면 그들이 구축하려 노력했던 안정은 파괴되고 말 것이다.

안정형은 인생의 발전에 필요한 능력을 갖춰야 한다는 의지력이 높지만, **살아 있다는 감각**을 느끼지 못하거나 삶의 목적이 무엇이냐는 질문 앞에서 막막함을 느낄 수 있다. 역사적으로 안정형은 중년기쯤 한계점에 도달하는 경향이 있다. 사회에서 유지하던 외양에 금이 가기 시작하고, 사회가 정해준 과제를 하나하나 수행하는 것이 힘들어진다. 바로 이때부터 외부의 기대에 의문을 제기하고 삶의 더 큰 의미를 탐색하게 된다. 이것이 이른바 '중년의 위기'의 기원이다. 중년의 위기란 안정형의 위기인 것이다. 이성애 중심적인 엄격한 성역할에 맞춰 살았던 사람들은 시간이 지난 후에야 자신의 타고난 편향성과 삶의 한계를 느끼게 된다. 하지만 다양한 이유로 안정형이 사회의 기대에 의문을 품기 시작하는 시점도 앞당겨졌다. 과거의 안정형이 중년에 진입한 후에야 기존의 믿음을 상실했던 것과 달리 이제는 쿼터라이프에 진입하면서 상실을 경험하는 경우가 늘어나고 있다.

가장 '기능적인' 쿼터라이퍼조차 일찍이 위기를 겪는 현실은 사실 놀랍지 않다. 사방팔방에서 번아웃 증상을 호소하고 있다. 흔히들 트라우마를 경험한다. 세상에는 위기가 끊이지 않는다. 안정형이 익숙하게 오르던 사다리도, 익숙하게 완수하던 일련의 숙제들도 점점 더 무의미해지고 있다. 음식이라고 배웠던 것이 포장만 근사하고 영양은 하나도 없다는 사실을 빨리, 더 빨리 깨닫게 되는 것이다. 그 결과 그들은 굶주리고 혼란스러운 채로 길을 잃고 말았다.

안정형이 자신이 추구하던 목표에 의문을 품기 시작하면, 그의 세상은 무채색으로 변한다. 자신이 지금과는 다른 어떤 것에, 쉽게 정의할 수 없는 미지의 거대한 것에 목말라 있다는 것을 자각하게 된다. 자신이 누구인지, 자기 삶에 어떤 의미가 있는지 더 심오한 질문을 던지기 시작한다. 이쯤이면 그들은 의미형처럼 보이기 시작한다. 발달 과정에서 균형을 이루기 위해 정반대의 가치를 추구하는 것이다. 이러한 안정형의 경험은 앞으로 5장에서 미라와 코너의 이야기를 통해 구체적으로 탐구해볼 예정이다.

✛

온전한 삶을 향한 갈망

쿼터라이프 발달에 관한 사회적·심리학적 담론이 대학, 직업, 결혼, 자가, 양육, 경제력 같은 외적인 성취만을 강조하고 **자기 자신을 찾는다는** 근본적인 과정을 무시한다면 많은 것을 놓치게 된다. 삶은 성취의 행복과 실패의 불행으로 축소될 것이다. 하지만 자기 자신을 탐색하는 여정은 더 복잡하고 특별하다. 우리에겐 그 여정을 향한 강력한 본능이 있다. 자기 자신을 발견하고 알아내고 싶은 충동, 자기 자신으로서 세상에 나서고 싶은 충동이 있다.

쿼터라이프는 안정적인 관계와 경제적 조건을 마련하는 과정처럼 보이지만, 사실은 의미를 향한 개인적인 여정이다. 진정한 성인기는 심리적인 것이다. 안정을 획득하거나 역할을 수행하는 것과는 거리가 멀다. 출산이나 주택 담보 대출과도 거리가 멀다. 생활력 기르기를 거부하면서 자기만의 사상과 의미에만 몰두하는 것과도 거리가 멀다. 심리적 의미에서 진정한 성인기란 균형을 추구하는 성숙한 탐색의 과정, 공동체의 일원이자 의식 있는 개인으로서 역동적으로 살아가는 삶이다. 안정과 의미를 모두 추구하는 여정이다. 질서와 혼란, 문명과 자연, 인간성과 신성을 결합하는 시기다. 두 특성이 각각 고유한 역할을 수행하는 공생적인 관계를 형성하게 된다. 마치 파도를 타기 위한 서프보드, 불을 피우기 위한 난로, 포도주를 담기 위한 술잔과 같다.

나는 상담 시간에 이런 다양한 은유와 이미지를 사용하는데, 이러면 내담자들이 자신의 정신적 건강 상태를 가늠하고 삶에서 체계와 생동력이 상호작용하는 방식을 이해하는 데 도움이 된다. 보통 안정형들은 본능적으로 알고 있다. '기능적인 삶'은 그 이상의 무언가, 일종의 목적의식, 명명하기 힘든 어떤 근본적인 감각 없이는 아무것도 아니라는 사실을. 불을 피우지 않는 난로가 무용한 것과 마찬가지다. 파도를 타지 않는 서프보드는 그저 유리섬유에 불과하며, 아무리 아름다운 술잔도 포도주 없이는 쓸모없다. 그리고 의미형 역시 삶에 기능적인 체계를 갖춰야 한다는 필요성을 인식하는 경우가 많다. 불은 난로라는 안전한 저장소 없이는 위험하고, 파도는 안전하게 놀 수 있는 탄탄한 도구 없이는 순식간에 괴물로 돌변할 수 있으며, 포도주는 손에 쥐고 입술에 댈 수 있는 그릇 없이는 즐기거나 음미하기 불가능하다. 또한 안정형은 '긴장 푸는 법'을 연습해야 한다는 것을 안다. 의미형은 '체계를 갖추는 법'을 배워야 한다는 것을 안다. 다들 자신을 의심하고 서로를 판단하기는 하지만, 각 유형은 서로가 가진 것을 필요로 하는 법이다.

구체적인 은유와 개개인의 이야기를 넘어서면, 이 모든 것을 단순한 분류법에 따라 손쉽게 구분하기는 불가능하다. 쿼터라이퍼마다 자신을 세상에 내보이는 방식이 다르고, 상황에 따라 다른 유형처럼 보일 수 있다. 하지만 유명한 공인 가족(부부나 형제자매)의 예시를 살펴보면 각 유형의 차이가 일반적으로 어떻게 나타나는지 이해하는 데 도움이 된다.

예를 들어 미셸 오바마는 쿼터라이프 시절의 자신을 "숙제 전문가"라고 불렀다. 이 표현을 듣고, 또 그가 과거의 자신에 관해 이야기하는 방식을 듣고, 나는 미셸 오바마가 변호사가 된 안정형이라는 결론을 내렸다. 남편 버락 오바마 역시 직업은 변호사지만, 자신의 성장 환경을 돌아보고 세상을 바꾸기 위해 무엇을 할 수 있을지 고민하면서 헌신적으로 지역사회 조직을 위해 일했고 작가의 꿈을 키웠다. 내 생각에 버락 오바마는 쿼터라이프 시기에 안정을 구축한 의미형이었던 것 같다. 미셸과 버락은 같은 직업을 선택했으나 다른 방식으로 삶과 일에 접근했다. "사람은 자신과 다른 상대에게 끌리기 마련이다"라는 오래된 관념은 쿼터라이프의 관계에서 흔히 일어나는 현상이다. 쿼터라이퍼들은 본능적으로 자신을 보완할 수 있는 성향의 파트너를 찾는 경우가 많다. 내키지는 않더라도, 자기 내면세계의 균형을 유지하는 데 도움을 얻으려는 것이다. 오바마 부부가 쿼터라이프 이후의 삶을 통해 보여준 것처럼, 두 유형 모두 궁극적인 목표는 동일하다. 상대를 보고 배우면서 자신이 편안함을 느끼는 영역을 넓혀가는 것, 자기만의 안정과 의미 배합을 이룰 때까지 성장하는 것이다.

영국 왕가의 형제들을 살펴보면, 여러 세대에 걸쳐 안정형과 의미형 조합이 반복되는 것을 발견할 수 있다. 드라마 〈더 크라운〉을 시청한 적이 있다면(어쩌면 독자들의 영국 왕족의 역사에 관한 지식이 나보다 훨씬 뛰어날지도 모르겠다) 형제가 의미형과 안정형으로 나뉘는 것을 알아보았을 것이다. 이는 분명 사회적 위치와 상황이 낳은 결과이기도 하지만 타고난 성향의 차이로 볼 수도 있다. 안정형과 의미형 스펙트럼의 양극단에 자리 잡은 형제가 종종 서로를 못마땅해하고 의아해하면서 세월의 흐름에 따라 사이가 멀어지기도 한다. 사랑을 위해 왕위에서 물러난 에드워드 왕은 의미형이었고, 그 결과 왕위를 이어받아야 했던 조지 왕은 안정형이었다. 의무가 강력한 행동 동기인 엘리자베스 여왕은 안정형이지만, 자기만의 삶을 찾아내려 애쓴 여동생은 의미형이었다. 윌리엄 왕자는 안정형이다. 일찍 결혼했고, 딱히 문제를 일으키지 않았다. 뒤로는 어떤 일이 일어나고 있을지 모르겠지만, 겉으로는 온화해 보이고 항상 '정신 똑바로 차린' 어른의 분위기를 풍긴다. 반면 해리 왕자는 의미형이다. 자신이 맡아야 할 역할을 찾고 어린 시절의 아픔을 이겨내기 위해 쿼터라이프 내내 끙끙댔다. 의미 있는 삶을 찾는 일에 몰두하느라 왕족에게 걸맞은 체면치레에 신경쓰지 못했다.

이렇듯 상반되는 형제들을 살펴보면 통제와 혼란 사이에 자연스러운 균형 같은 것이 형성되어 있다. 한 형제는 다른 형제에게 필요한 삶의 지식을 갖고 있다. 고민이 많은 의미형은 가족에게 두려움, 걱정, 고통을 안길 수 있고 그래서 안정형 형제가 별다른 노력 없이 얻어내는 것처럼 보이는 행복과 소속감을 부러워할지도 모른다. 한편으로 안정형은 의미형 형제의 혼란이 가족의 관심을 받고 평화를 흩어놓는 것을 못마땅해하면서도 의미형의 자유로운 영혼과 자기 표현력을 닮고 싶다고 생각할 수 있다. 만약 각 형제가 자기 내면에서 의미와 안정의 균형을 이룰 수 있다면, 다른 형제에게서 자신의 부족한 점을 배울 수 있다면, 그 영향력은 상당할 것이다. 개인에게도, 가족에게도, 더 넓게는 사회에도 좋은 일이다. 한 사람의 심리 성장은 외부 세계에도 깊은 영향을 미친다. 자기 자신으로 살고자 하는 용기는 문화의 진화를 이끄는 원동력이다. 모든 진화와 혁명은 한 사람에게서 시작된다. 쿼터라이퍼들이 의미와 안정 사이에서 균형을 찾아내면 그들의 가족과 공동체와 사회도 더 큰 균형을 이룰 수 있다.

온전한 삶이라는 안정형과 의미형 공동의 목표는 서사의 결말에서 상반되던 것들이 결합하는 상징적인 방식으로 나타나는 경우가 많다. 인간이나 영웅, 신 내부에서 상반되는 존재가 조화를 이루는 것이다. 대표적인 예가 혼혈 마법사 해리 포터다. 완전한 인간이자 완전한 신인 예수 그리스도, 한 시대 속에 존재하지만 그와 동시에 무한을 의식하는 존재인 부처도 마찬가지다. 동화의 결말에는 신데렐라가 왕자와 만나는 것처럼 이성애 결혼을 통해 남성과 여성의 화해가 이루어지기도 한다. 상반되는 것이 만남으로써 태양과 달, 근대성과 신화성, 인간과 신, '이성'과 '비이성', 직설과 상징, 안정과 의미가 결합한다. 이 핵심적인 개념이 재현되는 방식은 수없이 많지만, 진실은 변하지 않는다. 둘 중 하나만 있는 삶은 기울어진 삶, 불완전한 삶이다. 기울어진 삶에는 명명하기 힘든 충동, **지금보다 더 나은 삶**을 향한 충동이 언제든 찾아올 수밖에 없다.

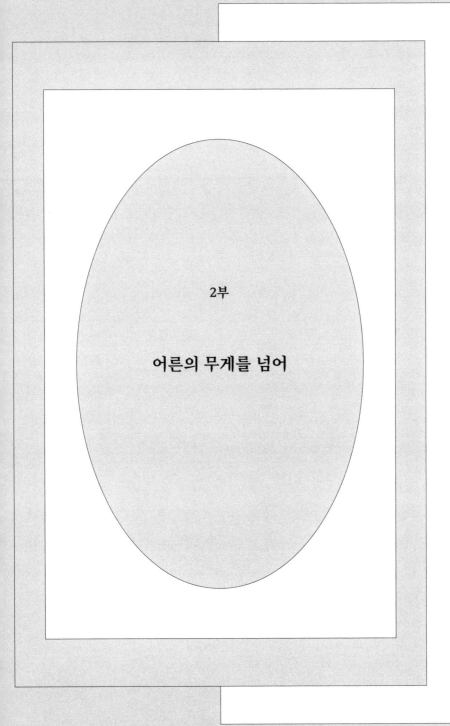

2부

어른의 무게를 넘어

4장

의미형

"불쌍한 어른이
되고 싶지는 않았어요."

그레이스
✝

"선생님, 식물이 정말 멋져요." 처음 상담실로 들어온 그레이스가 말했다. 그러고는 시계 옆에 있는 식물과 벽에 걸린 작은 식물의 이름을 알아맞혔다. 가볍게 웃으며 인사하는 눈이 동그랬다.

"상담하는 날만 기다렸어요." 그레이스는 표정이 밝았다. 우리는 서로를 마주하고 앉았다.

"반가운 이야기네요. 특별한 이유가 있었어요?" 내가 미소 지으며 물었다.

"상담에서 큰 도움을 얻은 친구가 꽤 있거든요. 이제는 내 차례다, 싶었어요. 어쩌면 한참 전에 시작해야 했을지도 몰라요." 그레이스는 눈을 굴리고는 자조적인 한숨을 쉬었다.

그레이스의 세련된 스타일이 눈길을 끌었다. 선명한 분홍색 립스

틱을 바른 입술, 탈색해서 뾰족뾰족하고 짧게 자른 머리. 뿌리 쪽에는 타고난 갈색 머리카락이 보였다. 침착하고 다정하면서도 조금 산만한 분위기가 느껴졌다.

나는 그레이스가 상담을 결심하게 되어서 정말 기쁘다고 말했다. 몇 가지 실무적인 질문과 서류 작업을 거친 후, 나는 어디서부터 시작하고 싶은지 물었다.

"글쎄요. 저는 스물세 살인데 아직 대학에 안 갔어요." 그레이스는 거의 사과하는 듯한 말투로 이야기를 시작했다. "중서부에서 고등학교를 다녔는데, 3년을 다 마치지 못하고 자퇴해서 검정고시를 봤어요. 이제 포틀랜드에 온 지 4년째예요." 그레이스가 이야기를 이어갔다. 인터넷을 통해 알게 되어 사랑에 빠진 여자아이를 만나기 위해 자동차를 타고 주 경계를 7번이나 넘어갔다고 했다.

"그때부터 지금까지 만나고 있어요." 그레이스가 말했다. 해독할 수 없는 표정을 짓고 있었다.

"오래됐네요." 나는 곰곰 생각해보았다.

"그런데 여자 친구한테 제가 짐이 되는 것 같아요." 이 말과 함께 그레이스의 평온한 외양이 무너지고 어깨가 구부러들면서 눈물이 차올랐다. "우리는 서로에게 스트레스예요. 그동안 힘들었어요." 그레이스는 울기 시작하더니 곧 사과했다.

어떤 사람들은 너무나도 많은 감정을 떠안고 살아서, 상담실에 오자마자 순식간에 허물어지고는 한다.

"사과하지 말아요. 시간은 많아요. 울고 싶으면 펑펑 울어도 돼요. 코도 풀고요. 뭐든 하세요. 상담실에서 그레이스가 맡은 역할은 절 돌봐주거나 제게 부담을 줄까 봐 걱정하는 게 아니니까요. 알았죠?"

"정말 감사해요." 울던 그레이스가 미소 지으며 말했다. "그런 말을 들으니까 마음이 놓여요. 저는 주변 사람들을 많이 챙기는 편이거든요." 그레이스는 숨을 깊이 들이쉬고 티슈를 한 장 집어 든 후 등을 기대고 앉았다. "제 미래가 어떻게 될지 감이 안 잡혀요." 그레이스가 다시 이야기를 시작했다. "그래서 스테이시와 저 사이에 많은 문제가 생긴 것 같아요. 스테이시는 제 여자 친구예요."

나는 고개를 끄덕였다.

"집에 있을 땐 이런저런 생각에 잠겨 시간을 보내요. 그러면 기분이 엉망이 되고요. 솔직히 말하면 일할 때도 대부분 똑같은 상태예요."

"어디서 일해요?" 내가 물었다.

"시시한 식당에서 서빙 일을 하고 있어요. 뭐, 일은 괜찮은 것 같아요. 하지만 부끄러워요. 거기서 몇 년이나 일했거든요. 스테이시는 개발자라서 코딩을 해요. 테크 업계에 있어요. 연봉도 좋고, 자기 일을 좋아해요." 그레이스는 얼굴을 찡그리고 눈을 굴렸다. "윽."

"왜 '윽'이라고 했어요?"

"그냥, 그 애는 좋은 직장에 다니거든요. 우리가 사귀기 시작한 후로 스테이시에겐 좋은 일이 많이 생겼어요. 제겐 아무 일도 없었는데…." 그레이스는 내가 불편해하지는 않는지 확인하려는 듯 고개를 들어 나를 바라보고는 다시 울기 시작하더니 또 사과했다. 그리고 사과한 것을 사과하다가 코웃음을 치며 웃었다.

그레이스와 스테이시는 전형적인 의미형과 안정형의 조합 같았다. 상대를 통해 균형을 찾고 새로운 지식을 배우고 싶어서 무의식적으로 손을 뻗었을 것이다. 스테이시는 삶의 체계와 외부 세계의 법칙을 잘 알고 있으니 그레이스에게 그런 면에서 모범을 보여주었을 테고, 그레이스는 풍부한 정서와 창의적인 성향이 있으니 스테이시는 감탄하고 때로는 질투했을 터였다. 하지만 퀴터라이프 시기의 관계에서 일어나는 이런 무의식적인 교환 관계는 각자 성장하면서, 혹은 성장하려 애쓰면서 손상을 입을 수 있다.

나는 첫 번째 상담에서는 공식적인 '정보 섭취'를 지양하는 편이다. 정보를 모으는 것보다 관계 형성에 중점을 둔다. 하지만 그레이스가 혹시 위험한 상태는 아닌지 알아두기 위해 몇 가지를 물어보고 싶었다. 그레이스의 심리적 건강을 확인하려는 목적으로 식사는 잘 하고 있는지, 잠은 잘 자는지, 혹시 약물을 복용하는지 물어보았다.

그레이스는 음, 하고 생각에 잠겼다. 꼭 나와 어디까지 공유할지 머릿속에서 자기 자신과 논의하고 있는 것 같았다. "마리화나랑 담배를 자주 피우긴 하는데, 그게 전부예요."

"얼마나 피우는데 자주 피운다고 해요?"

"음, 보통 일하러 가기 전 한낮에 피우고, 다녀와서 밤에도 피워요. 잠자는 데 도움이 되거든요."

"잠이 잘 안 와요?"

"네. 어렸을 때부터 잠을 잘 잔 적이 없어요."

"어렸을 때부터 쭉?"

"네, 정말이에요. 엄마도 그러던데요. 아기 때부터 잠을 통 안 잤다고요."

"왜 그런지 알아요?"

"악몽 때문에요…." 그레이스는 또 얼굴을 찌푸렸다. "항상 악몽을 꿔요. 어린 시절부터."

어렸을 때부터 줄곧 악몽을 꿨다니, 그런 삶이 얼마나 힘들지 나는 상상만 할 수 있을 뿐이었다. 보아하니 그레이스는 두려움 없이 잠들기 위해 마리화나를 사용하는 것 같았다. 나는 훗날을 위해 이 사실을 유념해두었다.

그레이스의 오른팔은 식물과 꽃 문신으로 뒤덮여 있었고, 왼팔 안쪽에는 성경 구절 같은 것이 고딕풍 글씨체로 새겨져 있었다.

"그건 무슨 문장이에요?" 나는 그레이스의 팔을 가리키며 물었다.

"아, 미주리에 살던 시절에 교회에 다녔거든요. 교회에 갈 때마다 괴물 레즈비언이 된 것 같은 기분이었는데, 이 구절 덕에 버틸 수 있었어요." 그레이스는 자기 팔을 내려다보며 오른손으로 문장을 가리켰다. **"믿음, 희망, 사랑, 이 셋은 영원할 것이고 이 중에서 가장 위대한 것은 사랑이다."** 고개를 들고 나를 바라보며 미소 짓는 그레이스의 볼에 눈물이 아롱아롱했다.

"아름답네요."

"이 구절을 읽다 보면 어찌 됐든 하나님은 날 사랑해줄 것 같았어요. 교회에 가면 계속 이것만 바라보고 있었다니까요. 몇 시간이나!" 그레이스가 깔깔 웃기 시작했다. 지금껏 엉엉 울던 만큼이나 심하게 웃고 있었다.

나는 금세 눈치챘다. 그레이스는 다양한 감정에 불편해하지 않는 사람이었다. 울다가도 1분 만에 웃음을 터뜨리고 자신의 감정을 돌아볼 줄 알았다.

"그 문신은 10대 시절에 한 거예요?" 내가 물었다.

"네, 열여섯 살에 했어요. 엄마는 문신을 좋아하는 분이 아닌데, 아무래도 화를 못 내더라고요. 성경 구절이잖아요. 겉으로는 화를 내면서도 속으로는 자랑스러웠던 것 같아요. 딸이 팔에 **성경 구절**을 새기는 방식으로 반항하다니. 어쨌든 딸을 잘 키우긴 했다 싶은 거죠."

어린 시절에 그레이스는 보수적인 사회 속의 퀴어이자 항상 가난 근처를 맴도는 가족의 딸이었고, 삶은 쉽지만은 않았다. 그리고 어머니 와 아버지의 이혼까지 겹쳤다.

"부모님은 항상 싸우기만 했어요." 그레이스가 과거 이야기를 했 다. "끝도 없이. 제가 중학교에 다닐 때 아빠가 엄마랑 저를 두고 떠났 어요. 그리고…." 그레이스는 나를 바라보았다. 자신의 이야기 때문에 내가 놀란 것은 아닌지 확인하려는 시선이었다.

"난 괜찮아요. 잘 따라가고 있어요." 내가 웃으며 말했다.

"다행이네요. 그러니까, 엄마가 가족들이랑 가까이 살고 싶어서 저 를 데리고 미주리로 이사했어요. 그런데 그때부터 상황이 정말 안 좋아 졌어요. 새로운 학교로 전학을 갔는데요."

정말 안 좋아졌다는 말이 무슨 뜻일지 걱정되어 조금 움찔했다.

"네. 그 후로 학교에 가면 기분이 안 좋고, 부끄럽고, 불안했어요. 그래서 지금 이렇게 사교적인가 봐요. 친구 없이 흘려버린 시간을 만회 하려는 거죠!" 그레이스가 설명하며 활짝 웃었다.

그레이스는 오랫동안 가족들과 아픈 관계를 이어왔지만, 그들을 탓하지도 딱히 분노를 느끼지도 않는 것 같았다. 사실 그레이스가 이렇 게 다양한 감정에 접근할 수 있는 사람이라면 그중 분노는 어디 갔는 지, 혹시 사라진 분노를 되찾아야 하는 것은 아닐지 궁금해졌다.

몇 차례 상담을 진행해보니 그레이스가 굉장히 외향적인 사람이 라는 것이 명백해졌다. 그레이스는 친구들 이야기를 자주 했는데, 함께 어울리는 친구 모임은 규모가 큰 데다가 줄곧 새로운 일원이 들어왔다. 그레이스는 친구들과 즐겁게 웃으며 놀거나 함께 음악을 연주하기도 했고, 서로에게 의지하면서 정서적으로 지지해주었다. 그레이스가 포틀랜드에서 살고 있는 삶은 어렸을 때 즐기지 못한 충만한 사랑과 즐거움을 기반으로 했다. 그런 공동체를 찾아낸 것은 훌륭한 일이었다. 그레이스와 비슷한 환경에서 성장한 다른 여성은 안정형이 되어 막대한 업무와 책임에 자신을 파묻어버리기도 했다. 실제로 어린 시절의 그레이스는 열다섯 살에 처음으로 일자리를 구해 줄곧 생활비가 쪼들리는 어머니를 도와주면서 가정의 안정에 한몫했으나, 자신이 "책임과 스트레스와는 어울리지 않는" 사람이라는 것을 알고 있었다.

일반적으로 의미형은 외부의 기대보다는 자기 내면에 집중한다. 만약 의미형이 바깥세상에 집중하고 있다면, 자기 삶의 안정보다는 타인의 고통과 부정의에 민감할 가능성이 높다. 본능적으로 세상의 거대함을 의식하기에, 문화적·사회적 기대 같은 것은 무의미하고 혐오스럽다고 생각하는 경향이 있다.

의미형은 돈이나 계획 같은 것을 '허구적'이고 '인공적'이라고 인식해 어려움을 겪을 수 있다. 자신이 야행성이라고 느끼는 의미형도 있다. 밤에는 외부의 기대가 거의 느껴지지 않고, 바깥세상에 나가야 하는 압박이 없으니 더 편안해하는 것이다. 그레이스가 이런 경우였다. 종종 새벽이 되도록 깨어 있었고, 때로는 스테이시가 일어나서 출근할 때까지 잠들지 않았다. 그레이스에게 이런 습관은 자유의 원천이었지만, 자신이 스테이시만큼 "어른스럽지" 않다거나 "기능적이지" 않다는 수치심을 계속 느껴야만 했다. 그레이스는 다른 사람이 자신의 습관을 지켜보지 않아야 편안했다.

의미형은 고대 그리스에서 '카이로스'라고 부르던 비선형적인 시간이나 시간 감각이 없는 상태를 선호하는 경우가 많다. 사실 나는 그레이스가 상담 시간에 늦는 법이 없어서 놀랐는데, 알고 보니 그레이스는 절대 늦지 않으려고 거의 30분이나 일찍 와서 대기실에서 기다리고 있었다. 그레이스는 시간을 지켜야 한다는 생각에 큰 스트레스를 받고 있었으나 상담을 중요하게 생각했기 때문에 늦지 않으려고 특별히 노력을 기울였던 것이다. 중요한 점은 상담이 일관적이고 체계적으로 진행된 덕에 그레이스가 더 쉽게 나를 신뢰하고 자신이 안전하다고 믿을 수 있었다는 사실이다. 우리는 정해진 시간에 정해진 장소에서 상담을 했으며, 대기실에 가면 항상 차 한 잔이 기다리고 있다는 것도 정해져 있었다. 그 덕에 그레이스는 매주 의지할 수 있는 안정의 틀을 얻을 수 있었다. 상담은 지켜야 할 일정이기도 했지만 일종의 의식이었다. 그레이스의 의미가 확장할 수 있도록 충분한 공간을 제공하는 일관적인 행위였고, 그레이스를 숨 막히게 하는 것이 아니라 자신을 쏟아부을 수 있게 만드는 **체계**였다. 이는 앞으로 우리가 함께 해나갈 작업에 관한 암시였다.

그레이스는 삶의 체계가 절실했다. 체계가 없으니 친구에게도 직장 동료에게도 자신을 끝없이 내주기만 해서, 결국에는 자신이 사방팔방으로 퍼져나가는 물웅덩이 같은 마구잡이의 존재라고 느끼고 말았다. 그레이스는 주변 사람의 기분을 감지할 수 있는 능력이 있었다. 아주 멀리까지 뻗어나갈 수 있는 공감력이 있었다. "저는 친구들을 정말, 정말, 정말, 정말, 정말 사랑해요." 그레이스는 상담 초기에 이렇게 말했다. 사실 이런 말을 자주 했다. 어떤 사람들을 떠올리며, 그들의 고통과 아름다움을 떠올리며 마음이 벅차오르고는 했다. 하지만 금세 녹초가 되었다. 지나치게 외향적인 생활을 이어가다가, 극단적이고 병적인 내향성으로 과도하게 보상했다. 몇 주 동안 끝없이 타인을 보살피다가,

며칠, 몇 주 동안 휴대폰도 확인하지 않고 스테이시를 제외한 그 누구도 만나지 않으면서 지나친 자극을 차단한 채로 사실상 세상에서 사라져버렸다. 그레이스는 자신에게 무엇이 필요한지 몰랐고, 자신을 돌보는 것이 중요하다는 사실도 몰랐기 때문에 줄곧 양극단을 오가곤 했다.

그레이스는 스테이시가 훌륭하게 해낸 것처럼 삶의 틀을 구축해야 했다. 의미를 잡아줄 체계, 포도주를 담아줄 술잔이 필요했다. 더 명확하게 자신의 경계를 설정하기 전에는 내면에 있는 모든 의미를 담아내지 못할 것이었다.

그레이스를 비롯한 의미형이 쿼터라이프에 진입하면, 자신을 지키기 위한 보호벽을 쌓지 못해 제각각의 어려움을 겪는다. 체계를 개발하는 작업을 힘겨워하거나, 삶의 체계에 집착하는 건 '영혼이 없다'는 이유로 거부한다. 그레이스는 자신에게 무엇이 중요한지 우선순위를 정해서 삶의 안정성을 다질 필요가 있었다. 그러면 혼자서도 안정감을 느낄 수 있어 관계에 지나치게 몰두하지 않을 수 있다. 그레이스의 상담 목적은 삶의 균형에 집중한 자기 내면의 발달이어야 했고, "정신 차리라"든지 "철들라"는 등의 조롱 섞인 문화적 서사에 순응하라는 암시는 피해야 했다.

"저는 어른이 되고 싶지 않았어요." 그레이스가 설명했다. "성인기는 항상 고통, 권태, 청구서, 스트레스, 비열함 같은 것으로 이루어진 것처럼 보였거든요. 어른이 되면 영혼이 죽는다, 뭐 그렇게 생각했어요." 그레이스는 이 말을 하면서 웃음을 터뜨리더니 무릎 위로 몸을 구부리고 낄낄거렸다. "이해되시죠?"

나는 미소 지었고 그레이스와 함께 웃었다. "이해해요. 그레이스가 어렸을 때 관찰했던 어른들처럼 살고 싶지 않다는 거잖아요."

"세상에, 싫어요. 그런 삶은 살기 싫어요."

그레이스는 성인으로서 존중받고 자유를 누리고 싶었으나 자기 자신을 잃기는 싫었다. 어린 시절 동안 극심한 스트레스와 고립을 겪었지만, 마침내 자신의 가치와 부합하는 삶을 살고자 노력하고 있었다. 나는 그런 욕구가 "배가 불렀다"라거나 "비현실적이다"라고는 생각하지 않았다. 그레이스에게 아직 꿈이 있다는 것을 알게 되어 기뻤다.

그레이스의 삶에 더 탄탄한 기반과 안정성을 다지는 것이 지속 가능한 성인기를 구축하기 위한 주요 작업이 될 것이었다. 우리는 목표를 달성하기 위해 다양한 방법을 동원할 계획이었고, 그중에는 그간 그레이스가 얼마나 많은 아픔을 이겨냈는지 알아보는 트라우마 기반의 치료도 포함되어 있었다. 힘든 작업이 되겠지만, 단순히 '철들기' 혹은 '정신 차리기'가 목표는 아니었다. 그레이스는 술잔이 필요했으나 그 대가로 포도주를 버릴 수는 없었다.

대니

✢

"할 수 있다면 계속 잠만 자고 싶어요." 대니는 의자에 머리를 기대고 눈을 감았다.

"오늘 식사는 했어요?" 내가 물었다. 오후 1시였지만 아무것도 안 먹었을 것 같았다.

"음." 대니는 이야기를 멈추고 생각에 잠겼다. "일어나서 요거트를 먹은 것 같은데? 그때가 8시쯤이었어요. 바로 다시 잠들었고요."

대니가 입고 있는 청반바지는 어딘가에 걸렸던 것처럼 허벅지 부분이 찢어져 너덜너덜했다. 옷깃이 있는 흰 셔츠는 어찌나 꼬깃꼬깃한

지 한 시간 전만 해도 바닥에 구르고 있었을 듯했다. 대니는 지저분한 모습일 때가 많았지만, 어딘가 보헤미안 같은 분위기가 풍기기도 했다. 모로코에 있는 창작촌 같은 곳에 살면서, 온종일 지중해 해변에서 빈둥거리거나, 연필을 씹으며 시구를 고민하느라 엷은 갈색 피부가 더 짙게 그을린 듯한 모습이었다. 대니는 종종 자기 머릿속에서 길을 잃은 채 생각하고 또 생각하기만 했다. 철학적이고 낭만적인 생각에 몰두했고, 혼자서 오랜 시간을 보냈다. 우리가 상담을 시작한 것도 벌써 몇 달 전이었다. 대니는 첫 상담부터 많은 것을 공유했다. 이를테면 자신에게 조울증이 있다는 것, 다양한 이유로 연애에 심각한 어려움을 겪고 있다는 것, 혼란스러운 신체적 증상이 나타난다는 것, 항상 피곤하다는 것 등등. 대니는 정말이지 피곤하다고 했다. 자신의 피로감과 소화불량에 관해, 해답을 찾기 위한 여정에 관해 길고 긴 이야기를 들려주었다.

"병원에서는 제가 옛날에 살던 아파트에 곰팡이가 많아서 이럴지도 모른대요." 대니가 말했다. "지금껏 확인된 적 없는 알레르기 반응일 수도 있고요. 아니면 자가면역질환이라든가." 대니는 그 이야기를 하는 것만으로도 지쳐 보였다.

만성 피로 증후군에 관해 알아보라고 한 사람들도 있었지만, 만성 피로 같은 건 존재하지 않는다고 주장하는 사람이 많다는 것을 대니는 알았다.

"어떤 의사는 제가 여행하다가 기생충에 감염되어서 이렇게 되었을지도 모르겠대요."

하지만 대니가 알고 있는 또 다른 사실은, 자신의 인생에 중대한 변화가 생기고 얼마 지나지 않아 신체 증상이 시작되었다는 것이었다. 그래서 정서적인 문제가 얽혀 있을지도 모르겠다고 추측하고 있었다.

"가끔은 제가 이런 증상을 상상해내는 거라는 의사들의 의견에 동의하게 돼요. 하지만 다른 때는 정말이지 너무나도 피곤한 데다가 배도 너무 아파서, 이 모든 게 상상이라는 말을 믿을 수가 없어요. 내 몸한테 근육을 움직여라, 날 침대 밖으로 옮겨라, 아무리 명령해도 말을 안 듣는걸요."

이런 다양한 증상은 교감신경계와 부교감신경계의 기능이 변화한 결과일 수 있었고, 발달 과정에서 장기간의 스트레스에 노출되거나 트라우마를 경험해서 소화와 휴식 방식을 바꾼 결과일 수도 있었다. 나는 상담 내내 이 가능성을 유념하고 있었다.

그리고 신체 증상은 대니가 자기 몸에 느끼는 감정과도 어떤 방식으로든 연관되어 있는 것이 분명했다.

"전 제 몸이 싫어요." 대니가 상담 초기에 했던 말이다. "정말 역겹고 쓸모없다니까요."

나는 대니의 극심한 독설에 부러 불편한 티를 감추지 않았다. 대니는 내 반응을 보더니 방어적으로 어깨를 으쓱하고 의자에 눕듯이 더 깊숙이 앉았다.

"정말 볼품없어요. 남자답지도 않고."

대니는 성별 이분법적 사고와 사회가 남성에게 기대하는 유독한 남성성에 의문을 품고 있었지만, 바라는 것만큼 남성적이지 않은 자기 모습 때문에 주기적으로 침울해지고는 했다.

"솔직히 말하면 무엇이 고정관념이고 무엇이 생산적인 고민인지 구분이 안 돼요. 정말 미칠 것 같아요."

대니에게는 그 어떤 것도 칼로 자른 듯 명확하지 않았고, 우리가 정체성에 관해 이야기할 때마다 성별 정체성이 화두가 되고는 했다. 인종 정체성도 마찬가지였다. 대니는 인종에 있어서도 여러 집단 사이에 끼인 듯, 불확실함에 얽매여 있는 듯 느꼈다. 대니는 아프리카와 라틴 아메리카의 혈통을 타고났지만 피부색이 밝았고, 신속하게 타인의 인종을 구분해내고 싶은 사람들을 당황스럽게 했다. 온갖 피부색의 사람들이 대니에게 묻고는 했다. **"당신은 정확히 뭐예요?"**

그러나 대니가 자기 몸에 역겨움을 느낄 때 그 원인이 인종인 경우는 드물었고, 항상 자신의 부족한 남성성이 실망스러워서 그런 것도 아니었다. 때로는 그가 느끼는 피로감과 관련이 있었지만, 그저 몸이 있다는 사실 자체가 문제였다. 대니가 자기 몸을 혐오하는 이유는 몸을 먹여야 하고 씻겨야 하기 때문이다. "그것보다 중요한" 일, 철학적인 고민이나 예술 작업에 매진해야 하는데 말이다. 대니는 작가가 되는 것이 꿈이었다. 침대맡에 올해 말까지 읽으려고 계획해둔 책이 두 줄로 쌓여 있다는 것을 나는 알고 있었다. 대니는 자기 몸이 요구하는 것은 전부 방해 요소처럼 느껴져 신경질이 났다.

"그냥 내가 하라는 대로 하고 날 귀찮게 하지 않았으면 좋겠어요." 어느 날 대니가 말했다.

나는 대니 쪽으로 몸을 기울였다.

"그거 알아요? 대니는 자기 몸을 하인처럼 대해요. 마치 '대니가'(나는 손가락으로 따옴표를 만들어 강조했다) 상전인 것처럼. 몸은 대니가 명령하는 대로, 명령하자마자, 반박하지 않고 해야 한다는 식이잖아요."

대니는 눈썹을 치켜올리더니 콧등을 찌푸리고 의아하다는 표정을 지었다.

"하지만 **그렇잖아요?** 제 말은, 몸은 하인이잖아요?"

"형이상학적인 이야기를 하고 싶지는 않은데, 대니는 자신이 어디서 시작해 어디서 끝나는지 고민해야 할 것 같네요. 몸은 '대니'와 별개의 존재, 그러니까 대니의 '하인'이에요? 아니면 몸은 대니의 일부분이라서, 싫지만 어쩔 수 없이 마치 목줄을 채워 끌고 다니듯 몸을 끌고 다니는 거예요? 그러다가 가끔 소리도 지르고 못된 말을 던지는 거예요?"

"이런. 글쎄요, 선생님이 그렇게 말씀하시니⋯." 대니가 내 시선을 맞받았다. "벨라나 생각이 나네요." 벨라나는 대니가 너무나도 아끼는 고양이였다. "벨라나가 그런 취급을 받는다고 생각하면 너무 슬픈데요." 대니는 이야기를 멈추고 창밖을 바라보았다. 나는 그가 생각에 잠긴 동안 조용히 기다렸다. 곧 대니는 다시 나를 바라보았다.

"하지만 다들 자기 몸을 두고 같은 생각을 하지 않나요?"

"많이들 그러죠." 나는 동의했다. "인간의 핵심은 신체보다 정신이라는 발상이에요. 하지만 제가 장담할게요. 흔하기는 해도 모든 사람에게 긍정적인 효과를 주지는 못하는 발상이에요."

수많은 쿼터라이퍼가 자기 몸에, 자기 몸과의 관계에 깊은 의아함을 품고 산다. 자신의 생물학적 성별과 성별 고정관념에 온전히 동의하지 못하는 대니 같은 사람들에게 더 확연한 문제이기는 하지만, 자기 몸을 증오하는 이유는 더 근본적일 수도 있다. 그 이유가 성별이나 혼란스러운 인종 정체성 때문이든, 섹스와 친밀감을 향한 두려움이나 불편함 때문이든, 만성적인 질병이나 장애, 트라우마 이력, 음식과 식이 문제, 몸에 '갇혀' 있다는 실존적 감각 때문이든, 쿼터라이프 시기에는 살아 있고 몸이 있다는 삶의 조건과 화해하는 작업이 필요하다.

쿼터라이프는 자기 몸을 의식하고 사랑하면서 몸과 관계를 다져

나가는 시기다. '결점'이 있거나 정확한 기능과 보호에 '실패'한 몸을 용서하는 시기이기도 하다. 몸의 크기나 형태, 색깔이 이상하다면서, 장애가 있고 완전하지 않다면서 조금씩 유해한 가르침을 주입해온 가부장제와 백인 우월주의적 가치관을 차단해내야 할 수도 있다. 자기 몸에 결점이 있다는 생각은 셀 수 없이 많은 심리적 문제를 일으킬 수 있는데, 역사적으로 지극히 소수의 인간이 만들어냈음에도 영구히 지속해온 유독한 가치 체계 때문이다.

나는 대니가 간편한 처치 하나로 달라질 것이라고 기대하지 않았고, 그러기를 장려하지도 않았다. 이는 자기 자신과 마주하는 과정이자 문화와 가족의 기대를 통해 내면화한 모든 것을 직면하는 장기적인 과정이었다. 대니는 남성성에 관해 고민하고, 신체적 증상을 해결하고, 자신의 인종 정체성이 미국에서 어떤 의미인지 탐구하는 등 해결해야 할 과제가 많았다. 하지만 나는 대니에게 더욱 중요한 선택이 있다고 생각했다. "죽느냐 사느냐" 사이에서 갈등한 것으로 유명한 쿼터라이퍼 햄릿과 마찬가지로, 대니는 자기 내면의 중심에 있는 감정, 살아있다는 사실을 향한 모순적 감정을 직면해야 했다.

많은 의미형이 그러듯 대니는 신체가 있다는 생의 근본적인 조건을 오롯이 받아들이지 못했다. 자신이 3차원이라는 사실, 현재라는 특정한 순간에 살과 피를 가진 인간으로서 지구에 살고 있다는 사실을 받아들이지 못했다. 이 곤란한 사실을 인정하는 것은 대니에게 그 무엇보다 중요한 과제였고, 더 굳건한 안정성을 다지기 위한 첫걸음이었다. 대니는 삶을 살기로 **결심**해야 했다.

"대니는 여기에, 지구에 존재하고 싶어요?" 우리가 주별 상담을 시작한 첫 번째 달에 내가 했던 질문이었다.

대니는 아무 말 없이 복잡한 표정으로 어깨를 으쓱했다. 좋다는 것도 싫다는 것도 아닌 애매한 대답이었다.

"자살하고 싶냐고 묻는 게 아니에요. 대니에게 자살 충동이 있는 것 같지는 않아요. 그런데 이 **삶**이라는 걸 정말 살고 싶어요?"

대니는 조금 웃더니 고개를 저었다.

"저한테 선택의 여지가 있다면, 계속 살고 싶냐는 질문인가요?"

"네, 선택의 여지가 있다면요."

"그럼 **절대** 안 살죠!" 대니는 숨 쉬기도 힘들 정도로 깔깔거리고 웃었다. "뭐하러 굳이!"

대니는 내 질문에 대해 고민하면서 줄곧 수긍하는 듯 웃음을 터뜨렸다. 눈을 커다랗게 뜬 채 검은 맨투맨 소매를 잘근잘근 씹으면서 주기적으로 낄낄거리고 꿈틀거렸다.

나는 의미형이 안정을 쌓아가는 과정을 '몸으로서의 삶'을 선택하는 행위라고 정의한다. 대니에게 필요한 것은 줄에 매인 소처럼 내키지 않는데도 시간과 시대에 질질 끌려다니는 기분으로 사는 대신, 삶에 참여하겠다는 의식적인 선택을 하는 것이다. 대니의 성장은 오직 그만이 누를 수 있는 보이지 않는 스위치를 눌러야 시작될 수 있다. 대니는 자기 몸 안에서 살아있기로 **결심**해야만 하는 것이다. 온전한 삶을 이뤄내려면 자신의 두 발로 삶에 오롯이 뛰어들어야 한다.

"제 말은요, 솔직히 말해보자고요⋯." 대니가 다시 이야기를 시작했다. "우리가 지금 어떻게 살고 있는데요? 인간은 끔찍하잖아요! 이번 주에만 경찰이 민간인을 몇 명이나 죽였어요? 여기까지 오는데 노숙인을 몇 명이나 지나쳤는지 아세요? 기후변화 때문에 생물 종이 몇 개나 멸종됐나요? 솔직히, 인간은 대체 왜 사는 거예요?!"

대니는 몸을 앞으로 굽힌 채 그 어느 때보다 강한 생동감을 발산하고 있었다. 기이하지만 익숙한 모습이었다. 인류가 해결해야만 하는 우울한 문제들을 열거하는 대니는 여유와 활력이 넘쳐 보였다. 마치 내가 그의 혈관이 어디 있는지, 그 속에 어떤 피가 흐르는지 제대로 잡아낸 듯했다. 대니는 열정적이었다. 머릿속에 있는 걱정거리를 전부 쏟아내서 마음이 느슨해졌던 것이다.

"아, 이해해요." 나는 대니의 고민에 공감했다. "저도 오랫동안 같은 고민으로 마음을 끓였거든요. 아직도 이 세상에서 균형과 희망을 잃지 않기 위해 분투하고 있어요." 그리고 중요한 사실을 알려주었다. "하지만 저는 알고 있어요. 제대로 사는 것도, 제대로 죽은 것도 아닌 인생은 그만두기로 이미 오래전에 결심했다는 걸. 살아 있을 거라면 어설프게 살아 있을 이유가 없다고 결론 내렸어요. 오롯이 몰입한 채로 살아야겠다고 결심했지요. **지금 이 순간**을."

대니는 생각에 잠겨 아무 말 없이 나를 바라보았다. 그렇게 볼이 발그레한 모습은 처음이었다.

"선생님도 이런 생각을 하세요?"

"그럼요. 끊임없이." 내가 웃음을 터뜨렸다.

"허." 대니는 똑바로 의자에 앉더니 깊이 숨을 들이쉬었다.

"들어봐요. 쿼터라이프 시기에는 삶이 내키지 않을 수 있어요. 흔한 현상이라고 생각해요. 이건 오래된 난제고, 불교의 기반이기도 하잖아요? 존재와 고통 때문에 혼란스럽고, 우리가 왜 태어났는지 알 수 없는 마음."

나는 몸을 돌려 책장에 꽂혀 있던 조지프 캠벨의 『천의 얼굴을 가진 영웅』을 집어 들었다. 대니에게 짧게 한 구절을 읽어주었다.

"피할 수 없는 삶의 죄책감을 깨닫고 나면 마음이 너무나 아픈 나머지 햄릿이나 아르주나처럼 계속 살아가기를 거부할 수도 있다."

"허, 맞아요. 요즘 페마 초드론이라는 작가의 책을 읽고 있거든요." 대니는 갈색 캔버스 가방에서 그 미국인 여승이 쓴 너덜너덜한 도서관 책을 꺼냈다.

"어때요?"

"진짜 좋아요." 대니가 고개를 끄덕이며 책을 다시 가방에 넣었다. "진짜 흥미로워요. 많이 읽고 있는 작가예요."

의미형과 작업할 때는 삶에 참여함으로써 성장과 치유를 향한 노력이 시작되는 경우가 잦다. 살아 있다는 사실을 받아들이는 것은 안정을 이룩하기 위한 기반이 된다. 두 발로 삶에 뛰어들 수 있도록 응원하는 행위는 "원래 삶은 고통이야, 정신 차려!" 같은 말로 다그치는 것과는 다르다. 그보다는 이렇게 말하는 것이다. "모순적인 감정 속에서 살아간다고 해서 고통이 없어지지는 않아. 생에는 언제나 고통이 있고 우리 시대의 삶은 복잡하고 불확실하지만, 이곳에도 기쁨과 아름다움이 있어."

내가 제시하는 목표는 자신이 태어난 세상에, 시대에, 삶에 **참여**하는 것이다. 삶의 힘겨움을 전부 겪어내고 살아내겠다는 **결심** 없이는, 다른 사람이 아무리 애를 써도 내면의 성장 스위치가 켜지지 않는다.

몸으로서 살겠다는 결심, 실체가 있는 몸 안에서 살겠다는 결심을 하고 나면 의미형은 자신에게 부족했던 의지와 헌신을 발휘하고 진정한 삶의 여정을 시작하게 된다. 살겠다고 선택함으로써, 지금이라는 역사 속 **특정한** 순간을, 자신이 부여받은 **특정한** 몸과 가족 등 다양한 조건을 전부 받아들일 수가 있다. 이러한 특정한 조건들에, **지금 이 삶**을 사는 일에 헌신하는 일은 무척이나 힘들 때가 많다. 의미형은 생각도 거대하고 감정도 거대해서, 무한한 우주의 일부가 되기를 꿈꾸거나 역사 속 다른 시대에 태어났으면 좋겠다고 상상하기도 한다. 그러면 지금 이곳에 속하는 몸으로서의 삶은 답답하고, 제한적이고, 고통으로 가득한 것처럼 느껴질 수 있는 것이다.

"그러니까, 제 제안은 이거예요." 나는 대니의 눈을 똑바로 바라보며 말했다. "상담받는 동안, 살아가겠다고 **결심**하려고 노력해보세요. 이상하게 들릴 수 있겠지만."

"으악!" 대니는 눈을 커다랗게 뜨고 무서운 척했다. 장난스러웠지만, 내 말이 무슨 뜻인지 알고 있었다.

"피곤하다는 것 알아요. 삶은 대부분 지루하게 느껴지겠지요. 물론 우리가 하는 수많은 작업과 대니가 탐구하는 철학과 신학, 전부 중요해요. 하지만 자신이 그저 포유류라는 사실을 받아들이는 연습도 중요할 거예요. 벨라나와 대니, 둘 다 한 마리의 포유류인 거예요."

"벨라나!" 대니는 고양이를 떠올리며 미소를 지었다. 그러고는 머리를 긁더니 의자 뒤로 기댔다. "알겠어요." 대니가 말했다. "무슨 말인지 이해해요. 정말로."

5장

안정형

> "지금까지 어른이 될 준비만
>
> 해왔는데 공허해요."

미라

✝

"전에 들었던 이야기가 생각났어요. 꼭 지금 제 상황 같아서요." 미라가 첫 번째 상담 중에 말했다. "끔찍한 교통사고를 당하고 살아남은 사람이 갑자기 깨닫고는 한다잖아요. 지금껏 살아온 방식은 틀렸다고, 전과 다르게 살아야 한다고."

"다르게 산다면, 어떻게요?" 내가 물었다.

"끔찍한 일이 생기기 전에 제 삶을 조정해야 할 것 같아요. 특히 제 직업을요." 미라는 볼 안쪽을 씹으며 잠시 창밖을 바라보더니 다시 내게 시선을 고정했다. "고민을 좀 해야겠어요. 그런데 솔직히 말하면 전부 혼란스럽기만 해요."

미라는 유명한 법률사무소에서 일하는 서른한 살의 변호사였다. 주로 회색과 검은색 옷을 입었다. 니트 원피스와 스타킹, 때로는 짙은 청바지와 멋진 부츠 차림이었다. 세심하게 고른 것이지만 지극히 깔끔해서, 마치 군중 속으로 쉽게 사라지기 위해 선택한 옷차림 같았다. 미라는 언행이 진중하고 조용했는데, 옆에 앉아 있으면 어딘가 짓눌린 듯한, 너무 '통제된' 듯한 분위기가 느껴졌다. 때로는 미라의 완벽하게 통제된 몸 옆에 있으면 덩달아 숨쉬기가 힘들어질 정도였다.

"이런 생각이 들어요." 미라가 말했다. 이미 상담을 몇 번 진행해서 내가 조금 편안해졌을 때였다. "제가 미쳐버릴 거라는 생각." 미라는 이야기를 하면서 얼굴이 붉어지더니 웃음을 터뜨렸다. "세상에. **진짜** 미친 사람 같은데!"

"그렇지 않아요. 더 이야기해보세요."

"그냥 알아요. 제가 일종의 거짓말을 하고 있다는 걸. 설명하기 정말 힘드네요."

미라는 신혼이었고, 남편과 행복하게 살고 있었다. 부부는 지난가을 시청에서 소박하게 예식을 치른 후 인도로 떠나 며칠씩 이어지는 성대한 결혼식을 올렸다. 미라는 두 결혼식 모두 즐거웠다고 했다. 남편인 톰은 인도식 결혼식이 진행되는 몇 시간 동안 무슨 일이 일어나고 있는지 하나도 이해하지 못했다면서 웃음을 터뜨렸다. 그러고는 본론으로 돌아갔다. 울먹울먹하더니 옆쪽의 작은 테이블에 놓인 티슈를 한 장 뽑아 눈가를 닦았다. 남편이 자신을 잘 모르는 것 같다고 했다.

"남편이 저를 사랑한다는 건 알아요. 저한테 잘해주기도 하고요. 하지만 남편에게 말하지 않은 게 많아요." 미라가 이야기를 이어갔다. "비밀이 있다는 게 아니에요. 남편 뒤에서 나쁜 짓을 하는 것도 아니고요." 미라가 재빨리 덧붙였다. "하지만 저의 많은 것을 남편으로부터 숨겨두고 있어요. 모든 사람으로부터."

미라는 자기 삶이 아닌 다른 사람의 삶을 사는 듯 자신과 불화하고 있다고 느꼈다. 하지만 그런 감정에 관해 시시콜콜 이야기를 나누려고 상담을 시작한 것은 아니었다. 미라가 상담을 시작한 이유는 자신으로부터, 타인으로부터 더 이상 숨어서는 안 된다는 것을 직감적으로 알았기 때문이다.

"솔직히 말하면, 남편한테 뭐라고 해야 할지도 모르겠어요." 미라는 잠시 이야기를 멈추었다. 표정을 보니 대화를 한다는 생각만으로 이미 좌절감과 실패감을 느끼는 듯했다. "하지만 제가 완벽하게 설명한다고 해서 남편이 제대로 이해할 것 같지도 않아요. 정말이지…" 미라는 말끝을 흐렸다. "이 모든 게 너무 추상적이에요."

안정형은 종종 자신에게 숨기는 것이 있다고 느낄 때가 많지만, 사실은 우리의 언어에 그 감정을 전달할 만한 어휘나 개념이 없는 것 같다. 미라 같은 안정형은 보통 겉으로 보기에는 아무런 문제가 없다. 적어도 진정한 위기가 닥치기 전에는 그렇다. 안정형의 삶은 꽤나 기능적이다. 부러움을 살 때도 많다. 인생의 숙제를 전부 해치웠으며, 그 과정에서 즐거움을 느끼기도 한다. 미라는 자기 일에 장점이 많다고 생각했다. 직장 동료들을 좋아했고, 연봉도 높았다. 남편과의 관계도 다정하고 든든했다. 하지만 많은 안정형이 그러듯 미라 역시 무언가 빠진 듯한 기분이 들었다. 미라는 자신이 잘 지내는데도, 심지어 행복한데도 무언가 심각하게 "잘못된" 듯한 기분이었다.

때로 이런 미묘한 감정은 은유를 통해 더 쉽게 포착할 수 있다. 나는 미라에게 은유를 이용해 내면을 묘사해보라고 제안했고, 미라는 때때로 자신과 세상 사이에 창문이 있는 것 같다고, 아니면 세상이 수족관이고 자신이 관람객인 것 같다고 했다.

"제가 세상에 존재한다는 것을 아무도 모르는 듯한 기분이에요. 꼭 유리에 코를 붙이고 그 안에 있는 사람들을 구경하는 것 같아요."

이런 묘사는 우리가 미라의 경험을 더 정확하고 깊이 탐구해볼 수 있도록 통로를 열어주었다.

"사람들이 미라를 보지 못하는 것 같나요?"

"제 말은…" 미라는 잠시 이야기를 멈추고 생각에 잠겼다. "사람들이 날 볼 수 있다는 건 알아요, 당연하지요." 미라는 자기 자신이 우습다는 듯 눈을 굴렸다. "하지만 사람들은 저를 **제대로** 보지는 못해요. 내가 실제로 그곳에 있지 않다는 걸 모르는 것 같아요."

나는 미라에게 그 기분을 그림으로 그려달라고 했다. 미라는 부끄러운 듯 싫다고 하더니, 곧 높은 벽을 사이로 한쪽에는 한 사람이, 반대쪽에는 여러 사람이 서 있는 그림을 쓱쓱 그려냈다. 벽은 얼음으로 이루어져 있는데, 자신은 한쪽에서 얼어버렸다고 설명을 덧붙였다. 자신이 그곳에 존재하기는 하지만 자신이 속한 세상에 참여하지 못하는 것 같고, 전부 보이기는 해도 **느낄** 수는 없는 것 같다고 했다.

"항상 그런 기분이었어요?"

미라는 고개를 끄덕였다. "그런 것 같아요." 그러고는 이야기를 멈추고 고개를 든 채 기억을 더듬었다. "글쎄, 사실은, 그런 기분을 느끼지 않을 때도 몇 번 있었어요."

"그 이야기를 해줄래요? 어땠어요?"

"뭐랄까, 웃음 같은 시절이었어요." 미라는 내 질문이 끝나자마자 대답했다. 눈이 반짝이고 있었다. "아니면 누가 보고 있지 않을까, 보고 있다면 무슨 생각을 할까, 걱정하지 않으면서 실컷 춤추는 것 같달까요." 우리는 갑자기 미라에게서 터져 나온 즐거움에 놀라 조금 웃었다.

미라의 태도가 눈에 보일 정도로 부드러워졌다.

"지금 그 기분이 생생하게 떠올랐으니, 더 자세히 말해볼래요? 그렇게 자유로웠을 때 어떻게 살고 있었는지 알고 싶네요. 뭘 하고 있었지요?"

"대학 졸업 후에 인도를 여행하고 있었어요. 몇 달 동안 친척 집에서 지냈지요. 그리고 사촌과 친구 몇몇이랑 인도 남부를 여행하다가…" 미라는 거기서 다시 이야기를 멈췄다. 눈동자에 망설임이 아닌 생기가 돌았다. "눌러앉았어요. 오래 머무르고 싶은 호스텔을 찾아서, 고아 해변에서 몇 주 동안 서핑만 했어요." 미라는 또 한번 크게 한숨을 내쉬었다. 그 경이로운 기억에 사로잡힌 듯 고개를 내저었다. "말 그대로 아침에 눈 뜨자마자 서핑을 했어요. 프런트에 있는 차를 마시고, 그때 호스텔에 묵고 있는 사람 아무나 데리고 바다에 갔어요. 서핑을 다 하고 나면 온종일 책을 읽었고요. 정말 끝내줬어요."

미라의 밝아진 모습을 본 나는 완벽하게 통제된 겉모습 밑에 무엇이 숨어 있는지 알 수 있었다. 미라는 분명 그 시절을 깊이 아끼고 있었고, 그때를 기억해내는 미라를 보고 있자니 안도의 파도에 몸을 실은 것 같았다. 그 기억을 통해 미라가 찾고 있는 내면의 조화 같은 것, 정확히 명명할 수 없는 미묘한 균형감에 관해 굉장한 통찰력을 얻을 수 있었다.

일반적으로 안정형은 자기 내면보다 외부 세계에 더 익숙하다. 자신이 합리적이라고 생각하는 것을 따르며, '비합리적인' 것, 신화나 상상 같은 것을 무시하는 경향이 있다. 그리고 시간을 선형적이고 고정된 것으로, 그리스인이 '크로노스'라고 부른 것으로 인식한다. 안정형은 힘든 상황이 되면 자신과 세상 사이에 벽이 있는 듯한 기분을 느낀다. 안정형과 심리 상담을 진행할 때는, 가끔씩 그들을 살짝 찔러 안정적 성향 반대편으로 보내야 한다. 공상, 비합리성, 연약함 쪽으로 안내하고, 때로는 무책임하고 괴상하게 행동할 수 있도록 자극할 필요도 있다. 그들이 삶을 사는 방식과 이유가 무엇인지 명확하게 정의하고, 일상의 동기가 무엇인지 탐구해야 한다. 그들의 동기는 죄책감이나 수치심일까, 아니면 욕망과 열정일까? 그들은 진정 살고 싶은 삶을 살고 있는 걸까?

안정형은 자신을 단단히 단속하기 때문에 미라 같은 내담자와 유의미한 상담을 하는 것이 힘겨울 수도 있다는 사실을 나는 알고 있다. 안정형은 심각한 문제가 생기기 전에 부지런히 상담실을 찾아오고는 하지만, 그 이유는 상담이 또 하나의 숙제라고 생각하기 때문이다. 그들은 문을 열고 상담실로 들어오자마자 '실용적인' 해답을 얻어내기를 바란다. 내 경험상 인지 작업, 즉 대화를 통한 심리 분석이나 행동 교정 연습에 강조점을 두면 안정형 퀴터라이퍼는 교착 상태에 빠지거나 사기가 저하되기 일쑤였다. 자신은 다음 단계가 무엇인지 알지 못하기에 빨리 내가 다음 숙제를 알려주고 완수하도록 도와주기를 바라기 때문이다. 가끔 나는 타이머를 두고 일하고 있다는 기분을 느끼기도 한다. 내게 주어진 다섯 번의 상담 시간 동안 그들의 인생을 송두리째 바꿔놓지 않으면, 그들은 계산기를 두드려 가격과 효용을 비교하고는 그만둘 것 같았다. 하지만 한 사람이 자기만의 의미를 찾아가는 여정은 길고 순환적이다. 실제로는 전혀 '실용적'이지 않은 깊은 탐색의 과정이고, '다음 단계'가 정해져 있는 것도 아니다.

안정형은 비인지적이고 합리성이 떨어지는 작업에 익숙하지 않기 때문에 두려움을 느낄 수 있다. 하지만 그들이 가장 두려워하는 것들이야말로 절실하게 필요한 것이다. 꿈, 수수께끼, 미지를 향한 호기심 같은 것들. 안정형은 자신이 통제할 수 없는 거대한 존재, 이를테면 자연이나 밤하늘, 우주 같은 것을 기억해야 한다. 그렇기에 안정형을 도우려면 그들이 어떤 삶을 추구하고 있는지 적나라하게 보여줘야 할 때도 있다. 논리적이고 선형적이고 실용적인 영역을 깨고 나와, 바라건대 어린 시절에는 느껴봤을 감각을 되돌려주어야 한다. 때로는 예술 작법이나 다른 창의적인 활동을 받아들이도록 권유하면 깨달음을 얻는 데 도움이 될 수도 있다. 신비주의나 점술을 활용하는 것이 유익할 때도 있다. 미라의 열정은 여행에서 싹튼 것이었으므로, 나는 그 사실에 집중한 채로 작업을 시작했다. 미라가 바다를 기억할 수 있도록, 항상 통제하려고 애쓰는 대신 혼자 여행을 즐기고 파도에 젖어드는 감각이 어땠는지 떠올릴 수 있도록 돕고 싶었다.

미라와 나는 조금씩 안정과 의미의 간극을 둘러싼 언어를 개발해냈고, 어떻게 해야 의미, 수수께끼, 자연으로 이어지는 길로 갈 수 있을지 논의했다. 안정이 달걀 모양 초콜릿의 껍데기라면, 의미는 그 안에 있는 녹진하고 달콤한 액체 초콜릿이었다. 책의 단단한 표지 사이에서 독자를 기다리는 한 편의 이야기였다. 안정은 안전하고 보호받는 기분을 주었고, 의미는 활짝 열린 채 연결되는 기분을 주었다. 초반에 이런 언어를 구축해놓은 덕분에 우리는 길을 잃을 때마다 다시 방향을 잡을 수 있었고, 미라에게 바다를 느끼게 해준 기억과 이미지로 돌아갈 수 있었다. 미라는 그때 느낀 몰입감을 다시 경험할 수 있기를 절실하게 바라고 있었다.

코너

✣

"전에 심리 치료를 받아본 경험이 있나요?"

코너는 고개를 가로저으며 내 쪽과 상담실 바닥을 번갈아 바라보았다.

"고등학교에 다닐 때 딱 한 번 가족 상담을 받았고, 아데랄✣ 처방받으려고 정신과에 몇 번 다니긴 했는데요⋯."

코너는 머리에 검은 비니를 쓰고 있었고, 얼굴에 짧은 수염이 삐죽삐죽했다. 졸려 보였다. 나는 서류 작업을 하면서 기본적인 사항 몇 가지를 알려주었고, 심리 치료나 우리의 작업 과정에 관한 질문이 있으면 언제든 물어보라고 했다. 내가 가만히 기다리고 있으니 코너가 고개를 저었다.

"질문 없어요."

처음에 내가 인사를 건넸을 때 코너는 나와 선뜻 눈을 맞추지 못했다. 악수하려고 다가서자 긴장하는 모습이었다. 심리 치료에 관해 문의하는 메시지를 남겼을 때는 목소리가 어색하고 서두르는 것이, 전화를 빨리 끊으려고 억지로 말을 짜내는 느낌이었다.

"왜 연락하기로 했는지 말해줄 수 있어요?"

코너는 한숨을 내쉬고 눈을 비볐다. 코너의 스웨터와 방수 재킷은 너무 큰 것을 샀는지 어깨와 손목 부분이 잔뜩 뭉치고 구겨져 있었다.

✣ 집중력과 신체적 능력을 향상해주는 각성제로, ADHD(주의력결핍과잉행동장애) 치료제로 쓰이기도 한다. 미국에서는 제약회사의 적극적인 로비 탓에 오남용이 흔해 사회적 문제가 되었다.

"대학을 그만뒀어요." 코너는 한숨과 함께 이야기를 시작했다. "아니, 사실은 낙제해서 쫓겨난 거죠. 부모님이 상담이라도 받지 않으면 집에서 쫓아낼 거라고 하셨어요." 코너는 바닥으로 시선을 떨구었다.

심리 치료를 향한 코너의 부정적인 마음이 상담실을 가득 채웠다. 나는 코너가 이야기를 계속하도록 기다렸다.

"몇 달 전부터 부모님 집에서 지내고 있어요. 부모님은 제가 항상 방에 틀어박혀서 게임만 한다고 해요. 게임이 너무 잔인하고 소름 끼친대요."

나는 고개를 끄덕이며 조용히 다음 이야기를 기다렸다. 코너는 잠시 의아하다는 듯 나를 바라보았지만, 분명 털어놓고 싶은 이야기가 더 있다는 것을 나는 알았다.

"밥도 잘 안 먹고, 매일 씻지도 않아요. 한마디로 그냥 게으름뱅이인 거죠." 바닥만 내려다보는 코너의 얼굴에 어렴풋이 감정이 떠오르려고 했다. "전에는 이렇지 않았는데…." 코너가 말꼬리를 흐렸다.

"정말 힘들겠네요." 나는 간단하게 대답했다. 아직은 너무 많은 질문을 던지고 싶지 않았다. "더 이야기해줄래요?"

"갇혀버린 것 같아요." 코너가 고통스러운 한숨을 쉬며 말했다. 나를 똑바로 바라보고 있었다. "계속 살아가고 싶은데 어떻게 해야 할지 모르겠어요. 제대로 작동하는 게 아무것도 없어요."

"뭐가 제대로 작동하지 않는다는 건가요?"

코너는 문장을 짜내려고 애쓰면서, 상담실에 있는 낡은 푸른색 카펫을 응시했다. 왠지 문으로 가는 길을 가늠하면서 얼마나 빨리 나갈 수 있을지 고민하는 것 같았다. 그러고는 내 시간을 낭비해서 미안하다고 사과했다.

"죄송해요. 저도 모르겠어요." 코너가 어깨를 으쓱했다. "모르겠어요. 당연히 행복해야 하는데. 당연히 괜찮아야 하는데. 저는 행복하지 않을 이유가 없거든요."

코너의 창백한 피부가 눈에 띄게 시들어 병약해 보였다. 푸른 눈은 마치 구름이 낀 듯 흐릿했다. 자신을 방어하려는 듯 목과 어깨가 굳어졌고, 호흡이 짧아졌다. 마치 짙은 안개에 휩싸인 여행자처럼, 코너는 수치심에 갇혀 있었다.

나는 귀를 기울이며 이런저런 질문을 몇 가지 던졌다. 코너는 최근에 큰 변화가 발생했다고 했다. 그 변화 때문에 코너의 가족은, 그리고 코너도 겁에 질려 있었다. 시간이 조금 흐르자 코너는 긴장이 풀린 것 같았는데, 어쩌면 내가 코너의 이야기를 지겨워하거나 신경질을 내거나 그의 자기비판에 동참하는 일은 없으리라는 믿음이 생긴 듯했다.

"처음에 저는요, 대학에서 '엘리트' 같은 거였어요." 코너가 이야기를 시작했다. "멍청한 소리처럼 들리겠지만, 진짜로 그랬어요. 항상 주전 선수였어요. 농구팀이었거든요." 코너는 나를 흘긋 바라보았다. "성적도 좋았어요. 대학 사람들 모두가 내가 누군지 알았죠."

나는 고개를 끄덕였다. 그의 과거 이야기에 미소 짓고 있었으나 곧 이어질 위기가 예상되었다.

"그러다가 무슨 일이 생긴 거예요?"

코너는 다시 바닥으로 시선을 깔고는 이야기를 이어갔다.

"3학년이 되고부터 전부 엉망이 되기 시작했어요."

"어떻게요?"

"저도 정확히는 모르겠어요. 그게 문제예요. 그냥 다 무너지기 시작했어요."

코너는 사회의 기대에 맞추어 모든 것을 '제대로' 해내는 중이었고, 삶의 모든 요소가 체계와 안정을 향한 상태였다. 그러나 스물한 살의 나이에 삶이 통째로 무너져버렸다. 결국에는 대학에서 거의 쫓겨나다시피 했고, 장학금과 농구팀의 주전 선수 자격을 빼앗겼다. 그가 연달아 이어진 실패에 관해 말해주는 동안, 나는 그것이 얼마나 아픈 경험이었을지 겨우 상상이나 할 수 있을 뿐이었다.

"정말 안타깝네요." 내가 말했다.

"네, 고맙습니다." 코너의 대답에는 경멸이 섞여 있었다. 내 연민으로부터 자신을 지키고 있었다.

코너가 자신을 탓하고 있다는 것을 알 수 있었다. 한 해 전의 코너였다면 자신이 수업을 몇 과목이나 낙제하고, 농구팀에서 쫓겨나고, 집에 틀어박혀 살게 되리라고는 상상조차 하지 못했을 것이다. 코너는 최고의 농구선수, A+만 받는 학생이 되고 싶었다. 동기들과 함께 졸업하기를 고대하고 있었을 것이다. 그러나 어찌 된 일인지 지금은 혼자서 계속 게임만 하고 있고, 식사도 챙기지 않으며, 자꾸만 분노가 치밀고, 부끄러워 지인 앞에 나설 수도 없었다. 그동안 얼마나 열심히 살았는데, 모든 것이 순식간에 사라진 것 같았다.

코너와 상담 작업을 시작하기 전, 코너의 어머니가 불안해서 어쩔 줄을 모르는 메시지를 남긴 적이 있다. 코너가 심리 치료를 시작해서 얼마나 안심인지, 자신과 남편이 얼마나 걱정하고 있는지 털어놓았다. 나는 코너에게 이 메시지를 비밀로 하고 싶지 않아서 기억나는 대로 말해주었다.

"어머님이 그러셨어요. 부모 입장에서 아들이 너무 예전과 달라져 알아보기도 어려울 정도라고. 아들이 너무 걱정된다고."

"제가 자살할까 봐 걱정하는 것 같아요."

"자살 충동이 있어요?"

코너는 어깨를 으쓱했다. "모르겠어요. 어쩌면."

나는 잠시 기다렸다. 지금이 코너의 상처가 얼마나 깊은지 정말 솔직하게 대화해야 할 시점이라는 사실을 알고 있었다. 나는 모험을 감행했다. 외부인에게는 충격적일 수도 있지만, 심리 치료의 관점에서 보면 코너의 속마음에 가까이 다가가는 행위였다. 이 순간을 그대로 흘려보낸다면, 코너가 어떤 감정 때문에 혼자 끙끙대고 있는지 제대로 알아주지 않는다면, 첫 번째 상담을 마치고 자리에서 일어났을 때 상담 전보다 더욱 큰 외로움을 느낄 수도 있다.

"어떻게 자살할지 생각해봤어요?" 나는 조용히, 궁금하다는 듯 물었다. 코너의 시선을 잡아두려고 노력했다.

질문에 놀란 코너는 눈썹을 치켜올렸다. "총으로…" 그러더니 잠시 입을 다물고 나를 똑바로 응시했다. "하지만 총이 없어요." 코너가 다시 바닥을 응시했다. 내 질문을 예상하고는 미리 답을 알려주었다. "총이 없어요. 계획도 없고요. 그냥 실제로 시도한다면 그렇게 할 것 같다는 말이에요."

"시도하고 싶지는 않은 거고요."

"네, 내키지 않아요. 지금 저 같은 사람은 총을 갖고 있으면 안 되겠지요. 하지만 구하려면 구할 수 있다고요." 코너는 소매를 바라보며 끝에 붙은 끈을 잡아당겼다. "그냥… 그냥 기분이… 항상 기분이 안 좋아요. 전처럼 모든 게 제대로 작동했으면 좋겠는데, 어떻게 해야 할지 모르겠어요…." 코너는 처음으로 얼굴의 긴장을 풀고, 상실감을 느끼는 듯한 표정을 지었다. 울지 않으려고 숨을 멈추고 있었다.

나는 코너에게 여유를 주려고 잠자코 있다가 잠시 후 말했다.

"잠깐만 코로 깊고 길게 숨을 쉬어볼래요?"

코너는 내 말대로 했다. 처음에는 애를 먹었지만, '왜' 그래야 하는지 '어떻게' 하라는 건지 묻지 않고 호흡하더니 편안하게 의자에 등을 기댄 채 눈을 감았다.

나는 침묵으로 뛰어들어 중요한 질문을 던졌다.

"전에 얻어내려고 열심히 애썼던 것들, 그것들을 진정으로 원했던 것 같나요?"

코너는 그 모든 것을 위해 얼마나 열심히 노력했는지 구구절절 말했지만, 성취감이나 인정 욕구 외에 기쁨 비스름한 것을 내비친 적은 없었다. 순수하게 원하는 마음조차도 느껴지지 않았다. 사실 우리 사회를 지배하는 문화는 이런 식의 욕망을 장려한다. 만족보다는 성취감을, 친밀감이나 연결감보다는 물질 획득을 부추기는 것이다. 개인이 진정한 안녕을 누리기보다는 사회적 기대에 기반한 개념적이고 추상적인 과제를 하나씩 완료하기를 원한다. 바로 이것이 또래들이 으레 그러듯 코너가 어린 시절부터 순응한 사회의 대본이었다. 하지만 코너의 삶은 그 대본만으로 지속할 수 없었다.

"대학교에서 열심히 노력하면서 **즐거움을 느낀** 적이 있나요?" 내가 또 물었다. "자신이 무엇을 즐겼는지 기억나요?"

코너가 다시 나를 바라보았다. 깊은 고민에 빠진 채 꿰뚫는 듯한 시선으로 나를 바라보았다. 아주 오래전의 무언가를 기억하고 있거나, 내 질문이 마음 깊은 곳을 건드린 것이었다. 코너는 울먹이기 시작하더니 고개를 돌렸다.

바로 그 순간 나는 알아챘다. 코너와의 작업은 겁에 질린 채 숨어 있는 길거리의 강아지를 유인해내는 것과 비슷할 터였다. 나는 코너의 신뢰를 얻어 그를 완전한 고립 상태에서 꺼내주어야 했다. 하지만 코너의 본능을 사로잡을 무언가를 제공해야 했다. 굶주린 동물에게 지금 막 요리한 맛있는 음식 냄새를 풍겨주는 것과 비슷하다. 줄곧 코너의 이성만을 상대로 대화를 이어갈 수는 없었다. 바로 그 이성이 독재자, 사디스트로 변한 상태였기 때문이다. 지금 코너의 이성은 그에게 긍정적인 방향으로 작동하지 않는다. 사회적 가치에 순응하면서 모든 것을 완벽하게 해내는 안정형의 삶에서, 그 가치가 변하고 부패할 때 생기는 증상이다. 코너의 행동 체계는 사회가 정의하는 성공에 부합하기 위해 어떤 사람이 '되어야 하는지' 고민하는 데 집중했다. 그 결과 코너의 개인적인 욕구는 삶 속에서 비이성적이고 불필요한 것으로 무시당했다.

코너는 심각한 위기를 맞은 안정형이었다. 한 해 전에는 심리 치료 같은 것은 고려할 필요조차 없었고, 자신이 내리는 결정에 문제가 있다고 의심조차 하지 못했다. 하지만 코너가 의지하고 있던 체계가 전부 순식간에 사라져버렸다. 나는 코너가 자살 충동을 느낀다는 사실이 놀랍지 않았다. 그간 얻어내기 위해 노력했던 것들이 무너져내린 충격은 삶이 통째로 사라진 듯 격렬했을 것이다. 코너에게는 단 한 가지 계획밖에 없었고, 그때까지는 훌륭하게 계획을 실천했다. 올라갔고, 성취했다. 코너는 지금껏 배운 대로 수행했다. 고등학생 시절에는 좋은 성적을 받으면서 농구팀의 주장으로서 학교 역사상 가장 많은 우승을 끌어냈다. 대학에 입학한 후에도 두 해 동안 줄곧 비슷한 길을 가다가 무언가 급격한 변화가 생겼다. 이것저것 다른 질문을 던진 후에도 변화의 자세한 내막을 밝혀낼 수는 없었다. 그래도 익숙한 패턴을 식별할 수 있었다.

"무슨 일이 있었는지 감이 잡혀요. 그리고 내 생각에 코너는 생각 보다 운이 좋아요." 감히 이런 말을 하다니, 나는 내 운을 시험하고 있었다.

"뭐라고요?" 코너가 분노에 가까운 웃음을 터뜨렸다. 충격으로 눈썹을 치켜올린 모습이었다.

나는 어깨를 으쓱했다.

"맨날 기분이 바닥을 치는데, 역겨운 게으름뱅이가 되어 방에서 나오지도 못하는데, 이런 게 행운이라고 생각한다고요?"

코너는 진심으로 자신을 증오하고 있었다.

"아니요. 그건 아니에요. 하지만 전에 살던 대로 계속 살았으면 언젠가는 다 무너질 예정이었어요. 기분이 바닥을 치고 역겨운 게으름뱅이로 살아야 한다면, 스무 살에 그러는 게 낫다고 생각해요. 쉰 살보다는."

"그게 무슨 말이에요?"

코너가 내 말에 집중했다.

"제 말은, 코너가 지금 겪고 있는 건 우리가 옛날에 중년의 위기라고 부르던 그것 같아요. 다만 이십 대 초반에 겪고 있는 거죠."

"제가 중년의 위기라고 생각하세요?" 이제 코너는 사실상 미소 짓고 있었다. 목소리가 부드러워지기 시작했다. 중년의 위기는 인터넷 검색 결과보다 훨씬 더 가벼운 진단이었던 것이다.

"네. 그리고 그런 예감이 들어요. 우리가 이 문제를 잘 해결해나가면, 코너가 다시 식사도 잘 챙기고 더 건강한 일상을 꾸려내기 시작하면, 자신에 관해 꼭 알아야만 하는 중요한 것들을 알게 될지도 몰라요."

코너는 짙은 금빛 눈썹을 찌푸린 채로 아무 말 없이 나를 바라보았다.

"하지만 해야 할 일이 있어요. 전보다 더 만족스러운 삶의 길을 찾아낼 수 있도록 집중해야 해요. 자아만 비대하게 만드는 길 말고요." 나는 잠시 이야기를 멈추었다. "과거에 가던 길로 계속 갔다면 코너가 **진심으로** 원하는 삶을 절대 이뤄낼 수 없었을 거예요."

우리 사회를 지배하는 문화는 쿼터라이퍼를 등 떠밀어 수직적인 성취의 사다리를 오르게 하지만, 그 사다리는 결국 아무것도 없는 허공으로 이어질 뿐이다. 이것은 불완전한 계획이다. 맨 위에 도달한 사람은 위험할 정도로 자아가 부풀고, 진정한 삶이 있는 지상과 단절된 채로 이제 무엇을 해야 할지 혼란에 빠지기도 한다. 내가 코너에게 행운이라고 말했던 것은, 그의 상승을 지탱하던 부유물이 터졌을 때 그는 겨우 대학생이었으니 삶의 방향을 급격하게 바꿀 여유가 있기 때문이었다.

많은 것이 무너졌지만, 아직 코너를 잡아줄 친숙한 안전망이 있었다. 긴 경력을 쌓았거나 대출금을 갚아야 할 집이 있는 것도 아니고, 책임져야 할 부양가족도 없었다. 부모님과 같이 살아야 하는 상황이 달갑지는 않았지만, 그래도 머물 곳이 있으니 다행이었다. 코너는 안전했고, 삶은 막 시작된 참이었다. 분명 무너진 것을 다시 쌓아 올릴 기회가 있었다. 그것도 전보다 더 나은 방식으로.

이런 맥락을 더 설명해주는 동안 코너는 줄곧 나를 바라보고 있었다. 정신이 여전히 다른 곳에 있는 듯했다.

"흠." 코너는 아무 말이 없었다.

"무슨 생각을 하고 있나요?"

"작년에 꿨던 꿈이 생각났어요." 코너가 말문을 열었다.

"그래요?"

"네… 사실은 이 꿈을 반복해서 꿨어요. 매번 얼마나 무섭던지. 금문교로 올라가는 엘리베이터에 탔는데… 갑자기 엘리베이터가 멈췄고, 저는 옆에서 올라오고 있는 다른 엘리베이터로 뛰어내려야 했어요…. 두 발이 땅에서 떨어지는 바로 그 순간에 항상 잠에서 깼지요. 분명 안전하게 착지하지 못했을 거예요…."

나는 몸을 기울였다.

"무서운 꿈이네요."

"아주 높은 곳에 있었어요. 그래서 지금 떠올랐나 봐요. 두 엘리베이터 사이에 있는 막대를 잡고 매달리는 꿈도 꿨어요. 그걸 타고 다른 엘리베이터로 안전하게 이동할 계획이었는데, 결국에는 용기를 내지 못하고 그냥 대롱대롱 매달려 있었어요. 아니면 눈을 딱 감고 허공으로 뛰어내리기도 했고요. 잠에서 깨면 항상 땀에 흠뻑 젖어 있었어요."

코너는 다시 나를 바라보며 어깨를 으쓱했지만, 나는 그의 머릿속에서 톱니바퀴가 맞물리는 것이 느껴졌다. 코너는 내가 해준 이야기를 소화하고 있었다. 내가 설명했던 수직적인 사다리의 공허함에 직감적으로 공감하고 있었다. 과거의 코너는 "잡고 있던 것을 놓칠까 봐" 몸속에서부터 두려워하고 있었다. 그가 원하든 원하지 않든 무언가가 다가오고 있었고, 그는 더 이상 저항하지 않으려고 애쓰고 있었다.

안정형이 의미를 향해 나아가려면 붙잡고 있던 것을 '놓아야' 할 때가 많다. 이렇게 통제와 계획을 놓아버리는 것은 일종의 희생이자 지금까지 살아온 삶의 죽음이다. 살아가는 데 꼭 필요할 것만 같은 것을 포기하는 행위다. 놓아주는 행위는 오래된 삶의 방식이 끝났고 무언가 새로운 것이 시작되리라는 사실을 받아들이는 것이다. 자신의 삶과 여정은 온전히 통제할 수 있는 대상이 아니라는 사실을 받아들이는 것이다. 하지만 이런 경험은 언어로 표현하기 힘든 것이 사실이다.

자신의 여정을 받아들인다는 것이 무슨 뜻인지 간단하게 설명할 수 있는 방법은 아직 찾지 못했다. 삶의 여정도, 받아들인다는 개념도 모두 실재하는 것이 아니라 눈에 보이지 않고 이론적이다. 하지만 허공에서 낙하하는 것 같다거나 지친 손으로 절벽에 매달리는 것 같다고 표현할 수 있는 것처럼, 내면의 경험은 은유나 직유를 통해 묘사할 수 있다. 때로는 꿈의 도움을 받을 때도 있다. 받아들여야 할 필요성도, 받아들이는 행위에 수반하는 두려움도, 전부 느낄 수 있는 것들이다.

코너는 사다리 오르기를 그만두고 통제를 놓아야 했다. 안전하게 살아갈 수 있는 곳으로, 진정한 삶이 있는 지상으로 내려와야 했다. 오랜 세월 동안 집중해온 삶을 포기한다는 것은 삶의 다른 면에 관해 배우고 그의 의지력이나 계획보다 더 거대한 무언가를 신뢰하겠다는 뜻이었다. 코너는 열심히 삶에 매진하면서도 추락이 임박했다는 것을, 자신이 겨우 버티고 있다는 것을 직감했다. 균형을 잡기 위한 훈련과 기초가 없던 상태였기에, 의지력을 총동원해서 과거의 계획과 목표를 포기하라는 직감을 거부했다. 생과 영혼이 자신에게 권장하는 것을 느끼지 못했다. 우리의 작업은 주로 이런 사실을 이해하는 데 집중하는 것이었다. 코너의 생각, 기분, 예감, 꿈, 경험에는 자기 자신과 미래의 안녕을 위한 정보가 풍부했고, 실은 최근에 일어난 일들을 미리 예견한 것 같았다. 어쩌다가 코너는 한때 즐기고 사랑하던 것들을 잊어버렸을까? 대학에서는 대체 무슨 일이 있었던 걸까? 그리고 다시 세상으로 나아가기 위해서는 무엇을 놓아줘야 할까?

네 기둥

　　미라나 코너 같은 안정형과 대니나 그레이스 같은 의미형의 목표는 전부 상대 유형의 가치와 과제에 관해 배우는 것이다. 구미가 당기는 일은 아닌 것이, 극단에 치우칠수록 상대 유형을 부정적인 관점으로 바라볼 확률이 높기 때문이다. 상대 유형의 가치는 그들의 치우침에 해독제가 되어줄 수 있지만, 지금껏 의식적으로든 무의식적으로든 피하려고 애써온 것일 때가 많다.

　　안정형은 의미형이 "유난"이라고 생각할 수 있다. 그러나 내심 의미형의 풍부한 감정과 창의적인 표현력을 부러워하곤 한다. 반면 의미형은 안정형이 "꽉 막혔다"거나 "특권을 누리며 산다"고 판단할 수 있다. 그러나 내심 안정형의 일관성과 손쉽게 세상을 살아가는 듯한 모습을 보며 부러워한다. 물론 이런 현상은 문화에 따라 다르게 나타난다. 수많은 변주가 존재한다. 내가 제시한 인물들은 각 유형이 어떻게 발현되는지 몇 가지 예시를 든 것일 뿐이다. 하지만 보통 상대 유형을 판단하고 질투하는 이유는 자신의 가장 큰 두려움과 갈망을 투사[*]하기 때문이다. 그런 부정적인 반응은 온전한 삶을 향한 이끌림이 존재한다는 것을 증명하기도 한다.

　　실제로 안정형의 의미 추구는 궁극적으로 삶의 안정성을 **뒷받침**하는데, 의미가 풍부하면 삶이 더 만족스럽게 느껴지고 허무라는 유령

---

[*]　자신의 감정이나 행동을 스스로 이해할 수 없을 때, 그것을 다른 사람 탓으로 돌리는 방어기제.

이 안정감을 압도하지 않기 때문이다. 의미형의 안정 추구 역시 오히려 삶의 의미를 **뒷받침**하는데, 자신의 신념을 실현할 수 있고, 자신에게 외부 세계에서 살아가고 성장할 능력이 있다는 것을 더욱 실감할 수 있기 때문이다.

안정형은 자기 내면을 더 깊이 탐험하면서 자신에게 의미 있는 것이 무엇인지 질문해야 한다. 평온한 일상에 위협이 될지라도, 자신에게 생동감과 목적의식을 부여하는 것이 무엇인지 알아내야 한다. 반면 의미형은 일상의 과제와 장기적 목표에 매달릴 필요가 있다. 처음에는 아주 고생스럽겠지만, 이런 과제와 목표는 창의력의 흐름을 돕고 삶을 더 탄탄하게 만들어줄 것이다. 그리고 두 유형 모두 과거의 트라우마를 치유하고 삶 속의 관계와 소통을 개선하기 위해 의식적인 노력을 기울여야 한다. 그러면 다층적이고 단단한 개인이, 자신에 관해 더 정확하게 인식하면서 편안하게 외부 세상에 참여하는 개인이 탄생할 것이다.

지금부터 그레이스와 대니, 코너와 미라의 이야기를 통해 이러한 자기 계발 작업이 각 유형에서 어떻게 이루어지는지 파고들 것이다. 네 사람은 분리, 경청, 구축, 통합으로 이루어진 '네 개의 성장 기둥'이라는 작업에 집중하게 된다. 나는 과거의 성별 고정관념이 녹아있는 조지프 캠벨의 '영웅의 여정' 이론과 세계 곳곳의 성인식에서 나타나는 발달 단계를 수정하고 현대화해서 네 개의 성장 기둥을 고안했다. 융 심리학에서 '개성화'라고 정의했던 의식 발달과 자기 탐색 작업, 역사적으로는 중년의 전유물로 인식되었던 작업을 이해하는 틀이기도 하다.

나와 내담자들의 심리 치료 작업은 이 책 속에서 연대기적으로 차례차례 배열되기는 했으나 그 특성상 선형적이지 않다. 발달은 빙빙 돌고, 느리고, 반복적일 때가 많다. 그렇기에 네 개의 발달 기둥은 계단을 올라가는 것, 할 일 목록을 만들어 하나씩 완수하고 잊어버리는 것과는 다르다. 네 기둥은 거미줄의 꼭짓점처럼 방향과 체계의 기준을 제공한다. 한 사람이 경험과 노력을 통해 자기 삶을 직조하면서, 이 꼭짓점으로 돌아오고 또 돌아오게 될 것이다.

6장

분리

노력을 쏟아야 하는 관계,

바꾸거나 끝내야 하는 관계는

어떤 관계일까?

쿼터라이프 시기에는 과거의 관계를 바꾸고 싶은 자연스러운 발달 욕구가 생긴다. 타인에게 심리적으로, 물리적으로 의지하던 습관으로부터 '분리'하고, 독립성과 개성을 포용하는 새롭고 더 성숙한 관계를 맺으려는 본능적인 욕구다. 하지만 현대의 삶은 이런 본능을 무시하는 경향이 있다. 발전하는 기술 덕에 타인과 연락이 쉬워진 만큼 혼자만의 시간을 확보하기 힘들어지고, 종교는 믿음과 가족에 충실할 것을 요구하는 데다가 낮은 임금과 높은 생활비 같은 문제마저 더해져 쿼터라이프의 근본적인 분리 욕구는 종종 거부당하고 방해받고 좌절된다. 그 결과로 많은 쿼터라이퍼가 심각한 혼란과 고통을 겪는다. 그들은 자신이 누구인지, 어떻게 해야 독립적으로 살아갈 수 있는지 알아내려면 자기만의 물리적 공간과 정서적 여유가 필요하다는 것을 안다. 하지만 과거의 관계를 끊어내는 방법이나 자신의 욕구에 관해 소통하는 방법은 알지 못한다. 애초에 왜 그런 욕구가 생겼는지도 모른다.

과거의 수많은 전통을 살펴보면 개인에게는 부모와 분리하려는 심리적·사회적 욕구가 존재한다는 것을 알 수 있다. 옛날에는 흔히 사춘기 무렵 자식과 부모의 분리를 촉진하거나 강요하기 위해 성인식을 치렀다. 문화, 시대, 참가자의 성별에 따라 다양한 관습이 있었지만, 조지프 캠벨이 지적했듯 "소위 통과의례의 (…) 특징은 공식적이고 보통 아주 엄격한 방식으로 이전의 태도와 믿음과 삶의 패턴으로부터 급격하게 정신을 분리해낸다는 것"이다. 야생의 포유류가 독립하듯 어린 시절의 유대감에서 벗어나기를 바라는 자연스러운 욕구를 충족하는 것이 성인식이었다. 부모와 어린 시절의 관계로부터 심리적 독립을 이뤄내려는 욕구를 무시하면, 개인은 "어린 시절의 벽에 갇히고 부모는 문지기가 되며 소심한 영혼은 처벌이 두려운 나머지 문을 통과해 세상으로 나아가지 못하게 된다"고 캠벨은 말한다.

오래전부터 정신분석학에서는 과거의 의존과 기대로부터 분리하는 작업이 얼마나 중요한지 인식하고 있었지만, 이런 분리 작업을 중년에 새로운 깨달음을 얻으며 추구하는 것으로 설명하고는 했다. 지금 내가 보기에 이것은 **오해**다. 분리 작업의 욕구는 사실 사춘기에 생기는데도 줄곧 미뤄지는 일을 여러 차례 목격했다. 우리 사회가 성인식을 폐기했을 때 분리 작업도 함께 잃어버린 것이다. 분리 작업은 중년기의 특징이 아니라 쿼터라이프 발달의 근본적인 요소다.

쿼터라이프에 관한 동화와 신화는 대부분 일종의 분리와 함께 시작된다. 쿼터라이프 영웅이 무언가를, 신비롭고 기이하고 상징적인 무언가를 찾아 집을 떠나는 것이다. 때로 그는 기대에 부응하지 못해 추방당한다. 때로는 밖에서 길을 잃어 집으로 돌아오지 못하기도 한다. 현대 쿼터라이퍼의 첫 번째 **물리적** 분리도 이와 유사하다. 외압에 의한 것이든 선택에 의한 것이든, 쿼터라이퍼에게는 자기만의 길을 찾고자 하는 타오르는 충동과 갈망이 있다. 분리 본능으로 인해 가족을, 어쩌면 교회, 공동체, 친구들, 당시의 연인을 두고 떠나, 넓은 세상에서 더높은 차원의 독립과 자기 계발을 추구하게 된다.

이러한 물리적 분리를 이뤄낼 수 있도록 사회에서 확실하게 생활과 경제적 차원의 지원을 제공하지 않는다면, 쿼터라이퍼는 분리를 미룰 수밖에 없다. 그리고 분리 본능을 무시하면 막대한 좌절감에, 갇혀버렸다는 기분에 휩싸일 수 있다. 사람에게는 자기만의 삶을 시작하고싶은 내적 욕구가 있다. 내면의 목소리는 '논리적인 결정'이 무엇인지, 생활에 어떤 제약이 생길지 신경 쓰지 말고 그저 **나아가**라고, 탐험하고 호기심을 충족하라고 외친다. 그것은 정확히 명명하거나 설명할 수 없는 욕구이자 갈망이다. 어린 시절의 집과 관계에서 분리되고 싶은 욕구, 채워지지 않는 허기와도 같은 욕구를 묵살하면 시간이 지나면서 결국 걷잡을 수 없이 커질 수도 있다. 이 걷잡을 수 없는 허기는 고통, 공포, 소란, 불안, 심지어 폭력까지 야기하기도 한다. 누군가는 이런 상태의 쿼터라이퍼를 보고 "통제 불가능"이라거나 "괜히 유난"이라고 생각할 수 있다. 하지만 당사자로서는 충족할 수 없는 욕구 때문에 마치 자기 몸속에 외계 기생충이 있어 그것이 몸 밖으로 탈출하려고 피부를 찔러대는 듯, 그런 존재에 조종되고 있는 듯 느끼기도 한다. 어떤 사람에게 이런 기분은 거대한 공포의 원인이 된다. 확실하지 않은 것들을 두고 걱정하고, 길을 잃어 낯설고 먼 곳까지 방황하게 될까 봐 두려워하며, 지금껏 자신을 안내해준 사랑하는 사람들이 사라질까 봐 괴로워한다. 어머니의 몸에서 밀려 나온 아기처럼, 분리 후에 자기 힘으로 살아가지 못하면 어떻게 해야 하나?

하지만 이미 집을 떠난 쿼터라이퍼들이 알고 있듯 그것은 첫 단계일 뿐이다. 진정한 분리란 관계 속의 경제적·정서적·심리적 의존을 천천히 바꿔나가면서 자기 자신도 바꿔나가는 긴 과정이다. 건강한 분리 작업에는 새로이 관계의 선을 긋고, 의사소통 능력을 개선하고, 부모와 형제자매가 (그리고 수많은 타인이) 자신의 자아 인식에 미치는 오묘하고 직접적인 영향을 자세히 살펴보는 활동이 포함된다. 목표는 자신에 대해 알아내는 것, 자신을 사랑하는 것, 자신을 신뢰하는 것, 독립하는 것, 그렇게 타인과의 친밀감을 높이는 것이다. 이루기 힘들 때도 있다. 그리고 변화가 일어났다는 것을 감지하기까지 오랜 시간이 걸리기도 한다.

+

자기 삶을 쟁취할 용기

"부모님도 제가 뭘 하는지 아실 권리가 있잖아요." 코너가 말했다. 그는 분명 힘들어하고 있었다. 우리가 상담을 시작한 지도 두 달이 지났고, 이제는 코너와 부모님의 관계에 관해 이야기하고 있었다. 내가 부모님이 코너에게 미치는 영향력에 관해 논의하려고 할 때마다 코너는 방어적으로 변했다. 내가 보기에는 코너가 겪는 갈등을 단적으로 보여주는 반응이었다.

코너는 집에서 3천킬로미터 떨어진 대학에 다니는 동안 부모님과 끊임없이 연락했다. 친구들도 딱히 다르지 않다고 생각했고, 외동아들인 만큼 부모님과 그렇게 가깝게 지내는 것도 어느 정도 당연하게 받아들였다. 연락은 주로 어머니와 했지만, 어머니가 부자의 접촉점 역할을 할 때도 있었다.

"얼마나 자주 연락했어요?"

코너는 어깨를 으쓱했다.

"시합이 끝나면 결과를 궁금해하시니 항상 연락했어요. 문자 몇 줄만 보낼 때도 있었지만요. 그건 평범하잖아요!"

나는 고개를 끄덕이며 맞장구쳤다.

"그럼요. 건강하다고도 할 수 있고요. 또 언제 연락했어요?"

"학교에 있을 때도 하루에 몇 번씩 했던 것 같아요. 한 분하고 할 때도 있고, 두 분에게 할 때도 있고. 한 해에 적어도 두어 번은 비행기를 타고 와서 시합을 보셨어요." 코너가 계속 설명했다. "원래 지원을 아끼지 않는 분들이에요. 등록금도 부모님이 내시잖아요. 그냥 끊어버릴 수 있는 관계가 아니에요." 코너는 생각만으로도 불경하다는 듯이 나를 바라보았다.

"그런 생각을 한 적은 있나 봐요?"

"끊어버리겠다는 생각이요?"

내가 고개를 끄덕였다.

"뭐, 그렇죠." 코너가 바닥을 내려다보았다.

나는 기다렸다. 코너의 표정과 생각의 방향이 바뀐 것 같았다.

"진짜 바보 같아." 코너가 갑자기 웃음을 터뜨리며 고개를 저었다. "정말, 저는 뭐가 문제일까요?"

"잠깐만요, 방금 뭐였어요?" 코너는 무언가 중요한 것을 고민하다가 낡디낡은 수치심 때문에 생각을 중단해버린 듯했다.

"부모님이 저한테 실망하는 게 **당연**해요. 저는 대학생이 원할 만한 자원은 전부 다 갖고 있었으면서 완전히 실패했잖아요. 화나는 게 맞죠!"

"속도를 조금 늦춰볼까요?"

코너는 깊이 숨을 들이쉬었다. 코너의 모순된 믿음 체계가 서로 싸우고 있었고, 나는 그의 머릿속에 있는 '합리적'이고 앙심 가득한 목소리가 우리의 상담을 훼방하도록 놔둘 생각이 없었다. 그런 내면의 목소리를 나는 종종 사이비 교주라고 부르고는 한다. 내면의 교주는 잔인하고 제멋대로이며, 자기가 보기에 비생산적이라면 정서적 발전조차 방해하려고 안달이다.

"부모님의 지원이 압박처럼 느껴진 적이 있나요?"

코너는 한숨을 쉬더니 의자에 등을 대고 기댔다. 한쪽 발목을 반대쪽 다리 위에 걸친 채 무릎 위에 손바닥을 올린 자세가 여유로워 보였다. 꼭 계속 나와 상담실에 머물지 그냥 나가버릴지 재차 고민 중인 것 같았다.

"부모님이랑 너무 연락을 자주 해서 자기만의 관심사를 추구하기가 힘들다고 느낀 적이 있나요?"

"오래전부터 부모님에게 거짓말했어요."

"그래요?"

다행이었다. 코너가 다시 마음을 열었다.

"선생님이 말씀하신 게 이유였던 것 같아요. 저만의 삶이 필요해서 거짓말했어요. 변명처럼 들리기는 하네요." 코너가 잠시 이야기를 멈추었다가 말했다. "부모님이 저한테 원하는 것들을 다 어떻게 해내야 할지 막막했어요. 그중 일부라도 해낼 수 있을지 의아했고요."

"부모님이 코너에게 원하는 것들을 다 어떻게 해내야 할지 막막했다고요."

코너가 고개를 끄덕였다.

"코너가 원하는 것도 하고 싶었으니까?"

"그런 것 같아요."

"항상 부모님의 기대에 부응하려고 애쓰다 보면, 자기만의 바람과 목표를 탐구하는 게 힘들어지지요."

"네, 그런 것 같아요. 맞아요." 코너가 고개를 끄덕이고 자기 손을 바라보았다.

"실제로 어떤 일이 일어났는지 예를 들어줄 수 있나요? 이 갈등 때문에 어떻게 됐어요?"

코너가 망설이면서 이야기를 시작했다. "학교 다닐 때 어떤 여자애랑 사귀었어요."

코너는 이야기를 멈추고 자기 손을 빤히 응시했다. 갑자기 공간의 에너지가 급격하게 변했다.

"어떤 여자애, 아니 여자랑 사귀었거든요. 여자애든 여자든. 이름은 에바예요."

"에바." 내가 이름을 따라 말했다.

"네. 사귀기는 했는데, 진지한 관계는 아니었고, 2년 동안 만났어요."

"어떻게 됐어요?"

"헤어져야 했어요."

"왜요?"

"그래야 했으니까…." 코너가 이야기를 멈췄다. 방어적인 자세로 바뀌었다. "그냥 그래야 했어요."

"그래야 했다고요?" 내가 이유를 캐물었다.

"절대 에바를 부모님에게 소개할 수 없을 테니까요. 더 이상 우리가 잘될 수 있다는 암시를 주기 싫었어요. 절대 잘될 수 없었으니까."

"잠깐, 왜요? 왜 에바를 부모님에게 소개할 수 없어요?"

"이유야 많았지요."

"예를 들면?"

"예를 들면, 걔는 머리카락이 너무 짧았어요."

"부모님에게 소개하기에는 머리카락이 너무 짧았다고요."

"네. 바보 같다고 생각하실 수도 있겠죠. 하지만 그게 다는 아니었어요."

"계속 말해보세요."

"타투도 두어 개 있었고… '자유로운 영혼' 같은 애였어요. 자기 마음에 들지 않는 규칙은 절대 따르지 않았어요. 엄마가 걜 보면 질색했을걸요."

"코너는 좋아했어요?"

코너는 진심을 담아 천천히 고개를 끄덕였는데, 자신의 솔직한 감정 표현에 깜짝 놀란 것 같았다. 슬픔에 겨워 금방이라도 울음을 터뜨릴 것처럼 얼굴이 굳어 있었다. 곧 고개를 돌려버리더니 물을 한 모금 마셨다. 그러고는 유리잔을 응시하며 생각에 빠졌다.

나는 잠시 아무 말 없이 앉아있다가 부드럽게 다음 질문을 던졌다.

"어떻게 헤어졌어요?"

코너는 어깨를 으쓱하고 다시 고개를 돌렸다.

"그냥 피하기 시작했어요."

"피하기 시작했다고요." 내가 조용히 되풀이했다.

"네."

"코너가 왜 그러는지, 에바는 이유를 알고 있었어요?"

"아마 깨달았겠죠."

"설명해주지 않았군요."

"네. 설명 안 했어요. 그냥 무시했어요. 도망치고 싶었거든요." 코너의 목소리가 조금 작아졌다. "솔직히 말하면, 제가 지금 숨어 사는 이유 중에는 그것도 있는 것 같아요." 그가 잠시 입을 다물었다. 손에 물잔을 들고 있었다. "에바가 보고 싶어요, 매 순간."

눈물이 그렁그렁했다. 코너는 유리잔을 입술 근처로 가져갔으나 물을 마시지는 않았다. 다시 나를 바라보았다.

"저 완전 개새끼죠?"

이제 코너는 물잔을 허벅지 위에 올려두고 정면으로 내 시선을 맞받았다. 나는 코너가 아니라는 대답을 바라고 있다는 것을 알았다. 코너는 자신의 잘못된 행동을 용서받고 싶었다. 그간 코너가 납덩이처럼 무거운 죄책감을 지고 살았다는 것을 이제야 알게 되었다. 하지만 내게는 그를 용서해줄 권리가 없었다. 정말이지 용서는 내가 해줄 수 있는 것이 아니었다. 코너는 상처로 남은 찢어진 관계를 직면해야 했고, 과거로부터 배워야 했다. 친구이자 연인, 몹시 사랑하던 사람을 삶에서 잘라낸 후로 느꼈던 깊은 상실감과 외로움을 인정해야 했다. 상실의 슬픔과 죄책감을 솔직하게 직면하면, 새로이 친밀한 관계를 맺을 수 있는 기회가 생긴다. 나는 사건의 핵심으로 되돌아가기로 했다.

"그러니까, 코너가 사라진 게 에바가 아니라 부모님 때문이라는 사실을 에바는 지금까지도 모른다는 거예요?"

"네. 사실은 SNS고 뭐고 다 차단했어요. 진짜 못된 말도 조금 했고요…. 에바를 미워하려고 노력했어요. 그래야 잊을 수 있을 것 같아서."

나는 조용히 코너와 앉아 있었다.

"그런데 순전히 부모님 때문은 아니에요." 코너는 다시 방어적인 태도로 말했다.

내 생각에 코너는 이미 머릿속에서 같은 논쟁을 천 번쯤은 했을 것 같았다.

부모의 기대는 쿼터라이프 시기에 해결해야 할 문제 중 가장 어려운 축에 속하며, 이는 부모의 헌신에 직접적인 의문을 제기하기가 어렵기 때문이라는 것을 나는 점차 알게 되었다. 부모 공경은 사회적으로, 지적으로 '선'하고 '도덕'적인 일로 수호된다. 많은 문화권과 공동체에서 가장 중요한 규칙이다. 하지만 쿼터라이퍼에게는 뿌리로부터 진화하고 싶은 본능이 있다. 이런 본능은 작은 속삭임과 회의감을 심어줄 때도 있고 요란한 비명을 외칠 때도 있다. 부모에게 의존하고 영향받는 삶과 분리하고 싶은 욕구는 자연스러운 것이다. 하지만 부모의 의견에 귀 기울이는 삶에 익숙한 상태인 데다가 부모의 믿음과 다른 방향으로 나아가도록 허용하는 사회적 기반이 거의 없다 보니, 부모의 관점이 나 자신의 본능보다 더 중요해진다. 어린 시절의 충심을 너무 오래 간직하면 심리에 위험할 수 있다. 서로 싸우고 있는 두 명의 주인을 모시면서 제정신을 유지하기란 불가능한 것이다.

우리가 이 문제에 파고들기 전까지 코너는 자신의 미래와 과거 사이의 불화, 부모님의 소망과 자신의 소망이 맺고 있는 갈등 관계를 인식하지 못했다. 그저 힘들기만 했다. 너무 힘들었다. 그래서 코너는 항상 하던 대로 하려고 했다. 부모님을 믿었다. 아니, 그러려고 했다. 그리고 이제는 위험한 종속 관계에 묶여 있었다. 코너는 연인 관계를 이어가고 싶었다. 에바 옆에 있는 것이 좋았다. 에바가 "자유로운 영혼"인 것이 좋았고, 에바의 에너지 덕에 자유롭게 자신의 호기심과 욕망을 추구하면서 성장할 수 있었을 것이다. 에바는 코너를 자극해서 자유, 본능, 기쁨을 느끼게 해준 의미형 존재였다. 하지만 결국 코너는 그런 감정을 전부 폐기해버렸다. 부모님, 어쩌면 그중에서도 어머니에게 충실하기 위한 무의식적인 선택이었다. 어머니는 에바와는 사뭇 다른 삶의 방식을 상징했고, 코너의 미래를 향한 불안을 숨기려고 하지 않았다. 코너가 어머니에게 실망을 안길 위험을 감수하고, 어머니의 불안으로부터 분리되고, 어머니가 그에 관해 어떤 판단을 하든 견뎌낼 준비가 되지 않으면, 그는 언제나 발이 묶인 채로 자신에게 진정 유익한 관계를, 아니 그 어떤 것도 혼자서 선택할 수 없을 터였다. 미래의 파트너에게 혼란스러운 태도를 보이고 관계에 충실하지 못해 상대와 자기 자신 모두를 미치게 만들 터였다. 그리고 어머니를 향한 원한과 분노 역시 무럭무럭 자라날 터였다. 불행하게도 이는 오늘날의 시스젠더*남성 쿼터라이퍼에게 지극히 흔한 패턴이다.

코너는 자신이 부모가 통제할 수 없을 정도로 성장했다는 사실이 껄끄러웠다. 원하는 삶으로 나아갈 수 있을 수 있을 정도의 결단력이나 용기가 없었고, 그 결과 림보나 연옥 같은 곳에 갇혀 자기 삶을 향해 나아가지도 못하고 부모의 기대에 맞게 살지도 못했다. 최악의 상황이었다. 그렇게 시간이 지나자 이제 혼자서는 그 어떤 결정도 내릴 수 없었다. 완전히 마비된 채로 추락하고 말았다.

이 모든 것을 코너에게 설명해보았다.

---

*   태어났을 때 지정받은 성별과 자신의 성별 정체성이 똑같은 사람. 트랜스젠더는 지정받은 성별과 자신의 성별 정체성이 다른 사람이다.

"말이 되는 것 같아요?"

코너는 고개를 끄덕이며 의자에 편하게 기대어 앉았다.

"네, 완전히 들어맞네요. 실제로 연옥에 갇혀 있는 기분이에요. 지금껏 그 이유는 몰랐지만요. 내가 잘못을 저질러서 벌을 받고 있다고 생각했어요."

코너는 용기를 내서 자기만의 삶을 살고, 자기만의 욕망과 선택을 추구해야 하는 시점이었다. 그것 때문에 부모님의 욕망으로부터 멀어진다 한들 상관없었다. 그렇다고 해서 부모님을 존중하지 않는다는 뜻은 아니었다. 이는 부모님의 반응에 달려 있는 문제이기도 했다. 코너의 분리 작업에는 자신에게 어떤 일이 일어나고 있는지, 무엇이 필요한지 끊임없이 공유하고 소통하는 과정이 필요할 수도 있다. 하지만 코너가 부모님의 복제품이나 후계자가 되기 위해 태어난 것은 아니라는 기본적인 사실을 인식해야 했다. 그는 **자기 자신**이 되기 위해, 그리고 자기 자신이 된다는 것이 무슨 뜻인지 깊이 탐구하기 위해 존재하는 것이었다. 자신이 어떤 사람인지 알아내면서 자기 자신으로 살아가는 삶이 코너가 창조할 평생의 걸작이 될 것이었다.

나는 코너의 부모님이 아들을 존중할 수 있기를 바랐다. 작가 오드리 로드는 부모의 입장에서 쿼터라이프의 건강한 발달을 지원하는 방법에 관한 든든한 지침을 남겼다. 로드는 모든 가족 구성원에게 자기만의 삶을 살 수 있는 **자유와 힘**이 있어야 한다고 강조했다. 특히 자라나는 아들을 둔 어머니의 경험에 관해 썼는데, 아들의 발달에 모범이 될 수 있도록 **자기 자신부터** 심리적으로 건강하고 활기찬 삶을 사는 것이 얼마나 값진 일인지 강조했다.

내가 아들에게 가르쳐줄 수 있는 가장 중요한 교훈은 딸에게 가르쳐줄 교훈과 똑같다. 바로 되고 싶은 사람이 되는 법이다. **그것을 가르쳐주는 가장 좋은 방법은 나부터 나 자신이 되는 것**이고, 그러면 아들은 어머니처럼 산다는 불가능한 일을 추구하는 대신 **자기 자신이 되는 법**을 배울 것이다. 이는 자기 내면에 있는 목소리를 경청하는 법이자, 세상이 원하는 사람이 되어야 한다고 압박하는 요란하고 솔깃하고 위협적인 외부의 목소리에 무던해지는 법이기도 하다.(강조는 저자가 한 것이다.)

자식이 자기만의 길을 찾지 못할 것 같다는 이유로 자식에게 자유나 신뢰를 주지 않는 부모라면, 일단 자기 자신을 깊이 돌아봄으로써 온 가족을 이롭게 할 수 있다. 성인 자식에게 부모 노릇을 하려면, 부모부터 자신의 어린 시절의 관계로부터 분리되고 자기가 살고 싶은 삶을 추구하는 작업을 마쳐야 한다. 자식이 새롭고 독립적인 삶을 찾아 나서야 하는 만큼 부모도 동일한 작업을 해야 하는 것이다. 자식이 쿼터라이프에 진입하면, 더는 부모라는 사실만으로 부모의 정체성을 확립할 수 없다. 부모는 삶을 처음부터 다시 시작해야 할 수도 있다. 양육에 집중하기 위해 미뤄두었던 과제, **자기만의 고유한 정체성**으로 살아간다는 과제를 탐구하는 것이다. 자기만의 야망, 창의력, 두려움, 희망을 탐험하고, 자기만의 심리적 장애물을 용감하게 넘어서야 한다.

바람직한 미래는 삶의 여정 속에서 부모와 자식이 평등하게 진화하는 것, 위계와 의존성이 사라진 상태로 다시 서로를 마주하는 것이다. 하지만 이러한 역할 변화가 이루어지려면 상당한 양의 의식적인 작업이 필요하다. 부모와 자식 관계에는 압박이나 오해, 상처, 좌절 같은 함정이 가득하기 때문이다. 불행하게도 학대 역시 드문 일이 아니다. 이런 점에서 퀴터라이퍼의 부모도 심리 치료로 유익한 효과를 얻을 수 있다.

코너는 부모의 정서적·심리적 발달 상태에 관해 아는 바가 없었고, 나로서는 코너와 부모 중에서 정확히 누가 누구를 힘들게 하고 있는지 가늠하기가 어려웠다. 모든 것이 스트레스와 불안에 뒤범벅된 상태였다. 하지만 나는 확신했다. 코너는 여자 친구를 향한 애정을 존중하기 전에 **자기 삶**을 지키기 위한 용기부터 찾아내야 했다. 이 작업은 도덕적 용기를 함양하기 위한 출발점이었다. 퀴터라이프 시기의 분리 작업은 타인이 자신의 관점과 선택에 어떤 영향과 압력을 행사하는지 의식하는 능력을 기르는 것이다. 따라서 분리 작업은 심리적으로도, 윤리적으로도 필요하다. '내가 믿는 것'과 타인이 믿는 것을 세심하게 분리해내면 선악을 판단하는 능력과 자기 인생을 향한 신뢰가 강화된다. 자신의 진심이 평온한 일상에 방해가 될 때조차, 아니 그럴 때일수록 분리에 노력을 쏟아야 한다. 분리 능력이 있으면 **어떤 것이 진정한 자기 자신이고 어떤 것은 아닌지** 알아내기 수월하고, 상황이 모호하거나 순응해야 한다는 압박이 있을 때 그 갈등 속에서 자신이 어떤 입장인지 알아낼 수 있다. 자신에 관해 알아가기를 거부하고 **자신의 욕구**를 지켜내지 않는다면, 타인과의 관계 속에서 상대의 욕망과 욕구를 진정으로 존중하는 것도 불가능하다. 자기만의 삶을 살고자 한들, 남에게 판단당할까 봐 줄곧 고통스러울 터였다.

몇 달 동안 우리 둘은 앞으로 코너의 발달이 어떤 방식으로 이루어져야 할지 논의했다. 부모님에게 어떻게 이야기할지 전략을 짰고, 실제로 대화가 이루어진 후에는 함께 대화 내용을 돌아보았다. 코너는 부엌

114

테이블에 쪽지를 놓아두는 것으로 시작해서 나중에는 몇 시간 동안 이야기를 나누었다. 때로는 모두가 모였고, 때로는 부모님 중 한 분만 함께하기도 했다. 시간이 지나면서 코너의 부모님이 소통에 적극적으로 반응하고 그렇게 가족 모두가 발전할 수 있어 감사한 마음이었다. 그 어느 것도 쉽지 않았지만, 가정을 무겁게 짓누르던 중압감이 분명 사라지고 있었다. 그들은 전보다 깊이 서로를 이해하게 되었다.

✢

건강한 거리 두기, 나에게 의지하기

"여자 친구를 이용하고 싶지 않아요." 어느 날 그레이스가 말했다. "알아요, 지금 나는 이용하고 있다는 걸. 심지어 조종하고 있어요. 그 생각을 하면 눈살이 찌푸려져요. 스테이시가 얼마나 잘해주는데."

그레이스는 여자 친구인 스테이시와의 관계를 고민하고 있었다. 몇 달 동안 거듭 파고든 주제였다. 그레이스는 왜 두 사람이 아직도 만나고 있는지, 둘 중 한 사람이라도 이 관계에서 건강한 영향을 받고 있는지 알아내고 싶었다.

"꼭 게으른 꼬마가 된 기분일 뿐이에요. 더는 그런 기분을 느끼고 싶지 않아요."

그레이스는 과거보다 더 단호한 목소리를 내기 시작했다. 혼자 지내고 싶다는 열망, 그 정체를 파악하기 힘든 강렬한 열망을 이해하려고 애쓰고 있었다. 혼자 지내고 싶다는 충동은 그레이스가 생각하는 안정적인 삶과 부합하지 않았으나 무시할 수 없을 만큼 강력했다.

"혼자서는 잘 살아갈 수 없을 것 같다는 두려움 때문에 스테이시와 계속 만날 수는 없잖아요." 그레이스가 나를 똑바로 응시했다. 눈빛이 또렷했다.

"이해해요. 스테이시에게 의존하고 싶지 않은 거죠."

"네. 여자 친구에게 의존해선 안 돼요. 의존해야만 살 수 있는 건 싫어요."

그레이스의 초기 분리 작업은 어렸을 때, 교회와 어머니의 강한 신앙에 의문을 품으면서 시작되었다. 그리고 인터넷에서 스테이시를 만나 집을 떠나는 방식으로 이어졌다. 어머니와 물리적인 거리를 둠으로써 자기만의 인생을 살겠다는 결단을 내린 것이다. 하지만 스테이시와 4년을 함께한 시점에 정체성 탐구 작업이 새로운 국면으로 접어들면서, 처음 맺은 헌신적인 연애 관계에서 빠져나와 변화를 도모하고 싶어졌다.

오랫동안 이성애 결혼은 부모로부터 분리를 이루는 표준적인 방식이었다. 결혼을 통해 어린 시절의 가족을 떠나 독립적인 삶과 자기만의 가정을 꾸리는 것이 지배적인 삶의 경로였다. 지금은 수많은 사람이 (나도 그랬지만) 결혼이 아닌 대학 입학 때문에 처음으로 집을 떠나게 되었다. 군에 입대하거나 다른 지역에서 직장을 잡으며 집을 떠나기도 한다. 이런 방식의 분리는 구체적으로 어떤 형태를 취하든 역사적으로 봤을 때 새롭고 무의식적인 종류의 분리다.

과거에 쿼터라이프 초기의 결혼은 심리적 필요보다 사회적·경제적 필요를 충족하는 일이었다. 그래서 중년의 위기를 이혼이라든지, 해결하지 못한 부모와의 관계를 재검토하는 작업과 연관 지었다. 하지만 그레이스의 경우는 쿼터라이프의 분리가 수많은 방식으로 일어날 수 있다는 사실을 증명한다. 그레이스는 연인과 함께하기 위해 집을 떠났

116

지만, 그 결과는 결혼이나 출산이 아니었다. 자기 삶에 무엇이 필요한지 탐험하기 위해 중년기까지 10년, 20년을 기다릴 필요가 없었다.

그레이스는 기혼자도 이성애자도 아니며 20대 초반이라는 어린 나이였지만, 자신이 어떤 방식으로 파트너에게 의존하고 있는지, 관계를 통해 충족할 수 없는 것은 무엇인지 면밀하게 파악하는 과정에 돌입했다. 스테이시와의 관계는 기존의 가정과 믿음 체계로부터 자신을 분리하는 데 도움이 되었지만, 이제 그 관계가 성장에 제약으로 작용하고 있다는 사실이 점점 명확해졌다. 비합리적이고 불필요한 짓은 아닐까 의아할 때도 있었지만, 그레이스는 다른 관계가 필요하다고 느꼈다.

"제 생각에, 이 관계를 끝내지 않으면…" 그레이스는 이야기 도중에 배를 움켜쥐었다. "윽. 정말이지 생각만으로도 메슥거려요. 해낼 수 있을지 모르겠어요…."

그레이스가 자신의 속마음을 가늠하는 동안, 우리는 말없이 앉아 있었다.

"저는 알고 있어요…. 용기를 내서 스테이시와 헤어지지 않으면, 우리 모두 정체될 거예요. 누구 한 사람이라도 그렇게 되어선 안 돼요."

"더 말해봐요. 어떻게 정체된다는 거예요?"

"제 말은…." 그레이스가 깊이 숨을 들이쉬었다. "예를 들면, 스테이시는 식사할 시간을 알려주고는 해요. 청구서를 열어보고 제시간에 내라고 알려주고요. 밤에는 잠들 수 있게 도와줘요…." 바로 그때 그레이스가 들릴 듯 말 듯 숨을 들이쉬더니 울기 시작했다. 무릎 위로 굽힌 몸에서 갑작스러운 울음과 슬픔이 쏟아져 내렸다.

나는 본능적으로 그레이스처럼 몸을 굽혔다. "그게 가장 무서운 거군요, 그렇죠?"

그레이스는 계속 울면서 고개만 살짝 끄덕여 동의를 표현했다.

그레이스는 알았다. 그는 여자 친구의 도움 덕분에 삶의 균형을 유지하고 있었고, 스테이시가 옆에 있으면 든든하고 안정적이었다. 하지만 우리가 상담을 시작한 후로 줄곧 그레이스는 스테이시가 무심코 자신을 어린아이 취급하는 것 같아 고민하고 있었다. 때로 그레이스는 스테이시가 자신의 의존성을 부추기는 것은 아닌지 의아할 때도 있었다. 전부 너무나도 혼란스러워서 무엇이 진실인지 정확히 판별하기 힘들었지만, 스테이시를 사랑하기는 해도 그가 행복이 아닌 의존의 대상이라는 사실을 알았다. 그리고 그 무엇보다도 짐이 된 듯한 기분, 혼자만의 힘으로 살아갈 수 없는 어린아이가 된 듯한 기분이 지긋지긋했다. 그레이스는 의존의 대상을 어머니에서 스테이시로 바꾼 것뿐이었다. 단 한 번도 진정으로 혼자인 적이 없었다. 그래서 그레이스는 상담을 통해, 상담실 밖에서는 일기를 쓰거나 가까운 친구들의 도움을 받는 방식으로 자신이 원하고 필요로 하는 것이 무엇인지 조금씩 탐구하고 있었다.

그레이스는 어떤 것이 자기 것인지, 자신은 어떤 사람인지 이해하려고 노력하고 있었다. 이런 세심한 분별 작업은 형제가 있는 쿼터라이퍼에게도 유용할 수 있는데, 형제 사이의 복잡한 유대 관계에 기반해 개인의 정체성이 형성되는 경우가 많기 때문이다. 또 절친한 친구가 있는 경우에도 유용할 수 있는데, 가깝게 지내려는 충심이 무심코 개인의 자기 표현과 성장을 저해하기 때문이다. 이와 비슷하게 쿼터라이퍼는 그레이스처럼 어린 시절에 믿던 종교 집단으로부터 분리되고 싶은 조용한 내적 욕망을 느낄 수 있다. 혹은 변화한 자신과 과거의 신념이 더는 어울리지 않는다는 생각이 들면 기존의 정치적 관점과 분리되고 싶을 수도 있다. 분리 작업에서는, 가족 체계 이론의 선구자인 머리 보엔 Murray Bowen 박사가 "구분" 혹은 "자기 구분"[*]이라 칭한 것이 많이 이루어져야 한다. '나'와 '내가 아닌 것'을 구분하는 작업은 쿼터라이프 발달의 핵심이다.

보엔의 지적에 의하면 타인과 자신을 제대로 구분하지 못하는 사람은 스트레스에 압도당할 가능성이 크다. 그레이스 같은 의미형은 공동체와 연결되는 것을 중요하게 여기고 다양한 개인주의적 관념을 적극적으로 거부하는 경향이 있으므로 이러한 구분에 어려움을 겪을 수 있다. 하지만 **내** 기분이나 의견과 **타인의** 기분이나 의견을 구분하지 못하면 마치 컴퓨터 합선 같은 스트레스를 일으킬 수 있다. 정보가 너무 많으면 이 많은 정보를 어떻게 처리해야 할지 막연해지기 때문이다. 타인의 바닷속에서 자기 자신을 감각하기는 불가능하다.

그레이스는 친구들을 사랑하고 공감력이 높아서 줄곧 스트레스에 시달릴 위험이 컸다. 그 누구의 요청이든 도무지 거절할 줄을 모르는 사람이었지만, 선을 긋고 자기만의 시간을 확보할 필요가 있었다. 그래야 자기만의 생각과 욕구와 감정을 주변 사람들로부터 분리할 수 있었다. 그래야 그레이스의 삶에 안정성을 공급해주는 타인에게 의존하는 대신 자기 힘으로 안정을 쌓을 수 있었다.

상담을 시작하고 한 해쯤 지나 내밀한 대화가 많이 오갔을 때쯤, 어느 날 대기실로 향하는 문을 열었더니 그레이스가 볼에 마스카라가 흘러내리는 채로 힘껏 소리를 죽여 울고 있었다. 상담실로 들어오더니

---

[*] 타인과 정서적인 연결감을 유지하면서도 자기만의 독립적인 감정과 생각을 이어가는 것.

의자에 털썩 앉았다.

"우리 어젯밤에 헤어졌어요." 슬픔에 겨워 더듬거리면서 말했다. "너무 슬퍼요!"

그레이스는 적어도 20분 동안 계속 울면서 무슨 일이 있었는지, 스테이시와 무슨 이야기를 했는지 전부 털어놓았다. 하지만 잠시 후 눈물이 멈추고 장난스러운 웃음이 돌아왔을 때도 그레이스의 결심에는 변함이 없었다.

"이게 옳은 일이란 걸 알아요. 이제는 혼자 서고 싶어요."

✛

과거와 화해하기

"도망치고 싶었어요. 눈을 똑바로 바라볼 수가 없더라고요. 그런데 최대한 가까이 다가가고 싶은 마음도 있었어요. 이해되세요?"

대니가 그 누구에게도 털어놓은 적 없는 이야기를 했다. 아버지가 술에 취한 채로 트럭을 운전하다가 사고를 내고 입원해서 병문안을 갔다고 했다. 아버지가 술을 너무 많이 마신다는 것은 전부터 알고 있었다. 어린 시절 내내 술은 집안의 말썽거리였다. 하지만 그런 상태의 아버지, 그렇게 심하게 다친 아버지는 본 적이 없었다. 연약하고 두려워 보였다.

"아빠 얼굴에 떠오른 끔찍한 표정이 생각나요. 정말 소심하고 우울해 보였거든요." 대니는 숨을 깊이 들이쉬고 천장 한구석을 바라보았다. "병원에 누워 있는 아빠를 바라본 건 우리 모두에게 상처였어요… 적어도 저한테는."

120

대니가 이마를 문지르더니 울기 시작했다. 눈물이 조용히 볼을 타고 흘러내렸다.

"세상에, 끔찍했어요."

우리는 바로 여기에서, 전에는 한 번도 나눈 적 없는 이야기에 도달했다. 왜냐하면 이 이야기는 대니가 대학교 1학년 때 양극성 장애를 진단받게 된 사연을 담고 있기 때문이다. 입원한 아버지를 보고 며칠 지나지 않아 대니는 차로 서너 시간 걸리는 대학교로 돌아갔다. 집에 있어도 딱히 도움이 되지 않으리라는 것을 알았던 것이다. 그런데 학교생활에 문제가 생기기 시작했다.

"글쎄, 걱정을 멈출 수가 없더라고요. 아닌가? 전부 변명인 것 같기도 해요." 대니는 잠시 이야기를 멈추었다. 생각을 여과 없이 말로 쏟아내면서, 집을 떠난 후 몇 달 동안 무슨 일이 있었는지 떠올리고 있었다. 무릎 위로 몸을 굽히고는 짧게 깎아 밤송이 같은 머리를 문지르며 말했다. "그 학기 성적은 최악이었어요. 진짜예요, F를 두 개나 받았을걸요!" 대니는 부끄러운지 자신을 조롱하듯 웃었다.

그해 여름 집에 돌아간 대니는 어머니, 새아버지, 형제자매와 같이 지냈다. 어머니가 아들이 달라졌다고 몇 번씩이나 거듭해 말했던 것을 대니는 회상했다.

"방학 내내 제가 괜찮은지 확인하셨어요. '무슨 일이야, 우리 아들?' 계속 이렇게 물어보셨어요."

"정말 걱정되셨나 봐요." 나는 대니의 이야기를 곱씹었다.

"맞아요." 대니가 고개를 끄덕였다. "제가 아빠 꼴이 날까 봐 전전긍긍했던 것 같아요."

대니의 어머니는 정신과 상담을 예약했다. 그러고는 대니에게 가족력을 전부 이야기하라고 당부했다. 아버지가 알코올중독이라는 것, 최근에 병원에서 양극성 장애를 진단받았다는 것을 다 말하라고 했다. 아버지 때문에 오랫동안 고생했던 어머니는 그 진단을 통해 자신이 왜 그렇게 고생했는지 명확하게 이해하게 된 참이었다.

"처음 상담에 갔을 때, 의사가 어떤 질문을 했는지 기억나요?"

"도통 기억이 안 나요." 대니가 몸을 뒤로 기대고 말했다. "한참 전이었거든요. 하지만 질문이 많지는 않았어요. 상담 시간이 길지 않아서."

"아버지가 사고를 당하고 대니가 어떤 심정이었는지 말했어요? 그간 얼마나 걱정스러웠는지?"

"그랬을걸요? 아무 말 안 했는지도 모르겠네요. 그런데 병원에서는 아빠가 알코올중독이고 양극성 장애가 있다는 사실에 집중하는 것 같았어요. 어쩌면 상담 전에 이미 엄마가 이야기했을지도 모르죠."

"그 후에는 무슨 일이 있었나요?"

"그러니까, 그게 전부였어요. 진단을 받고, 처방전을 받았어요."

"그때 어떤 기분이 들던가요?"

"모르겠어요." 대니는 나를 바라보며 대답했다. "마음이 놓였던 것 같고." 대니는 이야기를 멈추고 한숨을 쉬었다. 무언가 거대한 것을 준비하는 듯한 모습이었다. "솔직히 말하면, 세 가지 감정을 느꼈던 것 같아요. 전부 뒤섞인 채로."

대니는 집게손가락을 들고는 머릿속에 있는 목록을 하나씩 설명하기 시작했다.

"그동안 왜 그렇게 기분이 안 좋았는지 설명할 수 있어서 마음이 놓였어요." 대니가 손가락을 하나 더 들었다. "아빠의 가장 안 좋은 점을 닮았다는 사실에 소름이 돋았어요. 그리고 세 번째." 마지막으로 약지를 들어 올렸다. "제 생각에는… 이건 진짜 광기인데… 사고 당한 아빠를 보고 심하게 걱정을 한 직후라 그런지, 다시 아빠랑 연결된 느낌이라 안도감이 들더라고요. 정신병 유전을 통한 연결이지만."

당시 대니는 열아홉 살이었으니 이 모든 것을 자기 혼자 이해하기란 버거웠을 터였다. 당시 자신이 어떤 기분이었는지 세심하게 구분해낸 것, 무슨 일이 있었는지 이해하려고 노력한 것이 대단하다고 나는 생각했다.

자기만의 정체성과 부모님(이나 형제자매, 친구, 파트너 등)의 정체성을 분리하기 위한 심리적 작업은 가능한 모든 방식으로 이루어진다. 그레이스의 경우에는 어머니와 구분하는 것이 특별히 어렵지 않았는데, 어머니의 가치관과 자신의 가치관이 극명하게 대비되는 지점을 명확히 짚어낼 수 있었기 때문이다. 하지만 자신과 친구들이, 여자 친구가 어떻게 다른지 알아내기 위해서는 더 큰 노력을 기울여야 했다. 코너의 경우에는 부모님이 아무리 반대한들 솔직하게 자기가 원하는 삶을 밝히고 그것을 추구하는 방법을 배우기 위해 오랫동안 치열하게 노력해야 했다. 대니가 해야 할 일은 달랐다. 대니의 아버지는 어떤 방식으로든 아들을 압박하고 있지 않았다. 대니가 부모님 때문에 자신의 가치관에 혼란을 느끼게 된 것도 아니었다. 사실 대니는 어머니, 새아버지, 친아버지와 정치적인 의견이 비슷한 편이고 그들의 신념 체계와 그다지 갈등을 겪지 않아 그 점에서 오히려 놀랄 만했다. 하지만 다른 수많은 퀴터라이퍼처럼 대니의 문제는 주로 자아와 정체성이라는 미묘하고 신성한 문제에 있었다. 이 경우에는 그의 양극성 장애가 문제였다. 그는 그 병을 아버지에게서 물려받아 평생 안고 가야 할 운명이었다.

대니가 양극성 장애를 진단받은 사연을 이야기한 뒤로, 우리는 남은 상담 시간 동안 대니가 그때부터 지금까지 어떤 증상을 겪었는지 짚어보았다. 나는 대니가 그 진단이 정확하다고 생각하는지 알고 싶었다.

"그때 의사가 진단에 관해 자세히 설명해줬는지 기억나요?" 나는 허벅지 위에 팔꿈치를 대고 대니 쪽으로 몸을 굽히며 질문했다.

"제가 아빠의 나쁜 유전자를 물려받았고, 신경 써서 약을 먹어야 한다고 했어요."

"아버지에게 사고가 난 후 대니가 느꼈던 슬픔이나 걱정에 관해서 누구라도 물어본 적이 있나요? 대학 때문에 처음으로 집을 떠난 건데, 적응은 잘하고 있는지 물어본 사람은 있어요?"

"없어요." 대니는 잠시 아무 말도 없었다. "없는 것 같은데요?"

나는 얼굴을 찌푸린 채로 발을 내려다보았다. 그러고는 자신을 가다듬고 다시 대니를 바라보았다. 중립을 유지하려고 애썼지만 쉽지 않았다.

"얼굴 찌푸려서 미안해요." 이제는 내가 떠오르는 말을 여과 없이 쏟아내고 있었다. "그렇게 많은 일이 일어나고 있었는데, 그걸 정리할 여유가 없었다는 게 슬퍼서요. 누군가가 대니의 이야기를 들어주거나, 아버지에게 무슨 일이 일어나고 있는 건지 궁금해할 때 대답해줬으면 얼마나 좋았을까 생각하니 속상하네요. 그리고 속을 털어놓을 사람, 적어도 털어놓으려고 시도할 수 있는 사람 대신 진단서와 약이 생겼다는 게 속상하고요."

"맞아요." 대니가 무릎 위에 놓인 자기 손을 응시하다가 나를 바라보았다. "그러면 도움이 됐을 텐데."

나는 잠시 대니를 향한, 성급하게 정신 질환을 진단받는 모든 쿼터라이퍼를 향한 보호 본능을 내려놓고 침착하려고 애썼다. 내가 느끼는 감정은 온전히 대니의 진단 때문은 아니었고, 대니는 내 좌절감을 짊어져야 할 이유가 없었다.

정신 질환은 성격이나 신체적 약점과 마찬가지로 분명 유전될 수 있다. 하지만 유전은 절대 바뀌지 않는 결론이 아니다. 쿼터라이퍼가 겪는 모든 고통스러운 순간이 부모가 겪은 아픔의 반복에 불과한 것도 아니다. 안타깝게도 정신 질환 진단은 지극히 불완전하고 주관적인 영역이다. 쿼터라이퍼의 삶은 **항상** 변화하기 마련이고, 때로는 감당하기 힘든 경험도 찾아온다. 그 결과로 나타나는 온갖 정서적 변화는 정신 질환의 발현일 **수도** 있고, 약물이 도움을 줄 수도 있다. 그러나 그저 한 사람이 자기 삶을 고민하고 삶 속의 사건을 해결하는 과정일 수도 있다.

대니는 고개를 들어 나를 보았고, 우리의 시선이 만났다. 나는 깊이 숨을 내쉬고 미소 지었다.

"제가 양극성 장애가 아니라고 생각하세요?" 호기심이 동한 대니가 나의 망설임을 질문으로 되돌려주었다.

"들어봐요." 나는 머뭇거리다가 이야기를 시작했다. "이 약물을 계속 복용할 필요가 있을지 고민해볼 필요가 있는 것 같아요. 그 진단을 받았을 때 어떤 상태였는지 이야기해준 것을 짚어보면, 당시 대니는 슬펐고, 힘들었고, 두려웠고, 외로웠고, 분명 우울했어요. 어쩌면 입원한 아버지의 모습을 보고 트라우마가 생겼을 가능성도 있고요. 하지만 아버지가 같은 진단을 받았다는 사실 외에, **대니가** 양극성 장애를 진단받아야 할 이유는 못 찾겠는데요."

"하." 대니는 잠시 아무 말이 없었다. "그렇구나… 하."

"성급하게 결론을 내리고 싶지는 않아요. 하지만 대니가 진단받은 당시에 청소년과 대학생의 양극성 장애 진단이 급증했어요. 그들에게 일어나고 있는 일을 설명하려는 시도였지요. 확실히 말씀드리면, 약물을 복용**해야 하는데** 안 하는 사람도 있어요. 진단받고 약물을 복용하면서 큰 도움을 받은 사람들도 하고많아요. 다만 대니의 과거와 현 상태에 관해 듣고 난 지금은 대니가 그중 하나인지 확신이 서지 않아요."

나는 대니가 내 의견을 어떻게 받아들이고 있는지 몰랐기에 의자에 기대고 잠시 여유를 준 후 마지막 결론을 내렸다.

"들어봐요. 사실은 **제가** 슬픈 거예요. 평생의 저주처럼 느껴질 수 있는 병, 절대 낫지 않을 것 같은 유전병을 짊어지고 독립을 시작하는 사람들을 보면."

대니는 고개를 기울인 채 나를 바라보았다. 마치 행인을 관찰하는 새처럼 왼쪽 눈으로만 나를 관찰하고 있었다.

"저주처럼 느껴지기는 해요." 대니가 말했다. 다시 고개를 바로 들고 나를 정면으로 바라보았다. "하지만, 사실이기는 하잖아요? 제 말은, 아빠한테 알코올중독, 양극성 장애가 있는 건 사실이니까."

"글쎄, 바로 여기서 **대니의 노력**이 필요한 거죠. 알코올이나 약물 문제는 분명 조심해야 해요. 가족의 병력과 취약점을 알아두는 건 모든 사람에게 유익한 일이지요. 하지만 대니는 아빠와 완전히 다른 사람이에요. 유전자에 관해 말하자면, 후성유전학 분야에서 인간의 유전자가 과거의 생각만큼 확실하게 고정된 것이 아니라는 사실을 명확하게 밝혀주고 있다고요. 우리가 어떤 환경에 있는지, 자기 자신을 어떻게 대하는지, 이런 것들은 우리가 물려받은 유전자가 실제 삶에서 발현되는 방식에 큰 영향을 미쳐요."

"음." 대니는 생각에 잠긴 듯했다. 피곤한 것 같기도 했다.

"대니가 받은 진단이 얼마나 확실한 건지, 계속 약을 먹어야 할지 고민해볼 이유가 있다고 생각해요. 마음이 내킨다면, 다른 처방 전문가와 제대로 점검하고 상담해볼 가치는 있을 거예요. 과거에 어떤 일이 일어났고 지금 대니는 어떤 사람인지 고민할 수 있는 기회를 지금 누리면 좋겠어요." 나는 잠시 이야기를 멈추었다. "이 문제를 더 파고들고 싶나요, 아니면 여기서 그만둘까요?"

"아뇨." 대니가 나를 똑바로 응시했다. "파고들고 싶어요."

나는 심리 치료사인 만큼 약물 처방에는 관여하지 않는다. 필요한 경우에는 내담자가 증상과 목표에 관해 제대로 상담할 수 있는 전문가를 추천해주려고 최선을 다할 뿐이다. 나는 가족력이나 현재 나타나는 증상에만 집중하는 것보다는 영양, 생활 방식, 과거의 트라우마, 주변 사람들의 지원을 전부 고려하는 처방 전문가와 일하기를 선호한다. 안타깝게도 정신과 상담은 대기자도 많고 보험 적용이 박하기 때문에 내 선호를 반영하기가 굉장히 어려울 때가 많다. 하지만 그날 대니는 운이 좋았다. 나는 과거에 함께 일한 적이 있어 신뢰하는 간호사의 연락처를 주었다. 두 사람은 몇 주 안으로 첫 상담을 잡을 수 있었고, 대니는 궁금했던 것을 모조리 물어보면서 자신의 상황을 전부 설명할 수 있었다. 두 사람은 바로 첫 상담에서 양극성 장애 약물을 천천히 끊자고 합의했다. 간호사는 어떻게 복용량을 줄여야 할지 정확하게 알려주었다. 그 후 우리 셋은 매주 증상 변화를 주시하고 대니의 상태가 어떤지 꼼꼼히 살펴보았다. 그리고 대니는 간호사에게 소화에 유익한 식사 습관에 관한 정보를 얻었다. 실용적이고 쓸모 있으며 문제를 미리 예방할 수 있는 정보였다. 대니는 마음을 놓을 수 있었다.

"상담실에 고양이도 있더라고요!" 대니가 활짝 웃었다. "커다란 얼룩무늬 고양이."

나도 미소로 대답했다. 편안하고 인간적인 의료적 지원을 베풀 수 있는 동료가 있어 감사한 마음이었다. 그리고 대니에게도 고마웠다. 자신이 **실제로** 아버지에게 물려받은 것과 물려받지 않은 것을 조금씩 구분하는 과정에서 기꺼이 타인의 의견을 받아들인 것이다. 적당한 지원이 있으면, 쿼터라이퍼는 부모의 상처를 극복하고 훨씬 더 많이 성장할 수 있다. 이런 일이 불가능하다는, 정신병은 변하거나 좋아질 수 없는 고정된 조건이라는 일반적인 관념은 자기반성을 방해할 뿐만 아니라 쿼터라이프의 치유와 성장에 필요한 동력을 저해할 수 있다.

대니는 처방 전문가를 만나고 매주 심리 상담을 받는 것에 더해, 아버지와도 직접적으로 교류하기로 했다. 그가 아버지에게서 물려받았다고 느끼는 것은 그저 정신 질환 진단뿐만이 아니었다. 남성성을 향한 대니의 태도는 평생 아버지를 관찰하며 학습한 결과였다. 아버지는 술을 마시고 친구들과 저질스러운 농담을 하면서 아들을 불편한 모임에 데려가려고 했고, 대니는 그런 모습을 줄곧 지켜보아야 했다. 그러나 무엇보다도 아버지의 여자 관계를 반복하지 않겠다는 결심이 있었다. 일단 아버지가 어머니에게 가한 스트레스부터 끔찍했다. 대니와 나는 해로운 남성성*에 관해, 그가 생각하는 **건강한** 남성성에 관해 많은 이야기를 나누었다. 나는 아버지와 연락을 시도하는 것도 도움이 될 수 있다고 넌지시 말했다. 대니는 어린 시절에 일어났던 사건들과 부모님의 이혼에 관해 궁금한 것이 있었고, 아버지가 보여준 남성성이 미친 악영향에 관해 이야기하고 싶었다. 사실 대니는 아버지에게 사과받고

---

* 감정 표현을 억누르거나, 지나친 경쟁심을 발휘하고 여성을 대상화하는 등 사회와 남성 자신에게 해로운 영향을 끼치는 남성성.

더 나은 미래로 나아가고 싶었다.

아버지와 대화를 시도하는 용감한 행위는 자신의 자아 감각을 아버지로부터 의식적으로 분리하기 위한 정서적 작업이었다. 목표는 아버지로부터 최대한 멀어지는 것도, "절대 아버지처럼 살지 않을 것"이라는 목표를 고집하는 것도 아니었다. 아버지와 **더 가까워**지는 것이었다. 새롭고 더 깊은 방식으로 아버지라는 사람과 그의 삶을, 그럼으로써 자기 자신을 **이해**하려는 노력이었다.

대니는 일단 아버지에게 편지를 썼다. 물어본 적 없는 것을 물어보았고 표현한 적 없는 것을 표현했다. 아버지가 과연 답장을 할지도 알 수 없었다. 하지만 어느 날 오후, 상담실에 도착한 대니의 손에는 아버지의 편지가 들려 있었다. 놀라울 정도로 충실하고 깊은 고민이 담긴 답장이었다. 알고 보니 아버지도 오랫동안 심리 상담을 받고 있었다. 대니는 그 사실뿐만 아니라 아버지의 삶에 관해 정말 많은 것을 배우게 되었다. 마침내 두 사람은 통화를 시작했다. 대화는 항상 쉽지만은 않았고, 때때로 대니는 자신의 실수와 오해도 인정해야 했다. 두 사람 모두 대화를 통해 관계를 심화하면서 사과와 용서를 주고받을 수 있었다. 그리고 각자의 삶을 분리해 두 사람 **모두** 지금 이곳의 삶에 더 온전히 집중할 수 있었으며, 과거, 트라우마, 질환을 공유하는 대신 의식적인 **관계**를 통해 마침내 서로에게 연결될 수 있었다.

÷

홀로 살아가기

"돌아가시기 몇 달 전에는 정말 즐겁게 지냈어요." 미라의 목소리는 안정적이었지만 긴장이 느껴졌다. "진단받고 얼마 지나지 않았을 때였거든요. 저는 바로 집에 돌아가서 부모님이랑 같이 엄마 진료 받는 데 함께 다녔어요."

"그러면 진단이 급작스러웠던 거군요?" 내가 물었다.

미라가 고개를 끄덕였다.

약 5년 전 미라의 어머니가 돌아가셨을 당시 상황이 어땠는지 자세히 듣고 있었다.

"네, 정말 놀랐어요. 돌아가셨을 때 쉰네 살이셨으니까. 정말이지." 미라가 고개를 돌렸다. "모든 게 정말, 정말 순식간이었어요."

미라는 멍하게 창밖의 건물과 하늘을 바라보았다. 기억이 절절하게 돌아오고 있었다.

"제 생각에는 엄마가 곧 돌아가시리란 걸 가장 먼저 깨달은 사람이 저였던 것 같아요. 의사 선생님이 이런저런 치료법에 관해 이야기해줬지만 저는 '4기'가 무슨 뜻인지 알았거든요. 병원에서 선택권은 줄수 있어도 일단 간까지 퍼지고 나면…." 미라가 말끝을 흐렸다.

미라가 시선을 내리깔았고, 감정이 격해지면서 얼굴이 붉어졌다. 티슈를 한 장 뽑더니 구겨서 손에 쥔 채로 생각에 잠겼다.

"엄마는 이기적인 생각이라곤 절대 안 하는 분이었어요." 미라는 줄곧 무릎을 내려다보며 이야기를 이어갔다. "다들 알게 됐어요. 엄마가 지난 몇 달 동안 소화가 안 돼서 고생하면서도 불평 한마디를 안 했단 걸. 우리한테 아무 말도 안 했어요. 그냥 혼자서 식습관을 바꿔 상황을 개선하려고 했죠."

나는 미라의 어머니가 강인한 사람이었고 무엇이든 혼자 해결해내는 성격이었다는 사실을 알게 되었다. 그 결과가 좋았든, 나빴든.

"솔직히, 잘 모르겠어요. 엄마가 미리 말했다 한들 상황이 달라졌을까요." 미라가 계속 이야기했다. "이미 암이 많이 퍼져 있었을 테지만, 생각만으로도 화가 나요. 엄마가 도움을 청했다면, 아빠가 엄마한테 병원에 가보라고 성화를 부렸으면 어떻게 됐을까, 생각만으로도."

나는 깨달았다. 미라가 30대 초반에 심리 상담을 받기로, 심리라는 '숙제'를 해결하기로 한 이유는 어머니를 상실한 경험이 모든 것을 바꿔놓았기 때문이었다. 상실의 슬픔은 인생을 돌아보도록 강요한다. 상실의 슬픔은 그 누구도 원하지 않는 경험이지만, 덕분에 모든 것을 새로운 관점에서 바라보게 된다. 코너와 달리 미라가 안정형으로서 쌓아온 삶은 무너지지 않았다. 미라는 과거의 속도를 줄곧 유지할 수 있었지만, 지난 5년의 삶 저변에는 상실의 여파가 남아 있었다.

"어머니가 돌아가시고 도움을 요청한 적 있어요?" 내가 물었다.

미라는 고개를 저었다.

"오랫동안 줄곧 '앞으로 전진' 상태였던 것 같아요. 엄마의 장례식에 필요한 일들을 처리하고, 슬퍼하는 아빠를 위로하고, 이제 엄마가 없으니 아빠 혼자 해결해야 하는 것들을 도와줬어요. 남동생도요. 남동생이 힘들어했거든요. 다시 삶으로 돌아갈 수 있게 도와줘야 했어요."

"할 일이 정말 많았네요."

"미칠 것 같았어요. 엄마가 돌아가신 후 2년 정도는 그냥 흐릿하기만 해요. 회사도 계속 다니고 있었거든요. 너무 슬프고 힘들어서 아프다고 말하고 결근한 적도 있어요. 하지만 대부분 그냥 회사에 다녀와서 샤워하면서 울었어요."

미라는 이렇게 털어놓고는 탁자에서 식어가던 찻잔을 집어 한 모금 마셨다.

"어머니 이야기를 더 해줄래요?"

미라는 차를 삼키고 고개를 끄덕였다.

"엄마는 저희 남매를 위해 살았어요. 그렇다고 희생만 하신 건 아니었고요. 전업주부 생활에 진심으로 만족했던 것 같아요. 요리를 좋아하고, 카드놀이도 좋아했어요. 목요일 밤이면 이모들이랑 집에서 카드놀이를 했어요. 다들 요리를 하나씩 준비해 와서 같이 먹었어요. 인도요리로. 엄마는 항상 난이랑 짜이 담당이었고요. 목요일 밤을 어찌나 좋아했는지! 밤늦도록 카드를 했어요. 아빠는 먼저 들어가서 주무셔야 했다니까요!"

미라는 추억을 떠올리며 웃음을 터뜨렸고, 나는 미라와 함께 미소 지었다. 행복한 추억이기는 해도 그 안에 깊은 고민이 자리하고 있다는 것이 분명했다.

부모가 세상을 떠났거나 상호작용이 불가능한 상태에서는 분리 작업이 사뭇 다르게 진행될 수 있다. 코너는 부모님과 의사소통하고 관계의 선을 긋는 법을 배워야 했다. 대니는 깊은 상처를 회복하고 아버지와 관계를 쌓아가는 작업에 돌입했다. 그레이스는 여자 친구와 수많은 대화를 나눴다. 반면 미라의 경우 아버지와 대화하는 것은 가능했으나 어머니와 과거를 돌아본다거나 질문을 나누는 것은 더 이상 불가능했다. 그러나 미라에게는 어머니에게 하고 싶은 말이, 보여주고 싶은 성취가 있었다.

그동안 내게 심리 상담을 받으면서 분리 작업을 진행했던 내담자 중에는 부모를 만날 수 없는 경우가 꽤 있었는데, 그 이유도 다양했다. 부모가 감옥에 갔거나, 자살했거나, 살해당한 예도 있었고, 어린 시절에 사라졌거나, 학대를 일삼아 분리 작업을 위해 그 어느 때보다 명확하게 선을 그어야 할 때도 있었다.

　부모가 세상을 떠났거나, 함께할 수 없거나, 처음부터 옆에 없었다면 분리 작업은 기억, 이야기, 부모가 남긴 물건을 통해 정체성을 발달시키는 방식으로 이루어질 수 있다. 때로는 가족에게 정보를 구하거나 다른 사람들은 무엇을 기억하는지 물어보고, 오래된 편지나 일기를 읽으면서 절박한 질문에 답을 찾고 자신의 역사에 관한 미지의 직감을 확인해야 한다. 이는 어려운 일이다. 특히 분노와 상실, 고통, 기쁨이 밀려드는 가운데서 힘들다고 토로하고, 질문을 던지고, 용서를 구할 상대가 없을 때는 더욱 어렵다. 삶의 방향을 바꾸고 싶은데 "그래도 괜찮아"라고 말해주는 사람이 없을 때도 마찬가지다. 축복을 빌어줄 사람이 없을 때, "미안하다"는 말이 절실히 듣고 싶은데 그렇게 말해줄 사람이 없을 때도 그렇다. 미라는 홀로 이런 역할을 해내야 했다. 가장 급한 일은 미라의 욕망을 옭아매고 있는 어머니의 욕망을 풀어낼 수 있도록 스스로 허락하는 것이었다.

　"엄마는 제가 다른 삶을 살기를 바랐어요." 미라는 담담한 얼굴로 나를 바라보았다.

　"무슨 말인가요?"

　"전업주부 말고 다른 삶을 살기를 바랐어요. 우리 둘만 있을 때 엄마가 몇 번 말한 적 있어요. 내가 직업이 있었으면 좋겠다고요. 엄마가 인도의 어린 신부였을 때는 그런 기회가 없었다면서요. 내가 그런 삶을, 지적인 삶을 살기를 바랐어요."

　"미라가 어떤 직업을 갖기를 원했는지 콕 집어 말하신 적 있나요?"

　"아뇨, 그런 적은 없었어요. 어떻게 보면, 가족의 공식적인 입장은 줄곧 제가 '괜찮은 인도 남자를 만나서 결혼해야 한다'는 거였어요." 미라는 강조를 위해 인도 억양을 썼다. "하지만 다른 사람들 앞에서 하는 연기 같은 거였어요. 부모님은 진보적이거든요. 특히 엄마는 제가 그런 삶을 살지 않기를 진심으로 바랐어요."

"그러면 미라가 로스쿨에 입학했을 때 어머니가 기뻐하셨겠네요."

"몹시 기뻐하셨죠. 로스쿨 졸업식에서는 엉엉 우셨어요. 좋은 성적을 받을 때마다, 상을 받을 때마다 축하해줬고요. 정말 좋은 엄마셨어요." 이제 미라는 눈물을 숨기지 않았다. 손에 쥐고 있던 티슈를 눈가로 가져갔고, 호흡이 끊어지기 시작했다.

"하지만 제가 더는 변호사 일을 하고 싶지 않다면 어쩌죠?"

미라는 가장 큰 걱정거리를 털어놓았다.

"이제 변호사 하기 싫어요?"

미라는 조용히 고개를 저으며 낮은 목소리로 말했다.

"그런 것 같아요."

"변호사가 되고 싶었던 적은 있어요?"

미라는 또 고개를 저었다.

"…없었던 것 같아요."

7장

경청

자신이 무엇을 느끼고, 원하고,

필요로 하는지 들을 수 있나요?

쿼터라이프의 두 번째 성장 기둥은 '경청'이다. 더는 유익하지 않은 관계와 관점으로부터 분리할 수 있도록 용기와 능력을 길러야 한다. 이에 더해 자신에게 귀 기울이는 법을 배우고 내면에서 들리는 이야기를 진지하게 고민해야 한다. 경청하는 법을 배운다는 것은 직감, 느낌, 신체 감각, 우연, 침묵, 꿈을 비롯한 온갖 비언어적 정보를 인식하고 이해하는 것을 의미한다. 우리 사회의 지배적인 문화는 물질적 성공과 세상에 순응하는 삶에 보상을 제공한다. 하지만 심리적으로 성숙해지려면 타고난 개성을 발달시켜야 한다. 모순적일지도 모르겠지만, 개성은 자기 자신과의 **관계**를 통해, 자신이 원하고 필요로 하는 것이 무엇인지 적절히 경청할 줄 아는 능력을 통해 연마되는 것이다. 이것이 자아도취라고 성급하게 판단할 사람들도 있겠지만, 경청의 목표는 자아도취와 거리가 멀다. 자신의 진실을 직시하려면 불굴의 정직성과 겸허함이 필요하고, 때로는 현실의 안정을 흩어낼지도 모르는 내면의 지침에 오롯이 헌신해야 한다.

우리는 자기 몸으로부터 배울 수 있다. 척수는 중추신경계와 연결되어 내면과 외부 세계의 관계를 조율한다. 감각은 끊임없이 외부 정보를 걸러내면서 주변 환경을 줄곧 세심하게 감지할 수 있도록 해준다. 이렇듯 몸이 제공하는 실마리를 읽어내 직감을 해독하는 법을 배우면, 자기 내면의 이야기를 경청하는 데 도움이 된다. 자신의 감각, 내면세계와 더 강하게 연결될수록, 자기만의 길을 알아내고 그 길로 가는 것이 수월해진다.

한편 경청은 일상 속의 건강과 방향감각을 기를 때 도움이 된다. 우리는 전부 '행복과 불행'을 경험하고, 때로는 경험의 정도가 몸이 실감하는 수준보다 지나쳐서 내면의 현기증을 겪듯 위험할 정도로 '도취'될 수도 있다. 혹은 납덩이를 짊어진 듯 일어서지 못하고 '가라앉을' 수도 있다. 때로는 '무질서'라든가 '방향 상실'의 감각을 느낄 수도 있다. '홍수'가 난 듯 감정이 터져 나오거나, '통제 불능'이 될까 봐 두려워지거나, '제정신을 유지'하려고 끙끙댈 수도 있다. 그러다가 기분이 좋아지면 '안정'이나 '균형감'이나 '집중력'이 생겼다고 느낀다. 타인의 말한마디나 시선이 자신을 '쓰러뜨렸'거나 '북돋아줬다'는 것을 알게 될수도 있다. 이런 감정을 느낄 때마다 무엇 때문에 그런 감정이 생겼고 다음에는 어떻게 기분 전환할 수 있을지 알아내는 법을 익힐 수 있다.

때로는 인내력과 시간을 쏟아서 이전에 '불안정'의 감각이 시작된 시기를 돌아보고 다시 느껴봐야 한다. 과거를 고민하는 과정에서 유용한 정보가 드러나는 법이다. 미래에 더욱 큰 안정감과 성취감을 얻기 위해서 무엇을 해야 할까? 어떤 경계를 설정해야 할까? 자신과 혹은 타인과 어떤 즐거운 경험을 할 수 있을까? 식습관이나 수면 습관은 어떻게 조정할 수 있을까? 이런 질문을 통해 자기 내면 상태를 인식하는 능력을 길러 기분이 위험할 정도로 붕 뜨거나 가라앉은 이유가 무엇인지 알아내면, 심리적 안녕이라는 것이 연습하고 개선할 수 있는 **실천**의 영역이라는 사실을 깨닫고 더욱 노력할 수 있다. 그리고 자신은 기분의 희생자가 될 수밖에 없으며 타인에게 의지해야만 해답을 찾을 수 있다는 생각을 버리게 된다.

동화 속에서 경청하는 능력은 종종 영웅과 다른 인물을 구분하는 지표가 된다. 저주받은 개들이 짖으면, 영웅은 아무도 이해하지 못하는 그 속의 비밀 이야기를 알아듣고 개들을 해방해줄 방법을 알아내게 된다. 그렇게 개들이 수백 년 동안 지키던 보물을 얻어내게 된다. 또 영웅은 불가능한 과제가 주어져 끙끙대고 있을 때 새들이 날아와 도와주려 하면 환영한다. 두렵다고, 짜증스럽다고 쫓아내지 않는다. 이런 장면은 영웅의 노력이나 의지, 용기가 아닌 열린 마음을 시험하는 것이다. 영웅은 이야기하는 동물을 경청하는가, 아니면 조롱하는가? 총총 기어가는 개미의 도움을 받아들이는가, 아니면 밟아 죽이는가? 영웅에게 비합리성과 비논리 뒤에 숨겨진 지혜를 찾아낼 능력이 있는가, 이런 이야기들이 던지는 질문은 바로 이것이다.

자기 내면을 경청하는 행위의 목적은 방향감각을 얻고 직감을 회복하는 것이다. 마치 〈스타워즈〉의 루크 스카이워커가 포스 사용법을 연습하고 또 연습하는 것과 같다. 이 신비롭고 항상 존재하는 **다른 무언가**와 연결된 루크는 머릿속의 지식을 넘어서는 지식을 신뢰하는 법을 배우게 된다. 그 두 종류의 지식이 맺고 있는 관계, 본능과 합리적인 지식의 결합이야말로 제다이가 가진 힘과 지혜의 원천이다. 이런 신비로운 이야기는 독립적인 삶, 즉 권위에 복종하는 방식이 아닌 분별력과 자기 이해와 자기 존중을 바탕으로 결정을 내리는 삶을 시작할 수 있도록 안내해준다. 이런 작업은 나약하거나 '예민하다'고 폄하될 수 있으나 사실은 굉장한 용기가 필요한 것이다.

자기 자신의 이야기를 경청함으로써 얻어낼 수 있는 지식은 지배적인 문화가 요구하는 것과 정반대로 작동한다. 원주민이나 젠더퀴어[*]의 지식과 비슷한 면도 있다. 자기 자신에게 제대로 귀를 기울이려면 자아에게 겸손함을 가르치고, 때로는 가부장제와 백인 우월주의 문화에서 "미신"이나 "마녀" 같다고 간주하는 것도 받아들여야 한다. 실제로 경청하는 법을 배우는 과정에 점성술, 타로, 역점 같은 점술이나 영적, 종교적 의식이 포함될 수도 있다. 땅, 동물, 식물과 더 단단한 관계를 다져야 할 수도 있다. 일기 쓰기, 꿈 기록, 적극적인 상상, 명상 같은 활동이 도움이 될 수도 있다. 단순히 혼자 있는 시간을 늘리는 것도 도움이 된다. 때로는 외부의 소음을 줄여야 한다. 남들과 어울리는 시간을 줄이고, 기술과 단절하고, 수면 시간을 늘리고, 트라우마와 중독을 치유해야 한다. 트라우마와 중독은 욕구를 느끼고 표현하는 능력을 망가뜨리고 의식을 흐려놓기 때문이다. 어떤 방법을 택하든, 결국 이런 활동은 안테나를 세워서 과거에 쉽게 감각하지 못했던 자기 삶에 관해 더 많은 정보를 수신하는 행위라고 생각한다.

하지만 경청은 그저 맹목적인 믿음이 아닌 **분별력**을 요구한다. 분별력은 '제대로 판단할 수 있는 능력' 혹은 '어떤 것의 특성을 옳게 판

---

[*] 남성과 여성이라는 이분법적 성별 규범에 반대해, 자신의 정체성을 둘 중 하나로 한정하지 않는 사람. 시스젠더가 아닌 모든 성별 정체성을 포괄하는 용어로 쓰이기도 한다.

단하고 그런 판단력을 보여줄 수 있는 능력'으로 정의된다. 분별력은 자기 자신을 든든한 거름망으로 사용할 수 있는 능력이다. 때로는 반문화적 신념과 실천에 전념하는 집단이나 운동도 지배 문화만큼이나 자기 내면을 경청하는 작업에 악영향을 줄 수 있다.

경청으로 얻을 수 있는 궁극적인 효과는 결정 과정을 단순하게 만들어준다는 것이다. 종종 쿼터라이퍼는 자신이 누구인지, 무엇에 귀 기울여야 하는지 모르기에 결정을 내려야 할 때 얼어버리고는 한다. 심리적 성숙의 바탕, 그리고 성숙한 사람으로 이루어진 건강한 사회의 바탕에는 자기 자신을 위해 생각하는 능력, 주변 사람의 관점과 거리를 둔 채 스스로 '옳은 것'과 '그른 것'을 분별하는 능력이 있다. 이것은 자신을 신뢰하는 능력이다. 끊임없는 도전과 실수를 통해 안간힘을 쓰거나 지나치게 고민하는 일 없이 내면의 신호를 알아채는 법을 깨우쳤다면, 최종 목표를 달성한 것이다. 제다이가 포스를 느끼게 된 것처럼.

⸙

트라우마 치유하기

"선생님은 그게 제가 잠을 못 자는 이유라고 생각하세요?"

그레이스가 자기만의 원룸으로 이사 가고 벌써 몇 달이 흘렀다. 혼자 살기로 한 결정에 만족하고 있었고, 자기만의 시간을 갖게 되어 여러모로 편안함을 느꼈다. 하지만 여전히 잠을 설쳤다. 밤에 혼자 있는 것이 힘들었다. 우리는 그레이스의 트라우마 역사에 더 깊이 파고들었다. 20년 동안 이어진 스트레스가 사라지지 않고 불면증의 원인으로 작용하고 있는 것은 아닐지 궁금했다.

"제 생각에 그레이스의 어린 시절은 여러 이유로 정말 두렵고 힘들었던 것 같아요." 나는 그레이스의 과거 이야기를 복기하며 불면증에 관한 질문에 답했다. "몸이 언제 긴장을 풀어야 할지 모를 거예요. 어떻게 긴장을 풀어야 하는지 모를 수도 있고요."

그레이스는 내가 한 이야기를 곱씹었으나 동의하지 않는 듯했다.

"하지만 그런 걸 겪은 사람은 저 말고도 많지 않나요? 두려움 속에서 어린 시절을 보낸 사람들은 많잖아요."

나는 고개를 끄덕였다.

"정말 많죠."

"그럼 저는 뭐가 문제인 거예요?"

"글쎄, 천 명의 아이가 고통받고 있다고 해서 한 아이의 외로움과 고통이 없어지는 건 아니잖아요?"

그레이스가 고개를 끄덕이며 의자에 앉은 자세를 바꾸었다.

"우리가 살고 있는 세상은 정말 엉망진창이에요."

그레이스는 씁쓸한 좌절감에 눈을 찌푸린 채로 신발을 벗고 양말 신은 발을 의자 위에 올렸다.

"어쩌면." 그레이스는 잠시 이야기를 멈추고 생각을 정리했다. "그러니까, 제 말은, 선생님 말씀이 이해는 돼요. 그런데 그렇게 심하지는 않았거든요!"

"그레이스의 어린 시절이요?"

"네! 뭐, 전쟁이 터지거나 그런 건 아니니까."

"그렇군요."

"글쎄요, 누구나 힘든 일을 겪지 않나요?"

심리 치료사는 내담자의 트라우마 역사를 파고들 때 이런 식의 모호한 저항에 맞닥뜨리고는 한다. 사람은 대부분 자신의 고통을 인정하는 데 어려움을 겪는다. 다른 사람과 비교를 해서 그런 것일지도 모르겠다. "더 힘들 수도 있었지"하는 식으로, 상처받았을 때 방어 체계가 작동한 결과다. 반면 과거의 트라우마를 직면하면 타인에게 나약해 보일까 봐, 혹은 스스로 나약해진 기분을 느낄까 봐 외면하려고 하는 쿼터라이퍼도 있다.

"ACE 설문지에 관해 들어봤어요? 'ACE'는 '아동기 부정적 경험 Adverse Childhood Experiences'이라는 뜻이에요."

그레이스가 고개를 저었다.

"아뇨. 들어본 적 없어요."

"짧고 간단한 설문지인데, 자라면서 얼마나 스트레스를 많이 받았는지 알아보는 거예요."

그레이스의 눈이 휘둥그레졌다.

"지금 저랑 해볼래요?"

"네." 그레이스는 왼쪽 어깨를 으쓱해 귀에 붙인 채로 대답했다.

나는 질문 열 개가 적힌 설문지를 꺼내 하나씩 그레이스에게 읽어주면서 답변을 작성했다.

"열여덟 살이 되기 전에 같이 사는 부모나 다른 성인이 당신에게 욕을 하거나, 모욕하거나, 무시하거나, 창피를 준 경험이 가끔 혹은 자주 있었습니까? 신체적 고통을 가할 것 같아 두려워지는 행동을 한 적이 있었습니까?"

"잠깐만요, 처음 부분 다시 말해주실래요?" 호기심이 동한 그레이스가 발을 바닥에 내린 채 똑바로 앉아 집중하고 있었다.

"열여덟 살이 되기 전에 같이 사는 부모 혹은 다른 성인이 당신에게 욕을 하거나, 모욕하거나, 무시하거나, 창피를 준 경험이 가끔 혹은 자주 있었습니까?"

"하!" 그레이스가 웃음을 터뜨렸다. "그랬죠…." 곧 노래를 시작할 것처럼 말꼬리를 길게 늘였다. "네. 항상 그랬죠." 또 깔깔 웃기 시작했다. "아, 이거 쉬운데!"

그레이스는 차례차례 질문에 답변하면서 점차 차분해지다가 고민에 빠졌다.

"가족 구성원 중에 우울하거나, 정신 질환이 있거나, 자살을 시도한 사람이 있습니까?"

"네."

"가족이 서로를 돌봐주지 않는다거나, 응원해주지 않는다거나, 사이가 가깝지 않다고 느낀 경험이 가끔 혹은 자주 있었습니까?"

"네. 그랬던 것 같아요. 네, 맞아요."

그레이스는 그다음에 이어진 질문에도 몇 번 더 "네"라고 답했다. 다 끝냈을 때 그레이스의 ACE 점수는 10점 만점 중 7점이었다. 점수가 높을수록 아동기가 "부정적"이었다는 뜻이다.

ACE라는 간단하고 곡해의 여지가 없는 정량적 설문지를 통해, 그레이스는 자신의 어린 시절이 얼마나 고통스러웠는지 직접 확인할 수 있었다. 군말이나 방어적인 설명을 덧붙일 필요가 없었다. 그레이스가 "그렇게 심하지는 않았어요!"라고 주장하고 싶을 때마다, 우리는 "그렇게 심한" 것이 무엇인지 천천히, 때로는 장난스럽고 때로는 진지하게 분석해볼 수 있었다. 그레이스의 ACE 점수가 7이고, 다른 사람이나 동물이 자신과 똑같은 어린 시절을 겪는 것은 꿈에서라도 바라지 않는 상황에서, 그렇게 심하지는 않았다는 말이 무슨 뜻일지 고민하는 것이다.

기꺼이 받아들이기 힘든 현실이었지만 그레이스의 어린 시절은 혼란과 불확실성으로 가득했고, 그 결과 해결해야 할 애착 트라우마가 겹겹이 쌓여 있었다.

그레이스는 아동기 초기부터 트라우마 반응인 '경직 상태'[*]에 갇혀 있었다. 그레이스가 학교에서 힘들어하고 진로를 계획하지 못한 것도 원래 성격이 그렇기 때문이 아니라 오랫동안 혼자 마음속에 쌓아둔 슬픔과 두려움 때문이었다. 사실 그레이스는 굉장한 회복력을 발휘해 트라우마를 제대로 해결하지 않고도 살아남는 법을, 홀로 성장하는 법을 배웠다. 하지만 어린 시절을 지탱해준 회복력은 쿼터라이프에 쇠약해지기도 한다. 본능적인 방어력이 힘을 잃으면서 과거에 묻어두었던 온갖 증상들이 나타나는 것이다. 만성적인 스트레스와 트라우마 역사가 있는 경우, 쿼터라이프 초반의 몇 년은 거센 급류에 뛰어들어 헤엄을 치려고 애쓰는 것처럼 느껴질 수 있다. 버거워도 줄곧 힘을 낼 수 있다. 하지만 시간이 지나면 어쩔 수 없이 피로가 쌓인다. 많은 쿼터라이퍼는 '경직 상태'에서 영웅적인 회복력을 유지하지만, 끊임없이 흐르는 삶 속에서 점차 지치고 만다. 회복력이 바닥나고, 그 밑에 있는 겹겹의 절망과 공포가 드러난다. 곧 휩쓸려 떠내려갈지도 모른다. 대단하든 미미하든 트라우마 역사가 남아 있다면, 자기 내면을 경청하는 법을 배우는 과정에서 트라우마 치유가 핵심이 되어야 한다. 해묵은 트라우마와 해로운 패턴의 목소리가 본능과 욕구가 내는 믿음직한 목소리와 싸우려 할 것이기 때문이다. 본능과 욕구에 관한 정보를 내부에서 해석하고

---

[*]　충격적인 사건을 겪었을 때, 언제든 도망가거나 싸우기 위해 근육의 긴장이 극도로 높아져 굳어지는 상태.

이해하기 위해 노력해야 한다. 쿼터라이프 내내 물살을 거슬러 올라가는 것처럼 줄곧 힘겨울 필요는 없기 때문이다.

그레이스와 같은 의미형은 감각 정보와 직감에 예민하기 때문에 쉽게 지칠 수 있으므로, 경청에는 **무엇을** 경청할지 구분하는 행위가 포함된다. 약물이나 알코올의 도움으로 과도한 감각 정보를 무디게 하는 사람들도 있다. 그레이스가 마리화나를 이용해 잠들던 것과 비슷하다. 때때로 그레이스는 감각 정보에 파묻혀 집중력을 유지하기가 힘들었다. 공연을 마친 꼭두각시 인형처럼 매주 무너지기 일쑤였다. 그레이스가 경청을 통해 자기 자신과 자신의 욕구를 알아낼 수 있으려면 무엇보다도 내면의 침묵과 여유를 확보해야 했다.

"어렸을 때 겪었던 공황 발작이 기억나요." 그레이스가 속 이야기를 털어놓았다. "다만 그때는 그걸 뭐라고 부르는지 몰랐지요."

그레이스는 끔찍하다는 듯 혀를 내두르더니 의자에 앉은 몸을 꿈틀거렸다. 무릎을 가슴에 꼭 끌어안았고, 다리를 덮는 긴 흰색 양말이 내 쪽을 향하고 있었다.

"도무지 믿기지가…" 잠시 그레이스가 입을 다물었다. "솔직히, 도무지 믿기지가 않아요, 그런 걸 견뎌냈다는 게. 정말 끔찍했어요, 공황발작은. 그리고 정말 자주 일어났어요. 엄마는 그걸 '그레이스의 엄살'이라고 불렀어요. 방문을 쾅 닫아버리고 반대쪽에 있는 저를 외면했어요."

"그때 몇 살이었어요?" 내가 물었다.

"아빠가 떠나고 엄마랑 둘이서 이사한 다음부터 그랬던 것 같은데, 정말 심각해진 건 고등학교에 다닐 때였어요. 자퇴하기 전에요. 열네 살이었나? 열다섯 살?"

"학교에서 무슨 일이 있었나요?"

"음…."

그레이스는 고등학교 시절의 이야기를 털어놓았다. 갓 청소년이 되었을 때, 아이들이 자신을 성적으로 문란하다고 마음대로 단정 짓고는 끊임없이 망신을 줬다고 말했다.

고등학교에 들어가면 학생들 대부분에게 성적 욕망이라는 새로운 화두가 등장하고 엄격한 성별 역할이 사회적 관계를 통제하기 시작하는데, 이때 여성이나 퀴어 청소년이 성차별적인 편견과 괴롭힘의 대상이 되는 것은 굉장히 흔한 일이다. 나는 주기적으로 내담자들로부터 이와 비슷한 이야기를 듣는다. 남성의 경우, 남성 집단 특유의 허세에 보조를 맞추느라 피로를 느끼거나, 자기 행동을 부끄러워하거나, 수치심 때문에 스스로를 괴롭히기도 했다.

그레이스가 경험한 조롱은 심각했다. 학교에서 겪은 괴롭힘 때문에 한 차례 자살을 시도한 후에야 자신을 지키기 위해 자퇴를 결심했다.

"어떤 남자애랑 데이트하던 중에 키스했는데, 그다음에 또 데이트 신청을 하기에 거절했거든요. 아마 그 남자애가 저에 관한 소문을 퍼뜨린 것 같아요. 그 애를 진심으로 좋아하지 않았거든요, 이해하시죠? 하지만 제가 남자를 좋아하기는 하는지 알아보고 싶었어요."

그레이스는 자신이 여자한테 끌린다는 걸 눈치챘지만, 그런 끌림을 고쳐보려고 한동안 남자들과 데이트를 시도했다. 자신이 동성애자라는 것이 너무나도 부끄러웠고, 또래의 괴롭힘을 감당하기 힘들었으며, 타인과의 관계 속에서 외로움을 느꼈기에 그 모든 것을 겪으면서도 도움을 청하지 않았다. 자신을 보호해줄 사람은 아무도 없다고 생각했다. 자퇴 전후로는 공황 발작에 삶을 빼앗긴 것 같았다.

"엄마 방문 앞 바닥에, 문틈 바로 앞에 누워 있곤 했어요. 엄마에게 최대한 가까이 붙어 있으려고 그랬죠. 엄마는 저를 상대하지 않으려 했지만요. 저를 진정시킬 방법이라고는 그것밖에 생각해낼 수 없었어요. 혼자 있는 것만은 싫더라고요."

그레이스는 양팔로 무릎을 끌어안고 몸을 단단히 웅크렸다.

"나 자신이 미친 사람처럼 느껴져서 견딜 수 없었지만, 어떻게 해야 하는지 몰랐어요. 계속 눈물이 흐르는데 멈출 수가 없더라고요. 항상 죽어가고 있는 기분이었어요."

"정말 힘들었겠어요." 내가 조용히 말했다.

"피부가 얼얼한데요." 나를 바라보는 그레이스의 낮은 목소리가 우리를 다시 현재로 데려왔다.

나는 피부가 얼얼하다는 말이 무슨 뜻인지 알았다.

"일어나봅시다." 내가 제안했다.

그레이스는 발을 바닥에 내려놓고 또 의자 위에서 꿈틀거렸다. 전투 태세를 갖추는 고양이처럼 어깨와 등을 동그랗게 말았다. 내가 일어서자 따라 일어섰다.

"저 쿠션에 주먹질을 해봐요." 나는 그레이스가 조금 전까지 기대고 있던 커다란 쿠션을 눈짓했다.

"주먹질이요?"

"네. 솔직히 말하면 상담실에 펀칭백이라도 있었으면 좋겠는데, 대충 있는 걸 사용해야지요."

그레이스는 의아한 눈으로 나를 바라보았다.

"너무 깊이 생각하지 말고요, 알았죠? 그냥 해요. 불편하지 않다면 쿠션에 화가 잔뜩 났다고 상상하고 때려보세요. 그만하라고 할 때까지 멈추지 말고요."

146

"알았어요." 그레이스는 혼란스러워하며 답했다. 깊이 숨을 들이쉬더니 무심하게 쿠션을 치기 시작했다.

"더 빨리." 내가 지시했다. "화가 난 것처럼."

우리의 상담도 벌써 한 해가 넘게 이어지고 있었다. 그레이스는 지금처럼 내가 이상한 것을 시킬 때도 날 믿었다. 그레이스가 더 빨리 주먹질하기 시작했다.

"더 세게!" 내가 지시했다.

그레이스는 세게, 더 세게 쿠션을 때리기 시작했다. 곧 이성의 머뭇거림이 사라지고 그레이스는 온전히 주먹질에 집중했다. 몸과 주먹이 빠르게 움직였고, 그 힘과 에너지가 공간에 선연했다. 그런데 갑자기 그레이스가 흐느끼기 시작했다.

눈물이 흐르면서 주먹질은 느려졌다.

"할 수 있으면 계속해요." 내가 부드럽게 일렀다. "눈물이 나도 계속 때려봐요." 앞뒤로 움직임을 반복하면서 몸의 에너지를 방출하는 행위는 감정 처리에 큰 도움이 된다. 슬픔 속에서 움직임을 지속하면 특히 유익하다.

그레이스는 줄곧 쿠션에 주먹질하다가 바닥에 쓰러져 엉엉 울었고, 나는 옆에 무릎을 꿇고 앉았다. 울고 또 우는 그레이스의 등에 손을 올렸다.

"실컷 울어요." 내가 가만히 제안했다. "참을 필요 없어요."

몇 분 후 그레이스는 눈물을 닦고 티슈 뭉치로 코를 풀었다. 우리는 다시 의자에 앉아 아무 말 없이 서로를 바라보았다.

"방금 뭐였죠?" 그레이스는 난데없이 나타난 듯한 감정에 놀라 내게 물었다.

"트라우마 해소법이에요. 너무 오랫동안 그레이스의 목과 어깨에 '싸움' 에너지가 뭉쳐 있었어요. 분명 고등학교 때 그레이스를 괴롭히던 아이들을 신나게 두들겨 패주고 싶었을 테지만 그러지 못했죠. 그래서 그 에너지가 전부 거기에, 그레이스의 몸 안에 갇혀 있었던 거예요."

그레이스가 웃으면서 한 번 더 코를 풀었다.

"그런 자기방어 에너지는 사용하지 않으면 근육에 갇히고 말아요. 더는 트라우마를 짊어지고 살지 않을 수 있도록 몸에 쌓인 트라우마를 해소하는 방법을 알려주는 훌륭한 연구가 많아요."

"우아. 그렇구나. 저, 있잖아요." 그레이스가 지쳐버린 채로 날 올려다보았다. "저 피곤해요. 완전히 녹초가 됐어요."

"분명 그럴 거예요. 바로 집에 가서 낮잠을 자면 어떨까요?"

그레이스가 고개를 끄덕였다.

"집에 가서 물을 많이 마시고 푹 자요. 오늘은 술이나 약물, 휴대폰을 멀리하도록 해요. 많은 걸 내보냈으니, 전부 소화해낼 수 있도록 자신에게 여유를 줘야 해요."

"네." 그레이스가 고개를 끄덕였다. "세상에, 그래도 기분이 좋았어요."

"분명 그랬을 거예요." 나는 그레이스의 얼굴에 떠오른 안도감을 바라보며 미소 지었다.

내가 상담에서 사용하는 트라우마 치유법은 여러 치료사의 작업을 다양하게 변형한 것이다. 이를테면 프랜신 샤피로의 EMDR[*], 피터

[*] 정식 이름은 안구운동 민감소실 및 재처리 요법Eye Movement Desensitization and Reprocessing. 트라우마로 남은 기억을 떠올리는 동시에 눈을 좌우로 움직이거

레빈Peter Levine의 '신체 경험법'[*]을 비롯해 베설 판데르콜크, 레즈마 메너켐, 주디스 루이스 허먼, 스티븐 포저스, 가보 마테 등 잘 알려지지 않은 수많은 연구자를 참고하고 있다.

　　때때로 그레이스와 나는 탱탱볼이나 그레이스가 입고 있던 맨투맨 셔츠 같은 것을 활용하기도 했다. 그레이스가 앉아 있으면 양쪽 주먹을 번갈아 꼭 쥐어보라고 했다. 마치 고양이가 잠자리에 들기 전에 담요를 꾹꾹 누르는 것처럼 어깨와 팔을 활성화해서 긴장을 풀어주는 방법이다. 그레이스는 때로는 빠르게, 때로는 느리게 움직이면서 점점 더 능숙하게 자기만의 리듬을 찾아냈고, 오늘처럼 일어서서 쿠션에 주먹질하기도 했다. 항상 큰 효과가 있는 것은 아니었지만 보통 진정 효과를 발휘했다. 또한 나는 그레이스의 다리에 갇힌 "도망" 에너지에 도움을 주기 위해서 요가의 '말 자세'를 가르쳐주었다. 등을 곧게 펴고 무릎을 굽힌 모습이 말 타는 것과 비슷한 자세였다. 생각이 너무 많거나 불안해지면 언제든 안정감을 되찾을 수 있도록 혼자 시도할 수 있는 방법을 알려주고 싶었다. 말 자세는 가슴과 어깨에 뭉친 불안을 코어, 허벅지, 발로 전달해, 강한 에너지를 더 효과적으로 처리하고 해방했다. 언제든 방금처럼 슬픔과 불안과 답답한 분노 때문에 얼얼한 감각이 느껴질 때면 몸으로 그 감각을 **털어내라**고, 나는 그레이스에게 일러두었다. 몸 중심 심리 트라우마 치유의 선도적 전문가인 피터 레빈은 특히 포유류에게 몸을 **털거나** 떠는 행위가 트라우마를 해방하는 자연스러

나 몸 양쪽을 두드리는 등 단순한 움직임을 반복함으로써 고통을 줄여주는 요법이다.

[*] 과거의 신체적 경험을 기억해내면서 트라우마를 치료하는 요법.

운 방식이라는 사실을 발견했다. 인간은 부끄럽거나 의아하거나 두려울 때 감정을 털어내는 자연스러운 본능을 억압하는 경향이 있다. 하지만 그런 처리법은 간단하고 본능적이며, 몸이 전투나 도피, 경직 상태에 묶이는 것을 방지하기 위해 활용할 수 있는 방법이다.

그레이스는 부지런히 자신을 돌보았다. 그가 치유해야 했던 모든 것을 고려해보면 참 다행이었다. 자기 근육과 피부에 묻힌 몸과 무의식적 기억(여기에는 회복력의 기억도 포함된다)에 집중하는 법을 그레이스에게 가르쳐주고 싶었다. 우리의 목표는 그레이스를 압도했던 기억, 해소되지 못한 채 방치된 기억을 적절한 곳으로 옮겨서, 여느 기억과 경험처럼 수면과 꿈을 통해 '소화'할 수 있게 해주는 것이었다. 방치된 기억을 싸워 이겨야 할 해로운 침입자로 받아들이기보다는 일종의 음식 같은 것으로 받아들여서 영양소를 흡수하고 찌꺼기를 배출할 수도 있다. 사실 그런 기억은 그레이스를 더 강하게 만들어줄 터였다. 어린 시절의 혼란을 풍부한 정서와 창의력이라는 황금으로 바꾸는 것이 그레이스가 해낼 연금술이었다. 낭만적으로만 바라볼 작업은 아니지만 진행될수록 아주 강력한 힘을 발휘할 테니까.

"트라우마는 지상의 지옥처럼 느껴지고는 하지만, 해소한 트라우마는 신의 선물이 될 수도 있다." 피터 레빈의 문장이다. 내 생각에 트라우마 중심의 심리 치료를 포함해 일반적인 심리 치료 역시 상처로부터 온전히 벗어나서 현실 세계에서 자유와 독립성을, 무엇보다 **기쁨**을 **체험**하는 것에 목표를 두어야 한다. 그레이스를 포함한 수많은 의미형에게 이는 현실 세계가 자신을 품어줄 수 있을 정도로 안전하다는 믿음을 다지는 과정이다.

시간이 지나면서 그레이스는 수면의 질이 높아졌다. 새로운 방식의 자기 돌봄을 강조하기 시작했다. 특히 자기 내면에 귀를 기울임으로써, 친구들과 시간을 보내는 대신 혼자 있어야 할 때가 언제인지 알아내는 법을 연습하기 시작했다. 주변 사람들을 알뜰살뜰 챙기는 사람, 혼자 있는 것을 싫어하는 사람에게는 어려운 일이었다.

"그리고 요즘에는 매일 적어도 한 시간씩 걷고 있어요." 그레이스가 최근 주별 일과에 생긴 변화를 알려주었다. "마음에 큰 안정이 돼요. 음악을 들으려고 휴대폰을 챙길 때도 있는데, 알림은 다 꺼놔요. 방해받기 싫어서." 그레이스는 외로움을 느끼지 않고 혼자 있는 법을 연습하고 있었다.

"정말 멋진데요. 마음이 편안해지겠어요."

"맞아요. 정말 편안해져요. 계속 걷지만은 않아요. 때로는 주택 마당에 있는 꽃을 보거나 지나가는 강아지한테 말을 걸기도 해요." 그레이스가 키득거렸다. "집 주변의 교회 옆에 있는 공원에 누워서 나무를 빤히 바라볼 때도 있고요."

그레이스가 풀밭에 누워서 자기만의 시간을 즐기고 있는 모습을 그려보니 행복해졌다.

"참 좋네요." 내가 미소를 지었다.

✢

또 다른 나의 이야기를 듣기

"정말 웃긴다니까. 오랫동안 제가 동생 같지 않아서 다행이라고 생각했는데, 이제는 동생처럼 변할 것 같아 겁이 나요." 미라는 입술 안쪽을 씹으면서 창밖을 바라보았다. 소나기가 퍼붓고 있었다.

"더 이야기해주세요. 아직 남동생에 관해 아는 게 없네요."

"동생은 정말 똑똑한데, 무슨 일이든 진득하게 하질 못해요. 아빠는 항상 동생 때문에 걱정이 많아요. 사실 저도 마찬가지인데… 전부터 동생이 정신 좀 차렸으면 좋겠다고 생각했어요." 미라는 화가 난 듯한 얼굴이었다.

"지금은요?"

미라는 깊은 고민에 빠졌다.

"지금은 전보다 동생에게 '공감'하고 있달까요…." 미라는 줄곧 내리는 비를 응시했다. 이 모든 것이 고민스러운 것 같았다.

분명 미라와 남동생은 흔하게 볼 수 있는 성격 조합의 형제자매였다. 한 명은 안정형, 한 명은 의미형이었다. 이런 형제자매는 흔히 성장기 동안, 나아가 평생 서로를 조롱하고, 판단하고, 부러워한다. 한쪽은 벽돌로 보호벽을 세우고, 불을 보관하기 위해 튼튼한 난로를 짓는다. 그리고 한쪽은 위험하든 말든 불꽃의 온기를 느끼려고 한다. 전자는 냉정하지만 체계적으로 보일 수 있고, 후자는 열정적이지만 어리석다는 인상을 줄 수 있다. 물론 가족에 따라 구체적인 양상은 다르겠지만, 이런 양극화 현상은 모든 가정에 존재한다. 저소득 가정부터 중산층 가정까지, 전에 살펴본 것처럼 영국 왕실의 형제자매도 마찬가지다.

안정형이 의미형 형제자매를 깔보거나 걱정스러워하는 것은 드문 일이 아니다. 꾸준히 한 직장에 다니지 못하거나 한 파트너와 관계를 이어가지 못하는 의미형 형제자매를 보면서 걱정을 거듭하고, 그와 동시에 자신은 그렇게 "고장 났"거나 "남부끄럽"거나 "정신 나갔다"고 묘사할 만한 사람이 되지 않겠다고 굳게 결심하기도 한다. 그 결과 미라 같은 안정형은 그런 혼란으로부터 자신을 보호하기 위해 벽을 쌓아 올리다가, 어느 날 깨닫는 것이다. 그간 쌓아온 벽이 다름 아닌 자기 자신을 가두고 있다는 사실을. 외롭고, 지루하고, 그동안 안정을 위해 부단히 노력하면서 꿈꿨던 명확한 삶의 감각을 느끼지 못하는 것이다. 바로 이때 의미형 형제자매의 지향에 어떤 가치가 있는지 깨닫기 시작한다. 위험을 감수할 줄 아는 능력, 타인의 의견에 개의치 않을 수 있는 능력이 부러워진다. 미라는 동생을 떠올리면서 동생의 괴상한 행동에도 의미가 있는 것은 아닐까 고민하기 시작했다.

"지금은 이해해요. 동생은 어린 시절 우리에게 결핍된 것을 추구했던 거예요." 미라가 계속 말했다. "저는 부모님이 우리 남매에게 원했던 것을 이루려고 노력했고, 저처럼 노력하지 않는 동생을 깔보았어요. 의식적으로 그런 건 아니에요. 하지만 이제 깨달았어요. 동생은 자신이 누구인지 알아내려고 노력하고 있었던 거예요. 자신이 뭘 좋아하는지 알아내려고요."

미라가 이 생각에 파고드는 동안, 나는 집중해서 그 이야기를 들었다.

"어쩌면 그동안 동생의 자유로운 삶을 보면서 억울했던 걸까요? 그렇게 체계 없이 산다고 생각하면 두려웠어요. 동생은 믿는 게 있었어요. 신념이 있었죠. 물론 항상 옳았던 건 아니지만." 미라가 눈을 굴렸다.

나는 미소 짓고 웃음을 터뜨렸다.

"하지만 동생은 아끼는 것들이 있고, 자기 마음이 가는 데로 따라갈 줄 알아요."

이야기를 듣는 동안 깨달은 사실이 있었다. 우리가 미라의 파악하기 힘든 갈망을 조금씩 이해하는 과정에서 동생이 길잡이가 되어줄 수 있었다. 동생에 관해 이야기하면서, 미라의 질서에 균형을 맞춰줄 '혼란'이나 '수수께끼'를 그려볼 수 있었다.

미라는 여전히 주당 70시간씩 일하고 있었고, 다른 열렬한 취미나 관심사는 없는 것 같았다. 사실상 유치원 때부터 자신을 몰아붙여서, 교사가 질문을 던지면 언제나 가장 먼저 손을 들고 답을 말하는 아이로 살았다. 미라는 "체계적"이었고 "무엇이든 잘하는" 사람이었다. 하지만 삶의 기반에 균열이 생기고 있었다.

당시는 미라가 상담을 시작한 지 여덟 달쯤 됐을 무렵이었다. 남편 톰에게서 고립된 느낌은 전반적으로 줄어든 상태였다. 톰이 이해하지 못하는, 심지어 존재하는지도 모르는 미라만의 세상에 갇혀 있다는 느낌이 줄어들었다. 미라가 상담에서 배운 것을 설명하기 위해 수많은 대화가 필요했지만, 전에는 남편에게 공유하지 않았던 것들에 관해 더 많이 이야기하고 있었다. 남편이 자신의 본모습을 바라보고 있다는 기분을 느꼈다고도 말했다. 전에는 느껴본 적 없는 기분이었다. 미라는 어머니의 희망 사항으로부터 분리되는 동시에 자신이 진정으로 원하는 것은 무엇인지 알아내야 했다. 이제 미라는 자신이 한순간도 변호사를 꿈꾸지 않았다는 것을 알았다. 다만 진정 원하는 것이 무엇인지는 여전히 미궁이었다.

매번 상담할 때마다 우리는 미라의 이야기를 경청하면서 그가 원하는 삶이 구체적으로 어떤 것인지 조금씩 정보를 얻어냈다. 자신의 영혼에 귀 기울이는 법을 연습하기 위해 실제 인물, 이미지, 사상을 탐구해야 했다. 어떻게 보면 미라는 지금껏 자신의 일면을 동생이 혼자 짊어지도록 방치한 것이었다. 또 다른 자신의 목소리를 무시하고 일과 공허한 재밋거리에 전념하는 대신, 그 목소리가 똑바로 이야기할 수 있게 허락해야 했다.

미라의 동생에 관해 더 알게 된 후 나는 그 문제를 파고들기로 결심했다.

"미라가 갈 수 있었던 다른 길이 몹시 궁금한데요. 어떻게 보면 지금 동생의 삶에 깃들어 있는, 미라의 다른 면 말이에요. 그걸 함께 탐구해볼까요?"

미라가 고개를 끄덕였다.

"네."

"좋아요." 나는 몸을 돌려 내 뒤에 있던 작고 낡은 장식장에서 종이와 펜을 꺼냈다. "그림을 그려볼래요?"

미라는 또 고개를 끄덕이고는 내가 들고 있던 펜과 종이를 향해 손을 뻗었다.

"일단 사람을 두 명 그려보세요. 막대 모양으로 단순하게, 종이 양쪽에 하나씩요."

"막대 인간만 그리면 돼요?"

"네, 일단 간단하게 시작해볼게요." 내가 답했다. "지금부터 질문을 잔뜩 할 테니까, 그 대답으로 남은 공간을 채우면 돼요."

미라는 청록색 펜을 집어 종이 오른쪽과 왼쪽에 막대 인간을 하나씩 그렸다.

"네, 좋아요. 지금부터, 전에 함께 이야기했던 미라의 두 가지 측면을 느긋하게 느껴보는 거예요." 내가 말했다. "푹 빠져들어보세요. 제가 이해하는 바로는, 일단 사람들이 아는 미라가 있어요. 변호사이자 한 남자의 아내이지요. 그리고 제가 지금도 알아가고 있는 또 다른 미라가 있어요. 이를테면 여행을 즐기고 서핑을 즐기던 독신 여성, 어쩌면 미라의 동생을 닮은 여성이에요."

종이를 바라보는 미라는 이미 머릿속에 아이디어가 가득한 것 같았다. 나는 오히려 미라에게 방해가 되는 것 아닐까 조바심을 느끼며 설명을 덧붙였다.

"미라의 두 가지 측면에 막대 인간을 하나씩 할당한 후 각각의 미라가 어떤 사람인지 설명을 적어보세요."

미라는 볼 안쪽을 깨물고 종이를 응시하다가 고개를 숙인 채 설명을 적기 시작했다.

"글만 적는 건가요?" 미라가 다시 나를 올려다보았다. "설명만요?"

"맞아요, 글만. 내키는 말은 뭐든 적어보세요. 떠오르는 건 뭐든. 내면에 실제로 두 사람이 존재한다고 힘껏 상상해보세요. 두 미라가 어떤 옷을 입을지 생각해보세요. 직업은 무엇일지. 연애는 어떻게 할지. 어디에 살지. 두 사람이라고 상상해보세요. 실재하는, 서로 다른 사람들. 무엇이 떠오르는지 보자고요."

미라는 내 말이 끝나기도 전에 펜을 들고는 몇 분 동안 양쪽을 오가며 떠오르는 생각을 적었다. 종이에 청록색 글자가 가득했다. 때로는 손에 든 펜으로 허벅지를 톡톡 두드리며 생각에 잠기기도 했다.

"다 했어요." 미라가 펜을 놓고 나를 올려다보았다.

"좋아요. 설명을 적는 동안 깨달은 것부터 말해볼까요."

"음, 두 사람은 극명하게 달라요. 한쪽은 법률회사 변호사잖아요? 분석적이고 똑똑해요. 청구서도 제때제때 내고요, 아시죠? 안전해요. 결혼도 하고, 집도 있고요. 시장에 다녀요. 실제로 **제가** 시장에 다니는 건 아니지만, 그 미라는 그럴 것 같아요."

"아주 좋아요. 다른 미라는 어떻죠?"

"훨씬 여유로워요. 뭐랄까, 보헤미안 같아요. 도시 어딘가에 있는 옥탑방에 살고, 한낮에 바깥에서 점심을 먹어요. 겨우겨우 월세를 내고 있지만 크게 걱정하지는 않는달까? 친구가 아주 많고, 매일 그림을 그려요. 티셔츠도 없이 오버롤만 입은 채로 그림만 그려요…."

나는 눈을 크게 뜨며 덧붙였다.

"아주 멋진 사람 같네요."

"네…. 저는 옛날에 화가가 꿈이었어요." 미라가 자기 이야기를 곱씹으며 말꼬리를 흐렸다.

"**정말** 그랬어요?" 미라가 미술에 대해 언급한 것은 처음이었다.

미라가 고개를 끄덕였다.

"무슨 일이 있었던 거예요?"

"그냥, 현실적이지 않은 것 같아서 포기했어요. 그렇잖아요? 실제로 그림 그려서 먹고사는 사람이 누가 있나요?"

"지금도 그림을 그려요?"

미라가 고개를 저었다. "고등학교 시절 내내 그렸는데 대학교 때 수업 두어 개 듣고 관뒀어요. 계속 그릴 이유가 없는 것 같아서요." 미라가 잠시 이야기를 멈추었다.

나는 기다렸다.

"교수님 중 한 분이 그러시더라고요. 진지하게 그림 계속할 생각 없냐고. 그때 이후로 그림 수업은 신청하지 않았어요."

"두려웠나요?"

"네, 그랬던 것 같아요. 뭐랄까, 계속하면 발이 묶일 것 같았어요. 그림에 지나치게 빠져버린다든지, 그럴 것 같았죠. 그런 미래를 위해서는 안 된다고 생각했어요." 미라는 시선을 떨구고 자기 손을 바라보았다. 검은색 긴 생머리가 어깨 위로 흘렀다.

"하지만 그리운가 봐요." 내가 말했다.

미라의 눈에 눈물이 차올랐다. 밀려드는 감정에 놀란 모습이었다.

"네."

"정말 그리운가 보네요, 그렇죠?"

미라는 의자에 등을 기대면서 얼굴을 가리는 머리카락을 손으로 치워냈다.

미라가 감정에 얼굴을 붉히는 모습을 보고 있자니 마음이 놓였다. 눈물을 보이고 과거 이야기를 공유함으로써, 미라는 전과 다른 방식으로 나와 함께하고 있었다. 그것이 바로 미라의 불꽃, 미라가 여행에 관해 이야기할 때 엿볼 수 있었던 불꽃이었다. 이 불꽃의 열기가 미라를 세상으로부터 차단하고 자기 자신과 깊은 관계를 맺지 못하게 방해하던 얼음벽을 녹여줄 터였다. 우리는 미라의 의미가 어디에 있는지, 무엇이 미라에게 실체감과 목표를 줄 수 있는지 파악 중이었다. 미라는 경청하고 있었다.

"두 사람에게 이름을 지어줄 수 있겠어요?" 내가 미라의 종이를 바라보며 말했다.

미라는 잠시 생각하더니 각각의 막대 인간에 이름을 적었다.

"변호사는 '제니퍼'예요. 이유는 모르겠어요. 그냥 그 이름이 어울려요." 미라는 문득 떠오른 생각에 웃음을 터뜨렸다. "제니퍼는 제 백인 자아랄까요. 더 미국적이고, 교외에서 자란 것 같은 사람이에요."

"사회 적응에 필요하다고 배운 것들의 집합인 건가요?"

미라가 열렬히 고개를 끄덕였다.

"그거예요. 적응하려고 애쓰고 있어요."

"그러면 화가는요? 이름이 뭔가요?"

"화가는 미라바이예요." 미라가 대답하다가 또 얼굴을 붉혔고, 다시 입을 열 때는 울먹이기 시작했다. "우아. 너무 이상한데요! 이렇게 감정적으로 굴다니, 믿어지지 않아요!" 미라는 깊이 숨을 들이쉬었다. "어쨌든. 미라바이. 이건 가족들이 절 부르는 애칭이에요."

"미라바이." 내가 반복했다.

이제 미라는 표정도, 기분도 전과 달라 보였다. 감정이 격해진 상태였으나 전보다 훨씬 여유로워 보였다. 마침내 드러난 미라의 또 다른 자아가 나를 매혹했다. 새로운 삶의 감각이 미라의 내면에서, 우리가 있는 공간에서 펄떡이고 있었다. 우리는 전보다 편안하고 생생하게 서로의 존재를 실감했다.

"그렇다면…" 나는 잠시 입을 다물고 미라를 바라보았다. "이제 알겠죠, 미라바이가 성장할 수 있도록 돕는 것이 미라가 할 일이라는 걸?"

미라가 고개를 끄덕였다.

"이제 알겠죠, 미라바이가 성장하기 전까지는 미라도 성장할 수 없다는 걸?"

미라는 또 고개를 끄덕이고 손바닥으로 눈물을 닦아냈다.

우리는 강력하고 무거운 침묵 속에서 앉아 있었다. 무언가 굉장한 것이 진행 중이었다. 연결이 다져지고 있었다.

이런 간단한 활동을 해보면 자기 안에서 벌어진 안정과 의미 사이의 내전을 생생히 실감할 수 있다. 긴장감이 심한 안정형은 경청해야 할 내부의 정보를 찾는 것이 힘들 수 있는데, 이럴 때는 미라가 했던 것과 비슷한 활동이 큰 도움이 된다. 이와 비슷하게 MBTI, 에니어그램,

별자리 등 다양한 유형 분류 성격 테스트를 통해 다양한 각도에서 자신을 탐구할 수 있다. 이런 활동의 목표는 언제나 똑같다. 분별력을 발휘해 생성된 정보를 경청하는 것, 주어진 관점을 통째로 수용하는 것이 아니라 그중에서 자신의 진실과 거짓을 가려내는 것이다.

나는 시계를 흘끗 바라보았다.

"오늘 상담을 마치기 전에 하나만 더 시도해볼까요?" 내가 미라에게 물었다. 우리가 상황의 본질을 포착했다는 확신을 얻고 싶었다.

미라는 나를 바라보며 고개를 끄덕였다.

"원을 두 개 그려보세요. 간단한 원그래프 두 개를 그릴 거예요. 첫 번째 원 위에 '현재'라고 쓰고 다른 원 위에 '이상'이라고 쓰세요."

미라는 내 지침대로 동그라미를 그렸다. 이번에는 진홍색 펜을 들고 있었다.

"이제부터 너무 깊이 생각하지 말고 두 원그래프를 그리는데, 미라 내면에 있는 두 사람의 균형을 표현해보세요. **지금** 두 사람은 균형을 이루고 있나요? 각각 어느 정도의 공간을 차지하고 있지요? **이상**적인 상태는 무엇일까요? 그러니까, 미라가 온전한 감각을 느끼려면, 자신과 조화하고 있다고 느끼려면 두 사람이 각각 얼마만큼의 공간을 차지해야 할까요?"

미라는 이번에도 꽤 본능적으로 반응했다. 무릎 위에 종이를 놓고 몸을 구부린 자세라 뭐라고 쓰는지 볼 수 없었지만, 그래프를 그린 후에 알려주었다.

"지금은 제니퍼가 90퍼센트, 미라바이가 10퍼센트인 상황이에요." 미라는 잠시 이야기를 멈추었다. "이상적인 상태라면 제니퍼가 10퍼센트, 미라바이가 90퍼센트여야 해요." 미라가 얼굴을 찌푸렸다.

나는 눈을 크게 떴다. "와, 그렇다면 미라도 알겠네요. 왜 자신이 지금의 삶에 행복하지 않은지…."

"네." 미라가 웃었다. "심각한 상황이군요."

"미라바이가 90퍼센트이길 바란다고요."

미라가 고개를 끄덕였다. "지금이랑 정반대여야 해요. 제니퍼가 큰 도움이 되기는 하지만, 미라바이를 도와주는 역할이어야 해요. 그런데 지금은 미라바이를 온갖 과제와 업무와 잡일에 가둬두고 있어요. 왜냐하면…" 미라는 펜으로 다리를 두드렸다. "솔직히, 제니퍼는 미라바이가 자신과 너무 달라서 두렵거든요. 하지만 지금은 둘 다 불행해요. 미라바이는 불행하고 외로워요. 제니퍼는 열을 좀 식혀야 해요."

우리는 함께 웃음을 터뜨렸다. 미라는 자신에게 스트레스와 수치심을 느끼는 대신 연민과 유머를 발휘하고 있었다.

내담자가 자신의 양면과 그 양면의 관계를 정확하게 인식해낼 때마다 항상 놀라고는 한다. 미라가 자기 내면의 두 사람이 어떻게 상호작용하는지, 그들에게 무엇이 필요한지 명확하게 표현하는 것을 듣고 있으니 가슴이 벅차올랐다.

미라바이가 우리와 함께한 후로 미라와 더 끈끈하게 연결된 기분이라고, 나는 미라에게 말했다.

"저도 그래요." 미라가 깊이 숨을 들이쉬었다.

우리는 아무 말 없이 함께 앉아 있었고, 미라는 생각에 잠겨 무릎 위의 종이를 응시했다.

"톰과 다시 대화를 해야겠네요." 미라가 부드럽게 말했다.

"무슨 생각 중이에요?"

"나 자신과 톰에게 인정해야 할 것 같아요. 사실은 직업에 만족하지 않는다고… 솔직히 말하면 그냥 일에 중독된 상태라고."

나는 잠시 미라의 자기 관찰을 곰곰이 고민해보고 입을 열었다.

"그 대화가 어떻게 흘러갈 것 같아요?"

"지켜봐야죠. 톰은 우리 둘 다 벌이가 좋아서 아주 흡족해하거든요. 올해 집을 사려고 했어요. 하지만 저를 열렬히 응원해줘요. 지금 제가 행복하지 않다는 걸 알아요."

"지금 미라가 행복하지 않다는 걸 안다고요."

"네. 저는 행복하지 않아요." 미라는 깊이 고민 중인 얼굴이었다.

"미라바이가 그림을 그리고 싶기 때문이지요." 내가 말했다. 우리를 이 대화의 시작점으로 데려가는 말이었다.

"네. 미라바이는 그림 그리기를 원해요." 미라는 생각에 잠겨 고개를 끄덕였다. 비 내리는 창밖을 응시하고 있었다.

÷

자신이 무엇을 좋아하는지 알아가기

"이 중에 제가 통제할 수 있는 게 있긴 있나요?" 어느 오후에 코너가 말했다. 목소리에서 두려움이 묻어났다.

"정확히 뭘 통제한다는 건가요?"

"전부 다요. 왜 이런 일이 생긴 건데요?"

코너는 불안했다. 감정을 억눌러서 답답했다. 양손을 단단히 맞잡고는 때때로 아프다는 듯이 문지르고 있었다. 나아지는 듯하다가 깊은 슬럼프에 빠지기를 몇 주 간격으로 반복하면서 이제 코너는 답답한 속내를 토로했다. 자기 삶이 어떻게 된 것인지 알 수 없었다.

나는 코너를 바라보았다. 회색 맨투맨의 가슴께에 초록색 대문자로 코너의 대학교 이름이 둥글게 쓰여 있었다. 나는 코너가 공유한 꿈 이야기를 떠올렸다. 엘리베이터를 타고 위로 끝도 없이 올라가고 올라가다가, 더 올라가기 위해 다른 엘리베이터로 뛰어내리는 순간 잠에서 깬다는 꿈이었다. 허공에 머물 것인가, 무서워도 뛰어내릴 것인가, 어려운 질문이었다.

"그 꿈 기억나요?" 내가 코너에게 물어보았다. "코너의 잠을 깨웠던 공포감이 기억나나요? 아주 높은 곳에서 뛰어내리든가, 허공에 매달려 있든가, 한쪽을 선택해야 했다고 했잖아요."

호기심이 동한 코너가 고개를 끄덕였다.

"제 생각에, 오래전부터 코너의 마음속에서 변화가 일어나고 있었어요. 학교에서 낙제당하기 훨씬 전부터." 내가 이야기를 시작했다. "코너에게는 딱히 통제권이 없어요. 현실에 참여할 기회는 있지요." 잠시 이야기를 멈췄다. "코너의 현실에 참여할 기회가 있다고요. 무슨 말인지 이해하나요?"

"아뇨, 잘 모르겠어요." 코너가 고개를 가로저었다. 의아한 표정이었다.

나는 추상적인 이야기로 코너의 집중을 흐트러트리고 싶지 않았다. 생각을 정리하려고 애썼다.

"코너는 너무 높이 올라가고 있었어요. 포상과 부모님의 칭찬을 좇았던 거예요. 어쩌면 아데랄도 문제였을까요?"

코너는 흘긋 나를 바라보았지만, '그렇다'거나 '아니다'라고 명확하게 대답하지 않고 시선을 피했다. 나는 그 회피를 아직 약 남용 문제를 다룰 만한 마음의 여유가 없다는 뜻으로 이해했다.

"문제가 뭐든, 무언가 중요한 게 어긋난 상태였어요. 코너는 자기 몸 안에 있지 않았어요. 세상의 인력에 연결되어 있지 않았어요. 코너의 무의식이 그걸 명확하게 반사해서 꿈으로 보여준 거예요. 코너는 자신의 **진짜** 삶에 연결되어 있지 않았던 것 같아요, 이해해요? 무의식은 알았던 거예요. 코너가 땅으로 추락하는 것도 그저 시간문제라는 걸."

"제가 진짜 인생을 살지 않았다고 생각하세요?"

"코너는 그렇게 생각해요?"

그는 잠시 입을 다물고 고개를 저었다. "아뇨. 이상한데. 이해가 안 돼요. 그런데 무슨 말인지 대충 알겠어요."

"오늘은 호흡으로 시작해볼까요?" 나는 코너가 머릿속에서 탈출해 자기 몸과 관계를 맺을 수 있도록 돕고 싶었다.

나를 바라보는 코너의 표정에 의아함이 있었다.

"코너는 호흡이 짧아요. 그래서 더 불안하고 스트레스가 큰 것 같아요. 호흡이 몸과 두뇌 끝까지 닿지 않아요. 여기서 끊긴다고요." 나는 목에서 몇 센티미터 아래에 있는 지점을 가리켰다. "느껴져요?"

코너가 고민하는 얼굴로 고개를 끄덕였다. 가슴 위쪽의 답답한 느낌을 처음으로 인식하게 된 것 같았다.

"거기서 시작합시다. 호흡을 길게 늘이지 않고는 기분이 나아질 수 없어요. 알겠지요?"

"네."

코너가 머뭇거렸지만, 나는 밀어붙였다. 전에 했던 짧은 호흡 연습이 코너의 마음을 진정하는 데 큰 도움을 주었던 것을 기억했다.

"일단 몸을 인식하는 것에서 시작해요. 몸의 외피가 느껴지나요. 몸의 외면이 의자에, 바닥에, 주변의 공기에 어떻게 닿는지 느껴봐요."

나는 이야기를 멈췄다.

코너가 고개를 끄덕였고, 나는 잠시 기다렸다.

"이제 코안에 닿는 공기를 느껴보세요. 그 미세한 감각을, 공기의 움직임을 느껴봐요. 들이쉬고… 내쉬고."

코너는 내가 알려주지 않았는데도 눈을 감은 채 호흡의 감각에 집중했다. 자신이 모르는 사이 지금껏 가슴과 목 안에 쌓인 것들을 흩어냈다.

"지금부터, 부러 애쓰지 말고 자연스럽게 들숨과 날숨의 길이를 늘여보세요." 분위기를 느긋하게 만들기 위해 조용하게 느릿느릿 말했다. "천천히 들이쉬고… 내쉬고…."

코너는 불안이 너무 심해서 처음에는 거의 변화가 없었다. 격렬하게 돌아가는 코너의 정신이 눈에 보일 것만 같았다. 그래도 코너는 내 제안에 저항하지 않았고, 우리는 계속 함께 호흡했다. 그러다가 내가 한 가지 더 제안했다. 날숨 끝에 호흡을 삼키는 것이었다.

"천천히, 어떤 기분인지 느껴보세요. 완벽한 방식은 없어요. 그저 가능한지 확인해보는 거예요. 숨을 내쉰 다음에 잠시 멈추고… 그냥… 삼켜요."

처음에 코너는 예상하지 못한 기이한 호흡법에 끙끙댔다. 종종 호흡의 속도가 빨라지거나 길이가 짧아졌을 때 숨을 멈추거나 삼켜보라고 하면 마치 질식할 것 같은, 몸속의 산소가 부족할 것 같은 본능적인 두려움이 생긴다. 나는 코너가 호흡법을 연습하는 동안 마주할지도 모르는 본능의 저항을 이겨내도록 도와주었다.

"자기 몸에 귀를 기울여요." 나는 다시 조용히 말했다. "항상 자기 몸에 귀를 기울이도록 해요. 호흡법이 너무 버거워지면, 제가 아니라 자기 자신에게 귀를 기울이도록 해요. 처음에는 두려울 수 있어요."

코너가 조심스럽게 고개를 끄덕였다.

날숨 끝에 숨을 삼키면 정신 작용의 속도를 급격하게 낮출 수 있다. 호흡의 리듬을 재설정할 수 있으며, 몸에게 안전하다고, 겁에 질릴 필요가 없다고 알려줄 수 있다.

금세 코너는 전보다 더 편안해졌다. 크림색 피부에 활력과 건강한 혈색이 돌았다. 오랫동안 울고 난 뒤에 호흡하는 것처럼 갑자기 두 차례 크게 들이마시면서 숨을 고르기도 했다.

그렇게 몇 분이 흘러 나는 코너에게 눈을 떠보라고 했고, 코너가 부드럽게 눈을 떴다.

"어땠어요?"

코너가 취한 듯, 약간 몽롱하지만 행복한 미소를 지었다. 눈동자가 유난히 초롱초롱했다.

"기분이 좋네요⋯." 코너가 입을 다물었다. 나는 코너를 바라보며 미소 지었다.

"이렇게 제대로 숨 쉬는 건 태어나서 처음인 것 같아요. 기분이 좋아요⋯."

상담실 내부가 더 조용하게 느껴졌다. 마치 지금껏 코너의 불안이 윙윙거리는 소음을 만들어내다가 이제야 멈춘 것 같았다.

"젠장. 약도 안 했는데 이렇게 기분이 좋은 건 처음인데요⋯." 그는 눈을 휘둥그레 뜬 채 긴장을 완전히 풀고 자세를 고쳐 앉았다.

"하! 다행이에요! 얼마나 쉬운지 알겠죠?" 내가 웃었다.

코너가 고개를 끄덕였다. 여전히 미소 짓고 있었다. 나와 온전히 공존하고 있는 것은 아니었으나, 수치와 고통 속에서 단절된 것이 아닌

저 멀리 평화 속에 있었다.

나는 잠시 기다리다가 코너에게 다시 감각에 집중해보라고 말했다. 나와 온전히 공존할 수 있도록 현실로 초대했다.

"지금 앉아 있는 의자가 느껴져요? 아까 그랬던 것처럼 의자와 몸의 연결을 인식해보세요. 그리고 주변을 조금 둘러보세요. 자신을 이곳으로 다시 데려오는 거예요."

코너는 주변을 둘러보고 또 한번 길게 숨을 들이쉬었다.

"네. 우아. 굉장한데요. 이제 막 상담실에 도착한 것 같은 기분이에요. 이상하다. 전에는 이곳에 와본 적이 없는 것처럼 느껴져요." 코너의 눈이 커졌다.

"좋아요. 마음을 느긋하게 먹고 천천히 움직여봐요, 알겠죠? 제가 몇 가지 질문을 할 건데, 전처럼 붕 뜬 듯한 기분이 들면 멈출게요. 또 몸과 분리되는 건 원하지 않아요."

코너가 고개를 끄덕였다.

"네, 알겠어요. 좋아요."

나는 상황을 단순하게 유지하면서 코너가 어떤 기분인지 파악해 그가 현실감을 잃지 않도록 잡아두고 싶었다.

"좋아요. 알겠어요."

나는 코너처럼 숨을 들이쉰 후 더 오랫동안 호흡을 멈추었다.

"남은 시간이 많아요. 저는 아까 고민하다가 그만두었던 문제로 돌아가고 싶어요. 이제 코너가 정말 좋아하는 것이 무엇인지, 코너란 사람은 누구인지 알아내야 할 것 같아요. 코너에게 진정 좋은 삶이란 어떤 삶인지 알아내야 해요."

코너가 자기 내면을 경청할 수 있으려면 **굉장한** 변화가 필요했다.

자신의 본능과 몸이 뭐라고 말하는지, 자신을 기쁘게 하는 것이 무엇인지 알아내는 법을 연습해야 하는데, 그것들이 논리적으로 말이 되지 않을 때조차, 아니 그럴 때일수록 귀를 기울여야 했다. 부모의 목표와 욕망으로부터 끊임없이 자기 자신을 분리해야 했다. 고등학교와 대학교에서 성취하려고 노력했던 모든 것으로부터 방향을 돌려서, 그동안 진지하게 받아들이지 않았던 자기만의 목표와 흥미에 맞게 살기 시작해야 했다. 나는 그가 약을 남용하고 있으리라 추측했으므로 어느 시점에는 아데랄도 포기해야 할 터였다. 이런 배움의 과정은 몇 년이 걸릴 테고, 바라건대 평생 이어져야 했다.

나는 코너가 가볍게 시작할 수 있도록 한 가지 방법을 알려주기로 했다.

"『골디락스와 곰 세 마리』[*] 기억나요?"

"골디락스요? 네⋯." 코너는 의아한 표정이었다.

"골디락스가 코너의 새로운 선생님이 되어줘야겠네요."

이런 이야기가 조금 진부하다는 것은 알았지만, 쉽게 기억에 각인될 이미지가 필요했다.

"잠깐만요. 왜 골디락스인가요?"

---

[*] 영미권에서 유명한 동화. 곰 세 마리가 집을 비운 사이 골디락스라는 여자아이가 빈집에 들어가서 죽 세 그릇을 차례대로 맛보는데, 첫 번째와 두 번째 죽은 너무 뜨겁고 차가웠지만 세 번째 죽이 딱 적당한 온도라 그것을 먹는다. 다음에는 의자 세 개에 차례대로 앉아보는데, 첫 번째와 두 번째 의자는 너무 크거나 작았지만 세 번째 의자는 딱 적당한 크기라 그 위에 앉는다. 그리고 잠이 와서 침대 세 개에 누워보는데, 첫 번째와 두 번째 침대는 너무 딱딱하거나 푹신했지만 세 번째 침대는 딱 적당히 부드러워서 그곳에 누워 잠든다.

"골디락스 이야기 기억나요? 골디락스가 어땠지요?"

"너무 크지도 않고, 너무 작지도 않고, 딱 적당한 크기를 좋아했던 것 같은데."

"정확해요! 그리고 너무 뜨겁지도 않고, 너무 차갑지도 않고, 딱 적당한 온도를 좋아했어요."

"그런데… 그게 무슨 뜻인데요? 숙제가 뭔가요?"

"골디락스를 따라 하는 거예요. 골디락스는 **자기한테 딱 맞는** 걸 찾기 위해 이것저것 시험했잖아요. 자신을 위한 정보를 수집한 거예요. 실제로 코너가 즐기는 것이 무엇인지 찾아봤으면 좋겠어요. **즐긴다고 생각하는** 것이나 **즐길 법한** 것이 아니라 실제로 기쁨을 주는 것을 찾아봐요. **좋아하지 않는** 것도 찾아보고."

코너는 고개를 끄덕였다. 무릎 위에 한 손을 놓고 그 위에 다른 손을 부드럽게 얹은 자세로 앉아 있었다.

"몸, 감각, 상상력을 전부 활용해야 해요. 실제로 자신이 무엇을 좋아하는지, 자신에게 잘 맞는 것이 무엇인지 **느끼기** 위해서는요. **자신에게** 잘 맞는 것 말이에요. 자기 자신이라는 단 한 사람에게. 이게 좋고 저건 싫다는 타인의 이야기는 필요 없어요. 자신이 직접 느껴봐야 한다는 뜻이에요."

코너는 내가 한 말을 이해하려고 곱씹는 것 같았다. 얼마나 이해했는지 확신이 서지 않았다. 나는 설명이 지나칠지도 모르겠다고 생각하면서 계속 이야기했다.

"이렇게 말해볼게요. 코너는 아기처럼 행동해야 하는 거예요. 아기는 장난감이든 음식이든 뭐든 집어서 마음에 드는지 들지 않는지 알아본 후에 똑같은 걸 더 요구하거나 뱉어버리죠. 코너가 자기 몸과 욕망에 귀 기울이던 시절로 돌아가는 법을 연습했으면 좋겠어요. 다른 사람이 자기한테 어떤 의견이나 기대를 품고 있는지 알지 못하던 그 시절로요. 흥미와 호기심이 생기면 그 대상이 사소한 것이라도 파고들어보는게 좋을 거예요. 무엇이든 일단 느껴보고, 그 후에 어떻게 되는지 지켜보세요."

"허, 알았어요." 코너가 나와 눈을 맞추었다.

"이해가 되나요?"

"그런 것 같아요." 그가 고개를 끄덕였다.

직접 자기 주변의 환경을 시험해본 골디락스의 이야기처럼, 수많은 쿼터라이퍼, 특히 안정형 쿼터라이퍼는 **생각**으로 이해하는 법 대신 **느낌**으로 판단하는 법을 연습할 필요가 있다. 너무 뜨겁지도 않고 너무 차갑지도 않은 **딱 적당한** 온도를, 너무 크지도 않고 너무 작지도 않고 **딱 적당한** 크기를 직접 판단하는 것이다.

이 골디락스 방법론은 완벽을 추구하는 것, 타인의 의견을 존중하는 것과는 거리가 멀다. 상징적으로 읽어보면, 길을 헤매던 골디락스는 곰의 집으로, 즉 동물적 본능의 영역으로 들어가서 자기 감각을 이용해 주변 환경을 시험했다. 각각의 의자에 앉아보고 각각의 그릇에 담긴 죽을 맛볼 때, 골디락스는 그것이 **자신에게** 맞는지 고민했다. 골디락스 방법론을 사용하려면 음식부터 음악, 기후, 장소, 생각, 작가, 예술, 관계, 공동체까지, 모든 분야에 호기심을 품어야 한다.

경청은 쿼터라이프의 핵심적인 요소다. 카를 융은 과거엔 경청이 자연스럽게 이루어졌다고 여겼다. 자신이 누구인지 알아내기 위해 세상에 진입한 쿼터라이퍼는 본능과 호기심을 따라가며 조금씩 원하던 지식을 얻어낸 것이다. 하지만 교육제도의 변화로 인해 개인의 조직적·외부적 발달이 20대까지 연장된 지금은 본능을 따르는 삶을 과소평가하고 그저 목적 없는 방황으로 바라본다. 바로 이런 이유에서 코너가 잠시만이라도 계획을 중단하는 것이 무척 중요했다. 많은 쿼터라이퍼는 자기 삶이 무빙워크라고 생각한다. 삶이 미리 정해져 있는 여정이라 그저 고등학교, 대학교, 직장으로 흘러가고 있다고, 자신이 동의하든 하지 않든, 마음에 들든 들지 않든 마찬가지라고 생각한다. 중대한 혼란이 발생해도 그다음 목표는 '가던 길로 돌아가기'일 가능성이 크다. 쿼터라이프에서 경청이라는 행위는 삶의 중심을 목표 성취에서 호기심 탐구로 옮기는 것을 뜻한다. 자기만의 특성에 관해 정보를 모으는 행위다. 나는 이 활동을 좋아할까? 나는 아침에 혼자 있는 시간을 좋아할까? 성장하기 위해서 나를 어떻게 자극해야 할까? 나는 어떤 성격을 가진 사람을 존경하고, 그 이유는 뭘까? 이런 질문에 대한 답은 자기 자신 말고 아무도 모른다.

쿼터라이퍼는 오직 시도와 실수를 통해서 자기 삶을 정확히 정의할 수 있다. 그러므로 주어진 상황에서 신체와 감정이 보이는 반응에 집중하면, 아주 미묘한 반응이라도 정보가 될 수 있다. 내가 내담자에게 권장하는 것은 저항, 두려움, 갈망, 즐거움, 피로, 호기심, 부끄러움 등 다양한 감정을 느낄 때 자신이 어떤 식으로 반응하는지 경청해보는 것이다. 그런 반응의 의미를 질문하기 전에 그저 귀 기울여보고 자신의 경험에 관찰자적 태도를 취할 것을 권한다.

한동안 나는 코너가 내 말을 얼마나 이해했는지 깨닫지 못했다. 상담 중에 코너가 무엇을 좋아하고 싫어하는지 알아보려고 애썼다. 어린 시절 이후로 농구 말고 어떤 것에 흥미를 느꼈는지, 어떤 주제에 관해 이야기할 때 에너지가 왕성해지는지 살펴보았다. 우리는 코너의 관심을 사로잡는 것이 무엇인지 알아내기 위해 함께 '귀를 쫑긋한 채로' 그의 반응을 살폈다. 왜 관심이 동하는지 알 수 없을 때도 마찬가지였다. 코너를 향한 나의 호기심을 통해 코너 자신을 향한 호기심을 북돋아주고 싶었다. 그리고 머지않아 내 노력이 생각보다 더 효과적이라는 것을 알게 되었다.

÷

소음을 차단하기

"저는 예쁜 여자들을 바라보는 게 너무 좋아요." 어느 날 오후, 대니가 말했다.

팔을 의자에 올리고 있었고, 왼손에 들린 매끈한 스테인리스 컵에는 상담 전에 의식을 치르듯 챙겨 마신다는 아메리카노가 담겨 있었다.

"커피를 주문하고 밖에서 기다리는데, 딱 붙는 정장 치마를 입은 여자 둘이서 지나가는 거예요. 그 모습을 보고 있는데, 진짜 좋더라고요⋯." 대니가 얼굴을 붉혔다.

대니가 양극성 장애 약물을 끊고 몇 달이 흐른 시점이었다. 이제는 과거의 진단을 언급하는 것조차 드문 일이었지만, 대니의 우울감은 종종 논의 대상이 되었다. 대니의 약물 처방을 담당하는 동료는 항우울제를 처방해야 할지 고민하면서 체내 비타민 B12 수치에 유의하고 있었다. 대니는 주로 채식 식단을 섭취했기 때문에 비타민 B12가 부족할 가능성이 컸고, 이는 정서적 안녕에 위험 요소였다. 나는 대니가 평소보다 무력할 때가 언제인지, 그 무기력에 예상과 다른 이유가 있는지 스스로 파악하는 방법을 알려주고자 했다. 대니가 자신의 경험에 예민하게 반응함으로써, 그럭저럭 살아가는 삶을 넘어 진정한 성장을 이룰 수 있도록 유용한 정보를 모으기를 바랐다. 지금 대니는 카페인 섭취를 감안하더라도 들뜬 것이 분명했고, 나는 그가 카페에서 경험한 끌림과 그 끌림이 자극한 에너지에 관해 더 자세히 듣고 싶었다.

곧 우리는 대니가 이전에 공유하고 싶지 않았던 부끄럽고 불편한 주제, 바로 성과 성적 욕망에 관해 파고들게 되었다. 대니는 몸이 건강하지 않아 고민이기도 했지만, 자신의 실존하는 몸과 동시대의 남성성에 관해 탐구하고 있었다. 때로는 논바이너리[*]로 살면 어떤 기분일까 궁금해졌고, 성 정체성 문제로 씨름할 때도 있었다. 하지만 그보다는 라틴 아메리카 혈통의 가정 안에서, 나아가 이 세상에서 이성애자 남성을 재정의해냈을 때 그것이 어떤 경험이 될지 알고 싶었다. 드러내고 탐구해야 할 정체성의 층위가 많았다.

"저희 아빠와 삼촌들은, 심지어 할아버지도 **라티노** 남자의 전형이었던 것 같아요. 이해하시죠?"

"어땠는데요?"

"다들 전통적인 성역할에 집착했어요. 어렸을 때부터 저를 비롯한 남자아이들은 야구를 하든 뭘 하든 밖에 나가 놀으라는 이야기를 들었고, 여자아이들은 집에 있어야 했어요. 우리랑 밖에서 놀고 싶어한 누나가 있었는데, 그러지 못했죠. 사실 저는 밖에 나가서 야구하고 싶었던 적이 한 번도 없었거든요? 그런 건 싫더라고요. 둘이서 우리가 바뀌었으면 좋겠다고 농담한 적도 있어요. 그때 저는 진심이었어요."

지금까지 대니는 어린 시절에 성역할을 강요받았다고 이야기해준

[*] 남성과 여성이라는 이분법적 성별 구분을 따르지 않는 정체성을 가진 사람.

적이 없었다. 나는 많은 것을 알아가고 있었다.

"외가 가족도 마찬가지였어요. 외삼촌들은 쿠바 혈통이고 친가는 코스타리카 혈통인데, 다 마찬가지였어요. 모임이 있으면 누나들이랑 여동생들은 요리하고 집안일을 거들어야 했고, 제가 도와주려고 자리에서 일어나기라도 하면 다들 놀리기 시작했어요. 여자들이 할 일을 도와주려 하다니 남자도 아니다, 그런 거죠. 어른들은 우리를 멍청한, 정말이지 멍청한 성역할에 꾸역꾸역 끼워 맞췄어요."

"답답했군요." 대니의 이야기 저변에 흐르는 감정을 곱씹었다.

"정말 답답했어요." 대니가 동의했다.

어린 시절 이후로 대니는 해로운 남성성에 관해 더 많은 것을 배웠고, 더 많은 논의에 참여했다. 그리고 세상에 존재하는 해로운 남성성에 치를 떨었다. 자신이 일조하게 될지도 모른다는 생각에 움츠러들기도 했다. 성역할과 '남자다움'이라는 문제를 둘러싼 혼란을 감당하기 힘들었다. 남성성에 관한 고루하고 거짓된 고정관념을 반복하지 않으면서 남성으로서 자기 몸과 문화에 자부심을 느끼려면 어떻게 해야 할지 줄곧 고민했다.

내가 이런 대화를 촉발한 시작점으로 돌아가려고 준비할 때쯤, 대니가 선수를 쳤다. "그런데 그런 **제가** 지나가는 여자들, 그냥 자기 삶에 열중하고 있는 여자들을 대상화했잖아요!"

"글쎄요…." 나는 잠시 망설였다. "잠깐만요. 다른 사람을 보고 매력적이라고 생각하는 건 문제가 없어요. 왜 대니가 그 여자들을 대상화했다고 생각하는 거예요?"

"모르겠어요. 아닐지도 모르겠네요. 잠시나마 '우아'하고 감탄하니까, 부끄러움 없이 그런 감탄을 드러내니까 기분이 좋았던 것 같아요.

둘 다 정말 예뻤거든요. 두 여자가 **보스**처럼 걸어가고 있었어요." 대니가 웃다가 황급히 멈추었다. "세상에. 선생님이랑 이런 이야기를 하다니, 이상하지 않나요?"

"아뇨. 전혀. 상담이란 게 원래 그런 건데요. 대니는 그런 이야기를 해서 기분이 이상한가요?" 내가 미소 지었다.

"조금요. 많이 이상한 것 같지는 않은데…" 대니가 어깨를 으쓱했다.

나는 조용히 기다렸다.

"설명하기 힘드네요." 대니가 말을 삼키고는 다시 몸을 움츠린 채의자에 등을 기댔다.

"시간은 많으니까요. 무엇이든 서두를 필요 없어요."

"선생께 할 말이 있어요. 그간 무서워서 못 했던 이야기예요."

"알았어요. 들을 준비 됐어요."

대니가 한숨을 쉬고는 이마와 머리를 문질렀다. 금빛 반지와 비즈 팔찌가 손목에서 잠시 짤랑거렸다.

"웩." 대니가 역겹다는 표정을 지었다. "정말이에요? 진짜 이상한 이야기거든요. 정말이에요, **이상해요**."

"감당할 수 있어요. 어떤 이유로든 불편함을 느끼면 나중에 이야기할게요. 알았죠?"

"알았어요."

나는 잠자코 기다렸고, 대니는 용기를 내서 이야기를 시작했다.

"네, 그러니까…" 대니가 입을 다물었다. 용기를 내서 털어놓으려고 애쓰고 있었다. "야동에 중독된 것 같아요."

대니가 포르노그래피를 언급한 것은 그때가 처음이었다. 하지만 나는 놀라지 않았다. 포르노 중독은 인터넷이 생활화된 어린 시절을 보낸 쿼터라이퍼 세대에게 흔한 증상이다. 포르노에 접근하기가 얼마나 쉬운지, 영상의 내용이 얼마나 노골적이고 외설적인지, 얼마나 폭력적이고 착취적이며 수치스러운지, 부모와 온 사회가 이해하기까지 오랜 시간이 걸렸던 것이다. 영상을 본 후 전형적인 트라우마 증상인 '경직 상태'에 빠진 탓에, 내면의 갈등을 느끼면서도 자꾸만 영상을 보고 또 보게 되는 내담자가 많았다. 마치 끔찍한 교통사고 현장을 기웃거리는 것과 비슷한 상태였다. 의식과 무의식의 감정이 섞이면 혼란스럽고 수치스럽고 정신이 마비되는 지경에 이를 수도 있다.

"더 이야기해보세요." 나는 대니의 이야기에 몰입했다.

"고백할게요. 열 살쯤에 시작한 것 같아요. 너무 일렀죠. 친척 아저씨 한 분이 잡지를 보여줬는데, 그 후에 인터넷에서 한 번 더 찾아보고 완전히 늪에서 빠졌어요."

나는 고개를 끄덕였다.

"아직도 기억나요, 그때 정말 이상했거든요. 처음에는 무서웠는데 곧 굉장히 흥분됐어요. 이해되세요?" 대니가 나를 바라보았다. "괜찮으신가요?"

"괜찮아요." 내가 미소 지었다.

대니가 깊이 숨을 들이쉬었다.

"그때부터 이 힘들고 혼란스러운, 오락가락하는 상태가 계속됐어요. 그만 보고 싶지만…" 대니가 상담실 한쪽 구석을 바라보았다. "그럴 수가 없는 거예요."

대니는 한동안 깊은 생각에 빠졌다. 우리는 아무 말 없이 앉아 있었다.

"알아요, 중독은 제가 섹스에 느끼는 감정과 연결되어 있다는 걸. 윽⋯." 대니가 잠시 이야기를 멈추었다. "그리고 내 몸, 남성성, 뭐 그런 것과도 연결되어 있겠지요. 야동에 나오는 페니스는 진짜 **무시무시**하거든요." 대니가 또 이야기를 멈추었다. "그리고 너무 폭력적이에요. 야동에 나오는 남자들은 정말 징그럽고 잔인해요."

나는 계속 침묵을 지켰다. 대니가 줄곧 단단히 억압해온 생각과 감정을 풀어내고 있었다.

"정말 이상해요. 어떻게 윤리적으로 혐오하는 것에 중독될 수 있는 걸까요. 끊을 수가 없어요." 대니의 수치심이 깃든 눈동자가 내 시선을 피했다. "끊으려고 노력은 하는데."

대니가 푹 한숨을 쉬고는, 내가 괜찮은지 확인하려는 듯 다시 내 시선을 맞받았다. **우리의 관계**가 괜찮은지, 대니를 바라보는 내 관점이 돌연 바뀌어버린 것은 아닌지 염려하고 있었다.

대니에게 자기 내면을 경청하는 행위는 몸과 몸으로서의 삶을 외면하지 않는 것, 몸에 더욱 집중하는 것을 뜻했다. 더 구체적으로 말하자면 그가 오랫동안 강압성, 여성혐오, 폭력성과 연관지었던 남성의 몸으로 어떻게 살아야 할지 고민하겠다는 뜻이었다. 원하는 바는 아니었다. 그리고 대니는 자신과 같은 유색인종 남성들이 종종 성적인 존재로 축소된다는 것을, 항상 성욕이 왕성하고 여자를 욕망한다는 고정관념의 대상이라는 것도 알고 있었다. 그는 진정한 자신의 모습이 무엇인지, 포르노 중독의 영향은 무엇인지, 그의 욕망과 존재를 좌지우지하려는 다양한 문화의 영향은 무엇인지 세심하게 분리해내려고 애쓰고 있었다.

대니는 자기만의 고유한 정체성과 욕망을 이해해야 했다. 외부의 시선이 그려낸 묘사는 필요 없었다. 포르노에서 본 방식으로, 그가 "위계적이고 수행적"이라고 묘사한 방식으로 여성과 성행위를 하면 불편하리라는 것을 대니는 잘 알고 있었다. 하지만 자신이 무엇에 편안함을 느끼는지는 알 수 없었다. 이는 그가 연애에 어려움을 겪었던 이유이기도 했다. 어떻게 보면 대니는 성과 성적 욕망을 탐험하기보다는 머릿속의 고민 사이에 갇혀버린 상태였다.

관능적인 자아, 몸의 자아에 귀 기울이는 법을 배우려면 시간과 인내가 필요했다. 대니가 직면한 과제를 해결해줄 단 하나의 해법이나 방법은 존재하지 않았다. 긴 여정을 통해 자신을 발견해야 했다. 어린 시절부터 거부감을 느꼈던 사회적 남성성을 끊어내고, 그와 동시에 자기 몸의 반응을 제대로 경청할 수 있도록 노력해야 했다. **이것**을 좋아하고 **저것**을 좋아해야 한다고 압박하는 외부의 소음을 소거해야 했다. 여성과 자기 자신을 향한 관점을 망쳐놓고 있는 중독의 소음도 소거해야 했다. 몸으로서의 삶에 더욱 적극적으로 임하려면, 포르노그래피나 시각적인 자극 없이 스스로 편안하게 쾌락을 추구하는 법을 배워야 했다. 이는 자연스러운 흥분과 기쁨을 경청한다는 뜻이었다. 스스로 자기 자신과 관계를 다진다는 뜻이었다.

쓸데없는 소음을 소거해나가기 위해 대니는 다양한 몸과 마음의 활동을 추가하고, 여러 방식의 치료를 경험하게 되었다. 대니는 숙련된 교사가 수업 중에 자기 몸을 만지는 것을 허락함으로써 조금씩 자기 자신과 자기 몸에, 성적 대상이 아닌 타인의 존재에 편안함을 느낄 수 있었다. 그리고 동네에 있는 요가 교실에 다니기 시작했다. 처음에는 다른 사람들과 한 공간에 공존하면서 그들의 시선에 자신을 내맡긴다는 것이 굉장히 불편했지만, 곧 요가는 일상의 일부로 굳어졌고 유독 마음이 놓이는 교사를 만나기도 했다.

"혹시 좋아하는 자세 있어요?" 어느 날 대니에게 물었다. 상담이 끝나고 대니가 떠날 채비를 할 때였다.

대니가 웃었다.

"단연코 '사바사나'예요." 수련을 끝내고 가만히 누워서 쉬는 '송장 자세'를 언급하는 대니의 눈이 초롱초롱했다. 건강한 휴식과 소화를 돕고 부교감신경계를 자극하는 자세였다.

"수련 막바지에는 사바사나가 참 반갑지요." 내가 동의했다.

"정말이에요. 사바사나를 하면 에너지가 새로운 방식으로 몸을 흐르는 것이 느껴져서 참 좋아요. 고통과 정반대라고 할까요. 온갖 감각이 느껴져요. 때로는 두근두근하기도 하는데, 기분이 좋아요. 전혀 나쁘지 않아요. 선생님도 아시죠?"

내가 고개를 끄덕이고 미소 지었다.

"네, 알아요."

8장

구축

살면서 무엇을 만들고,
갈고닦고, 쌓아야 할까?

성장의 세 번째 기둥은 '구축'이다. 영어, 독일어, 산스크리트어에서 "구축하다, 쌓다, 갈고닦다"를 뜻하는 동사는 "있다, 되다, 일어나다"라는 뜻의 단어를 어원으로 한다. 삶을 '구축하는' 행위는 자기 자신이 '되는' 행위라고 할 수 있지 않을까. 경청에 열린 마음이 필요했던 것처럼, 구축에는 노력, 일관성, 의지가 필요하다.

오래전부터 쿼터라이프 시기에는 열심히 일하기를 장려했다. "이제 어른이니 철들어라" 같은 훈계의 근간이기도 했다. 하지만 이런 관점은 보편적인 발달 목표만 강조하는 경향이 있다. 사회 조직의 일원으로서 경제체제에 보탬이 되는 데 집중할 뿐, 자기만의 **독특하고 고유한** 삶을 사는 것에는 관심이 없다. 하지만 경제가 아닌 심리적 관점에서 성인기를 바라보면, 자기만의 의미와 안정이 깃든 삶을 만들어내는 작업에 노력을 쏟아야 한다는 것을 알게 된다. 사회적 참여는 건강한 경제력이나 생존력과 마찬가지로 중요한 문제다. 하지만 궁극적인 목표는 아니다. 한 사람의 삶을 구축한다는 것은 노력과 사랑과 헌신을 통해 **의식적으로** 존재를 가꾸어간다는 뜻이다. 자기만의 삶이라는 작품을 창조하려면 크고 작은 노력이, 체계와 질서가 필요하고 때로는 막대한 신념과 신뢰도 필요하다.

때로 무술이나 도예, 악기 연주법처럼 막대한 집중력과 노력이 필요한 능력을 키우고 싶다는 욕망이 생기고, 삶의 구축을 위해 그 욕망을 진지하게 받아들여야 하는 경우도 있다. 하루의 식사를 계획하는 것처럼 실용적인 능력을 배워야 할 때도 있다. 아니면 인간관계와 관련된 노력이 필요할 수도 있다. 가만히 앉아서 우연히 누군가를 만나거나 자연스럽게 갈등이 해결되기를 기다리는 대신, 적극적으로 데이트와 의사소통에 나서는 것이다. 교육과정에 등록하거나 운동 경기에 나가기 위해 훈련하는 등 장기적인 목표를 세울 수도 있다. 개인에 따라 이런 목표는 삶에 더 큰 의미를 부여하거나 안정적인 체계를 구축하는 데 도움이 될 수 있고, 어쩌면 의미와 안정 전부에 도움이 될 수도 있다.

자신이 원하는 삶을 구축하려면 일관성과 집중력이 필요하고, 피로가 쌓이거나 내적 한계에 부딪혀도 밀고 나가야 한다. 때로는 자기 자신을 향한 불신과 더 나은 삶은 가능하지 않다는 회의감을 상쇄하기 위해 장기적인 과제에 매달려야 하고, 자신이 원하는 미래를 실현하기 위해 끈질기게 노력해야 한다. 삶과 미래 구축을 위한 작업은 단조롭고 어려울 때도 있다. 하지만 이 작업은 진정한 변화를 일으키고 한 사람을 새로이 거듭나게 해줄 수 있다.

단조로운 노동은 종종 동화나 신화에서 상징적인 소재로 등장한다. 의지, 참을성, 용기를 발휘하는 전사들의 이야기가 아주 많다. 그 예로 헤라클레스와 열두 가지 과업 이야기를 살펴보자. 헤라클레스는 위협적인 괴수를 죽이고, 제우스의 황금 사과를 훔치고, 하루 만에 거대한 외양간을 청소하는 등 불가능한 일들을 해낸다. 처벌받을까 봐 두려워서 하는 것이 아니라면, 이런 노력은 중대한 성장 동력이 될 수 있다. 게으름과 의존성을 자신감과 독립심으로 거듭나게 해주는 것이다. 하지만 이야기의 주인공들은 그보다 보잘것없고, 자잘하고, 시시한 과제에 노력을 쏟기도 한다. 아풀레이우스의 에로스와 프시케 이야기에서 열렬히 사랑하는 연인 에로스와 헤어지게 된 프시케는 그와 다시 만나기 위해 말도 안 될 정도로 지루하고 단조로운 과제를 완수해야 한다. 비너스 신이 프시케에게 강요한 과제는 한데 섞인 작은 곡식 알갱이와 콩을 하나하나 골라내는 것이다. 신데렐라 이야기에도 비슷한 내용이 나온다. 왕자를 만나기 위해 왕궁으로 가기 전, 신데렐라는 새어머니가 난로의 잿더미 속에 버린 렌틸콩을 하나하나 꺼내야 한다. 프시케와 신데렐라 모두 처음에는 절망한다. 하지만 시간이 지나면서 본능적인 깨달음을 얻는데, 이 깨달음을 상징하는 것이 개미와 새 떼가 도와주러 오는 장면이다. 프시케와 신데렐라는 불가능하리라 생각했던 과제를 마치고 운명의 반쪽과 재회, 통합한다.

모험과 위험 감수는 쿼터라이프의 핵심적인 부분이지만, 삶을 구축하기 위한 내적·외적 작업은 전형적인 모험 이야기보다는 반복적인 과제처럼 느껴질 때가 많다. 자신이 원하는 삶을 구축하기 위해 세심하게 공들이고, 피로해도 한 걸음씩 나아감으로써 쿼터라이퍼는 새로운 한계를 설정하고, 새로운 능력을 배우고, 그 과정에서 회복력을 얻는다. 그 모든 것을 통해 한 사람의 정체성과 성격이 빚어지고 형성되며, 자긍심이 깊이 뿌리내리게 된다.

‑⑂‑

건강한 루틴 만들기

"진지하게 글을 써봐야겠어요." 어느 오후에 대니가 말했다. "분명 시간 낭비겠지만, 다른 할 일이 있는 것도 아니니까요." 대니는 어깨를 으쓱하고는 의자 깊숙이 앉더니 다리를 쭉 뻗고 발목을 꼬았다. 겨울이 었는데도 청바지가, 사실은 옷차림 전체가 다소 짤막한 데다 양말은 짝 짝이였다.

"어떤 글을 쓸 생각인가요?" 내가 물었다.

"단편소설이요." 대니가 이야기를 시작했다. "적어도 다섯 편은 쓰 고 싶어요. 제대로 완성할 거예요. 편집자들이랑 이야기할 때 변명하기 싫어요. 언젠가 대단한 작가가 될 거라고 공상만 하면서 실제로는 진득 하게 앉아서 글 쓰는 날이 단 하루도 없는 짜증 나는 꼬마애처럼 보이 기도 싫고요. 누구든 이 말에는 동의할 거예요. 작가가 되고 싶다면, 글 을 써야 한다."

"그건 그렇죠." 내가 맞장구쳤다.

대니가 가방에서 밝은색 맨투맨을 꺼내 어깨에 두르고는 내려놓 았던 커피를 다시 집어 들었다.

지금까지 대니는 자신의 신체적 욕구에 과거의 상처를 치유하고 싶은 소망에 귀 기울이는 법을 연습했다. 이제는 미래를 구축하고 싶다 는 마음이 절실했다. 무언가를 이뤄내고 자기 자신을 실현하고 싶었다. 경청이 자기 자신과 비언어적 실마리에 깊이 파고들어야 하는 일이라 면, 구축은 조금 더 실제적인 작업이었다.

"계획표를 만들어볼까 고민 중이에요." 대니가 이야기를 이어갔다. "지금 가장 중요한 것은 제 에너지에 관해 솔직해지는 거라고 생각해요. 저는 에너지가 폭발해서 밤새 글을 쓰다가 완전히 소진되어서 몇 주 동안 아무것도 못 쓰는 버릇이 있거든요."

"소진되지 않고 일관적으로 글을 쓸 수 있도록 계획표를 만들고 싶은 거군요." 내가 대니의 이야기를 정리했다.

"네. 제게 맞는 현실적인 계획을 세우는 거죠. 아침 일찍 일어나서 글을 쓰는 것 같은 일은 일어나지 않을 테니까요." 나도 대니가 아침형 인간이 아니라는 걸 알고 있었다. "그래도 오후나 저녁에 글을 쓰는 계획은 실행할 수 있을 것 같아요."

대니는 어렸을 때 일관성이나 집중력의 모범을 보고 자라지 못했다. 대니의 어머니와 아버지가 쉬지 않고 열심히 일한 것은 사실이지만, 창의적인 에너지를 발휘하며 살지는 않았다. 어머니는 불굴의 직업 윤리를 보여주었는데, 사실 대니는 그 윤리의 자기부정적인 면모에 거의 압도당할 지경이었다. 새아버지도 비슷했다. 반면 아버지의 생활 방식은 혼란스러웠다. 빛나는 창의력이 있었으나 활용하지 않았다. 대니는 자기만의 글쓰기와 창의력을 보여줄 수 있다고 줄곧 믿어왔다. 스트레스와 자기부정으로 점철되지 않은 대안적인 미래가 가능하다고 믿는 것은 어찌 보면 자신을 다시 양육하는 행위였다.

또 그는 예술가가 되려면 약이나 술에 취한 건강하지 않은 방식으로 살아야 한다는, 사회에 만연한 유독한 메시지로부터 풀려나기 위해 노력했다. 이런 거짓된 메시지를 해체하는 것은 특히 의미형에게 중요한 작업일 때가 많다. 의미형은 건강하지 않은 생활 방식을 포기하면 창의력도 잃어버릴까 걱정하고는 하기 때문이다.

"일을 마치고 글을 쓰면 어떨까요?" 내가 제안했다.

대니는 일주일에 나흘 동안 동물 용품 상점에서 일했다.

"좋아요. 아침에 일하러 가기 전에 쓰는 것보단 훨씬 낫겠네요. 퇴근하고 다른 일을 하려면 쉽지 않을 테지만, 해야죠."

대니를 비롯한 수많은 의미형은 스스로 원하는 삶을 구축하려면 때로는 거의 종교에 헌신하듯 일관성을 지켜야 한다. '시시하다'거나 '무의미하다'고 느껴질 수 있지만 궁극적으로는 삶의 안전성을 강화해줄 장기적 노력에 헌신해야 한다. 의미형은 '각고의 노력'을, 마침내 무언가를 만들어내고 있다는 느낌을 즐기기도 하지만, 자신이 '돈에 넘어갔다'거나 '평범한' 사람이 되었다는 생각에 빠지기도 한다. 이런 걱정은 의미형이 사로잡혀 있는 저변의 두려움과 이어져 있다. 그건 바로, 삶에 오롯이 헌신하기 시작하는 순간 영혼 없고 개성 없는 일벌 같은 존재로 변할지도 모른다는 두려움이다. 사실 대니는 부모가 일을 대하는 태도가 여러모로 일벌 같다고 생각했다. 그러므로 대니가 유념해야 할 사실은, 일관성과 안정성에 집중하는 것이 시시하게 느껴지더라도 이는 모두 자기 삶을 실현하기 위함이지 그저 경제 체제에 일조하고 생존하라는 사회의 기대를 충족하기 위함이 아니라는 점이다.

때로는 습관이나 일과를 지키기 위해 시작했던 일이 몸의 본능을 자극해서 하루하루를 더 기능적이고 수월하게 개선해주기도 한다. 일과를 통해 삶을 구축하는 작업에 관해 고민하다 보면, 정통 기술을 배우기 위해 오랫동안 열심히 노력한 끝에 마침내 자기만의 방식을 구현해낸 위대한 음악가와 예술가의 이야기에 다다른다. 나는 영화 〈베스트 키드〉에서 현명한 가라테 스승이 주인공에게 차에 왁스 칠하는 법을 가르쳤던 장면, "왁스를 묻히고, 왁스를 닦아내"라고 이르던 장면이 생각난다. 스승은 주인공이 왁스를 칠하면서 평소 배우고 싶었던 가라테 자세를 무의식적으로 익히게 해준다. 처음에는 한없이 지루하고 피로하게 느껴졌지만 정확한 형태로 열심히 기술을 연습하면서 새롭고 굉장한 것이 탄생할 기회가 된다.

무언가에 지속적으로 전념하는 일은 심리적으로 필요한 것이기도 하다. 의미형에게 삶을 구축하는 작업은 망망대해에서 목적지 없이 둥둥 떠다니다가 섬을 하나 발견하는 것과 비슷하다. 혼란, 우울, 압도감만 존재했던 과거를 뒤로한 채 안전한 공간에서 몸을 말리고 안정적인 삶을 경험하는 것이다.

실제로 대니는 정기적으로 글을 쓰기 시작했다. 때로는 책상에서 잠들어 다음 날 다시 시도해야 할 때도 있었다. 그럴 때는 자신이 "멍청"하고 자신의 목표는 "터무니없다"면서 수치의 나락으로 빠져들었다. 고통스러운 낮과 밤이 많았다. 끝없는 고투가 이어졌다. 하지만 대니는 계속 노력했다. 포기하고 싶은 마음이 간절할 때도 다시 시작하는 것, 그것이 핵심이었다. 그는 글쓰기에 전념함으로써 회복력을 기르고 있었고, 실제로 그날 생산성이 어느 정도였든 책상에 앉아 있는 행위에 본능적인 애정을 느끼기 시작했다. 불안할 때조차 변함없이 책상 앞에 앉은 결과, 자기 자신에게 노력을 증명해 보일 수 있었다.

"이제는 글 쓰는 시간이 기대될 지경이에요." 몇 달 후 대니가 말했다. "책상은 꼭 저만의 보금자리 같은 게 됐어요." 대니는 미소를 머금은 채 팔을 머리 위로 쭉 뻗고 머리를 긁었다. "차를 한잔 끓여놓고 작은 조명을 켠 다음, 웅크리고 앉아 있어요. 초와 향도 켜놓고요. 그리고 거기서 계속 글을 써요."

"좋은데요." 나는 대니의 이야기를 곱씹었다.

대니가 마치 스승을 위한 제단처럼 책상 주변에 가장 좋아하는 작

186

가들의 사진을 붙여놓았다는 것도 나는 알고 있었다. 사진을 붙여놓으면 영감을 얻기 좋겠다고, 전에 함께 이야기한 적이 있었다. 나는 옥타비아 버틀러, 로베르토 볼라뇨, 어슐러 K. 르 귄 같은 작가들이 글을 쓰는 대니를 바라보는 모습을 상상했다. 전부 자기만의 힘든 시절을 겪었고, 수많은 역경이 있었음에도 자신의 작업을 세상에 내보인 작가들이었다. 대니에게 삶을 구축하려는 노력은 그들처럼 성장하겠다는 결심과 마찬가지였다. 그들은 매일 밤 대니가 집중력을 유지할 수 있도록 도와주는 현명한 안내자였다.

이제 대니의 삶에서는 모든 것이 글쓰기라는 새로운 목표를 중심으로 돌아갔다. 최근에 부모가 된 부부의 삶이 갓난아기를 중심으로 돌아가는 것과 비슷했다. 일상의 체계를 유지하기 위해서는 선을 긋고 사람들과 어울리는 시간을 줄여야 했다. 매일 저녁 오붓한 글쓰기 휴식을 취하기 위해 친구들의 만나자는 제안을 거절해야 할 때가 잦아졌다. 타인의 욕구보다 자기 돌봄과 목표를 더 우선시하는 행위였다.

"8시부터 11시 사이에 글이 가장 잘 써지는 것 같아요." 대니가 어깨를 으쓱했다. "낮 동안, 아니 밤 동안 적어도 세 시간은 오롯이 글을 쓰려고 노력 중이에요. 적어도 한 해 동안 계속하려고요. 2주 전부터 시작했는데, 지금까지는 잘되고 있어요."

"날마다요?"

"네. 물론 가끔은 쉬어야겠죠. 그 정도는 괜찮잖아요. 매주 금요일에 쉴까요. 아니면 금요일하고 일요일에. 지켜봐야죠. 하지만 이렇게 집중하며 사니까 기분이 좋아요. 지금은 모든 활동에 정해진 계획이 있어요. 언제 먹고, 자고, 산책하고, 친구들을 만날지."

대니는 삶을 구축하려고 노력하는 동시에 신체적 욕구를 돌보기 시작했다. 정말 작가가 될 작정이라면 무엇을 먹어야 할지, 산책과 요가를 얼마나 자주 할지, 언제 잠자리에 들지 신경 써야 한다는 것을 알고 있었다. 대니가 구축하고 있는 일상의 체계는 그간 절실하게 필요했던 삶의 기반이었다.

쿼터라이퍼는 자신이 제대로 밀어붙이지 않을 때 그것을 본능적으로 직감한다. 외부에 헤쳐나가야 할 장애물이 있는 만큼 내면에도 보이지 않는 허들이 있어 그것을 넘어야 하는 것이다. 대니는 항상 그런 직감 때문에 고생했다. 게으름과 신체적인 피로, 단순한 현실 도피를 구분하려고 노력했다. 대니는 부모가 아이에게 자전거 타는 법을 가르치는 것처럼 자신을 밀어붙이는 연습을 해야 했다. 훌륭한 양육을 위해서는 아이가 무릎이 까진 채로 훌쩍일 때도 "다시 해봐"라고 말해야 할 시점을 알아야 했다. 바로 이것이 대니가 자신을 위해 익히고 있는 것이었다.

÷

현실적인 사람이 되기

"너무 힘들어요." 어느 오후, 그레이스가 쓰러지듯 자리에 앉으며 말했다. "혼자 해낼 수 있을지 모르겠어요."

"뭘 해낼 수 없다는 거예요?" 내가 조심스럽게 물었다.

"인생… 인생인 것 같아요." 그레이스의 불안한 호흡이 눈물로 바뀌었다. 가끔 그레이스가 상담 시간이 될 때까지 한 주 내내 감정을 꾹꾹 눌러둔다는 것을 나는 알고 있었고, 누구보다 그레이스 자신을 위해 이런 행동을 그만두었으면 좋겠다고 오랫동안 바라고 있었다. "이해가 안 돼요. 어떻게 사람들은 해야 할 일을 전부 해내며 살까, 항상 압박감에 시달리지도 않고."

"지금 그레이스에게 압박을 주는 건 어떤 건데요? 특히 힘든 게 뭐예요?"

"월세. 음식. 돈 문제요." 그레이스는 공황 상태였다. "어떻게 사람들은 필요한 걸 살 돈을 마련하는 거예요?"

나는 그레이스의 몸에 무엇이 필요한지 보여주려고 숨을 깊이 들이마셨다. 똑같이 해보라고 일렀고, 그레이스는 내 말을 따랐다. 우리는 조금씩 속도를 늦추었다.

"그레이스의 수입으로 필요한 걸 충당하기가 힘든 거예요?" 내가 조용히 물어보았다. 나는 지금 그레이스를 공포감으로 밀어넣은 것이 무엇인지 알아내려 애쓰고 있었다.

"저도 모르겠어요. 그게 문제예요. 은행 계좌랑 신용카드가 있을 뿐이에요. 병원비 청구서는 열어보지도 못하겠어요. 그냥 부엌에 놔뒀어요. 이사하기 전에 그냥 버려버린 청구서만 해도 한 뭉치나 돼요."

"그것 때문에 이번 주의 불안이 시작된 거예요? 병원비 청구서가 와서?"

그레이스가 숨을 몰아쉬며 울기 시작했고, 가슴이 불규칙적으로 오르내렸다. "네"라는 대답이 간신히 입 밖으로 나왔다. "네!"

나는 잠시 아무 말 없이 그레이스와 앉아 있었다. 그레이스는 그간 참고 있던 울음과 스트레스를 내보냈다. 그리고 잠시 후 조금씩 진정하기 시작했다. 지금까지 느끼던 엄청난 압박감의 원인을 한 가지 요인으로 특정하니 도움이 됐다.

"사람들은 이 모든 걸 어떻게 해내는 거예요?" 그레이스가 다시금

물었다. 이제 그 말은 수사적인 것에 가까웠다.

"때로는 감당하기 버거울 수 있어요, 분명히. 임금은 너무 낮고 지원도 거의 없어서, 한 개인이 이 모든 걸 한 번에 해결하기는 힘들어요." 내가 이야기를 시작했다. "정말 구려요."

그레이스가 고개를 끄덕였다. "맞아요. 정말 구려요. 친구들처럼 학자금 대출이라도 있었으면 어땠을까요. 상상도 못 하겠어요."

"그러게요." 내가 맞장구쳤다. "정말 힘들죠." 우리는 다시 침묵을 지켰고, 그레이스는 눈물을 닦으며 숨을 고르기 시작했다.

"조금 더 자세히 파고들어볼까요? 지금 그레이스의 상황이 어떤지 정확하게 알고 싶거든요."

그레이스는 고개를 끄덕이고는 눈가를 찌르던 짧은 백금 빛깔 머리카락 몇 가닥을 뒤로 넘겼다. 손톱에 바른 분홍색 매니큐어는 끝이 바스러져 있었다.

"다음 상담 시간에 그 청구서를 가져오면 어떨까요? 열어보기 겁나는 우편을 전부 가져오는 거예요."

"음성 메시지도 있어요."

"음성 메시지요? 겁나서 확인하지 못하는 거예요?"

"네, 확인 안 한 음성 메시지가 스무 개는 돼요."

"좋아요. 그러면 그걸로 시작해볼까요?"

"지금요?" 그레이스가 망설이는 시선으로 나를 바라보았다.

내가 고개를 끄덕였다.

그레이스는 한숨을 쉬더니 몸을 기울여 메신저백 속의 휴대폰을 집어 들었다. 꺼내 들고 잠금을 풀더니 화면을 응시하다가 또 울기 시작했다.

"서른세 개나 있어요!" 나를 보며 눈썹을 치켜떴다. "서른세 개나!"

"괜찮아요. 누가 죽은 것도 아닌데… 아마 안 죽었을 거예요." 내가 눈을 찡긋했다. 내가 기민하게 농담을 던져 그레이스의 공황 상태를 흩어내지 않는 이상, 그레이스는 "어른답지 못한" 자신을 향한 혐오에 잠식될 것이었다. "어서 들어봐요…." 내가 음성 메시지를 틀어보라는 뜻으로 고개를 까닥했다.

그레이스는 한숨을 쉬더니 재생을 눌렀다. 첫 번째 메시지는 몇 초 길이였고 지직거리는 소리만 들렸다. 두 번째, 세 번째 메시지는 자동 녹음 메시지였다. 그레이스는 메시지를 전부 삭제했다.

"다음 세 개는 조지에게 온 거예요." 그레이스가 말했다. 조지는 친한 친구였다. "두 달 전에 남겼는데요!"

"그 후로 만난 적 있어요?"

그레이스가 웃었다. "아마 매일 만났을걸요."

"그러면 나쁜 소식은 아니겠네요!"

그레이스가 메시지를 재생했다. 전부 조지가 소리 지르면서 웃는 소리만 들렸다. 술 취해서 전화했던 것이다.

"그래서…? 지금까지 어땠나요?" 내가 그레이스를 놀렸다.

"딱히 겁낼 일은 아니었네요!" 그레이스가 낄낄거렸다. "나머지는 이따가 들어볼래요."

"좋아요, 상담이 끝나자마자 확인하는 거예요. 그래야 전처럼 계속 떠오르지 않을 테니까."

"네, 알았어요. 그럴게요."

"무섭거나 감당하기 힘든 게 있으면 정리해서 내게 이메일로 보내주면 어때요?"

"좋아요."

"우편물은 다음 주에 가져오는 거죠?"

그레이스가 고개를 끄덕였다.

한 해가 넘도록 회복에 전념하고 자기 자신에게 귀 기울이는 법을 배운 그레이스가 미래 구축에 집중하기 시작하면서, 기본적인 생활을 관리하고 때로는 폭탄처럼 느껴지는 사랑하는 사람들의 연락을 제대로 처리해내는 것이 주요 과제가 되었다. 우리는 상담 시간에 나란히 앉아서 그레이스가 열어보지 못한 음성 메시지와 문자 메시지에 응답하기도 했고, 의료비 청구서를 확인하기도 했다. 신용카드 명세서를 보면서 연이율에 관해 이야기했고, 카드값을 줄일 효과적인 방법을 생각해보았다. 그레이스의 재정 상태에 관해 더 자세하게 알게 된 나는 3개월 치 계좌 거래 내역을 인쇄한 뒤, 음식, 월세, 교통, 미용, 옷 등으로 소비의 종류를 나누고 각각 다른 색 형광펜으로 칠해보라고 했다. 이 습관은 쉽게 깃들었고, 몇 달 뒤에는 혼자 소비를 분류하면서 변화를 확인하게 되었다.

나는 재정 계획이나 예산 수립의 전문가는 아니다. 하지만 안타깝게도 내담자들이 그런 재정 서비스에 접근하기 어려울 때가 있어서, 그들이 돈 문제로 고생할 때는 피하는 법이 없다. 성, 중독, 트라우마에 관한 논의를 피하지 않는 것과 마찬가지다. 내담자가 처한 상황에 가까이 다가가 상담을 진행하고, 삶을 이루는 모든 것들을 상담의 재료로 삼는다. 돈 관리는 요리나 청소, 위생 관리, 서류 작업 같은 여느 "인생 기술"처럼 탐구해볼 가치가 있는 주제다. 우리는 그저 사회, 학교, 부모가 가르쳐주지 않은 것들을 배우려는 것이다.

쿼터라이프 심리 상담에 포함되는 인생 기술은 많이들 "어른 노롯"이라고 일컫는 것과 관련이 있다. 과거에 이런 능력과 지식은 이성애 중심적인 성역할 고정관념에 얽혀 있었다. 여자아이들은 청소, 집안일, 양육, 요리가 자신이 할 일이라고 배웠다. 남자아이들은 돈을 벌고 가족을 부양하는 것, 주로 직장에서 배우는 능력이 자기가 할 일이라고 배웠다. (감사하게도) 지금 사회가 퀴터라이퍼에게 기대하는 것들은 굉장히 다르지만, 사회 문화적 지원은 여전히 미미하다. 과거에는 지식과 같은 성별인 부모, 가족, 또래를 통해 전해지던 실용적인 지식은 이제 같은 방식으로 공유되지 않는다. 모든 사람이 학교에 가고 교육을 받아야 한다고 장려받지만, 학교교육은 일상생활이나 생존과는 관계없는 내용이 대부분이다. 기본적인 생활 기술과 관련된 정보가 심각할 정도로 부족하다.

실용적인 기술도 특정한 방식으로 접근하면 심리적 변화를 일으킬 수 있다. 체계를 구축함으로써 삶 속의 스트레스를 즐거움으로 바꿀 수 있는 것이다. 의미형의 경우, 복잡한 생활 기술을 간단하게 연마해냄으로써 막대한 자신감을 얻을 수 있다. 돈 관리 방법에 전념하는 시간을 확보하는 것은 그레이스와의 상담에서 핵심적인 부분이 되었다. 그레이스가 자신에게도 돈 관리 법을 이해하고 실천할 능력이 **있다**는 자신감을 얻게 되면서, 삶 전반에서 절망적이거나 "어른답지 못하다"라고 느끼는 일이 적어졌다. 돈과 재정 관리에 집중하면서 자아의 반쪽과 마찬가지인 안정성과 삶의 수단을 구축하게 된 것이다. 그레이스는 파도를 타기 위해 서프보드를 만들고 있었다.

"어제 신용카드 회사에 전화해서 이자율을 낮춰달라고 했어요." 어느 날 그레이스가 말했다. 상담을 시작하자마자 형광펜을 칠한 은행 계좌와 신용카드 명세서를 꺼내 들었다. "상담을 시작하기 전에 보여드리고 같이 이야기하고 싶었어요."

"어떻게 됐어요?" 내가 물었다. 시키는 사람도 없었는데 알아서 카드사에 전화를 걸다니, 인상적이었다.

"둘 다 제 이자율을 낮춰주겠대요!" 그레이스는 승리감에 충만해 있었다. "대기 시간이 얼마나 길던지, 이러다가 **평생** 기다릴지도 모르겠다, 싶었거든요. 그런데 성공했지 뭐예요! 정말 이자율을 낮춰줬어요!"

"굉장한데요!"

"그런데 한 카드 이자율이 다른 카드보다 훨씬 높은 상태예요. 그래서 그쪽에 먼저 돈을 내려고요. 올해 말까지 갚을 수 있을 것 같아요. 다 갚으면 얼마나 기분이 좋을까…."

내가 기쁨의 미소를 지었다.

나는 이 모든 것이 쉽지 않았음을 알았다. 그레이스의 수입은 아주 적었고, 때로는 보험사와 나눠 내는 심리 치료 비용이 연체될 때도 있었다. 해결해야 할 것이 많았다. 하지만 돈 관리법을 배울 수 있다는 사실에 해방감을 느꼈다. 더 이상 경제력은 몇몇 사람만 진입할 수 있는 불가능의 영역이라고 느껴지지 않았다. 인생 기술을 배우면 배울수록 과거에 그랬던 것처럼 타인의 도움을 갈구하는 일이 줄어든다는 것을 그레이스는 알게 되었다. 세상이라는 수수께끼를 풀어내면서 자신이 얼마나 큰 꿈을 꿀 수 있을지 알아가는 중이었다.

우리 두 사람의 목표는 그레이스가 "철드는 것", "정신 차리는 것"이 아니었다. 어떻게 이런 모욕적인 말로 퀴터라이퍼를 다그쳐 세상에 나아가도록 등을 떠밀겠다는 것인지, 나는 이해가 되지 않는다. 현실이 오직 세금과 스트레스로만 이루어져 있다면 "현실로 뛰어들겠다"는 사람은 하나도 없을 것이다. 그레이스 같은 의미형이 안정성을 구축할 때는 자기만의 성장과 변화를 목표로 삼아야 한다. 돈 관리와 일상적인 과제를 향한 자신의 태도를 개선하면 무엇이 나아질 수 있는지 이해한 그레이스는 전처럼 그런 일에 피로감을 느끼지 않았다. 삶에 수반되는 어려운 과제들은 독립이라는 더 큰 목표의 일부로 느껴지기 시작했다. 그레이스는 항상 주변 사람들을 보며 그들에게 성장할 능력이 있고 좋은 삶을 살 능력이 있다고 믿어 의심치 않았다. 이제는 자신에게도 그들과 똑같은 능력이 있다고 진심으로 믿게 되었다.

÷

삶을 (허물고 다시) 쌓아 올리기

"잘 지냈어요?" 상담실에 도착한 미라에게 내가 물었다.

미라는 내 질문에 조금 얼굴을 찌푸렸다. 전반적으로 미라는 전보다 훨씬 잘 지내고 있었다. 상담을 통해서 오랫동안, 기억하기로는 평생 억압해온 자신의 일면에 접근할 수 있었다. 전반적으로 태도가 밝아졌고, 내게도 더 스스럼없었다. 더 부드럽고 개방적이었다. 하지만 오늘은 다소 뚱해 보였다.

"솔직히 말하면 힘들었어요."

얼마 전 미라는 드디어 긴 휴가를 보내기로 했다. 지금까지 모은 200시간의 휴가에 더해 무급 휴가까지 썼다. 오랫동안 준비해서 상사와 면담을 했고, 응원도 받았다. 이 자유의 시간을 어떻게 쓸지, 영감과 평온을 줄 수 있는 계획을 짜놓았다. 하지만 휴가가 시작되고 고작 첫 번째 주였는데도 일상은 미라가 바라던 대로 흘러가지 않았다.

"아침이면 명상을 하겠다고 계획했는데, 벌써 그만뒀어요. 온종일 뭘 해야 할지 모르겠어요." 미라가 한숨을 쉬었다. "그냥 휴가가 끝나기 전에 회사로 돌아갈까 봐요."

미라의 회의감이 공간에 가득했다. 문득 나는 이 휴가가 실수는 아니었을지 걱정스러워졌다. 어쩌면 미라에게 필요한 것은 이런 것이 아니었을지도 모른다. 하지만 미라에게 필요한 것이 직장이라고 믿는 것은 더더욱 힘들었다.

"더 이야기해봐요." 내가 말했다.

미라는 어깨를 으쓱했다. 미라가 생각을 정리하는 동안 나는 옆에서 기다렸다.

"제 생각에 저는 체계가 없으면 정말 불편해하는 사람인 것 같아요. 집에 있으면 불안해요. 정말 아무것도 안 하는 건 아니에요. 전보다 요리를 훨씬 더 많이 하고, 엄마가 남긴 요리법도 연구하고 있어요. 이건 좋아요. 하지만 **텅 빈** 시간이 너무 많아요."

"그게 체계적이지 않다고 느끼는군요."

미라가 고개를 끄덕였다. "솔직히 말하면, 저는 항상 마감을 맞추고 기대에 부응하는 걸 더 잘했던 것 같아요." 미라는 잠시 이야기를 멈추었다. "톰도 벌써 걱정스러운가 봐요."

"톰이 걱정해요?"

"네. 제가 주말이면 어떤지 아니까요. 피곤해서 푹 퍼져 있거든요. 항상 그런 모습일까 봐 걱정되는 거죠. 소파에 늘어져서 우울해할까 봐. 톰은 다 알아요. 저는 취미가 많은 사람이 아니고, 사실 저 혼자서는 동기부여가 되지 않아요."

"톰의 걱정이 옳은 것 같나요?"

"그럴 확률이 큰 것 같아요." 미라가 수긍했다.

미라는 긴장한 듯 앞니로 아랫입술을 조금씩 반복해 물어뜯었고, 그 동작이 호흡을 방해하는 것 같았다. 전투 태세에 돌입한 듯한 모습이었다. 일을 그만둔 미라는 금단증상을 겪는 것이나 마찬가지였다.

미라처럼 튼튼한 체계를 쌓으며 살아온 안정형에게, 삶을 구축하는 작업은 의외로 그간 쌓은 것을 허물면서 시작될 수 있다. 삶의 의미에 도움이 되지 않는 기존의 안전한 기반을 허무는 것이다. 과거의 미라는 기능적인 삶을 구축했다. 좋은 삶이었다. 하지만 지금은 더 많은 무언가를 향한 내면의 욕망이 무시할 수 없을 만큼 커져 있었다. 생존에 필요한 기본적인 욕구가 만족되면, 안정의 역할은 의미가 자라날 수 있도록 기반을 제공하는 것이다. 아이를 기르거나 자신이 좋아하는 것을 할 집이든, 모험, 봉사 활동, 활력 있는 삶을 가능하게 해주는 직업이든, 결국에는 의미가 핵심이 되어야 한다. 일상의 생계가 잘 꾸려졌는데도 오랫동안 안정에만 집중한다면 삶은 곧 허무해질 것이다. 미라가 이런 경우였다. 미라는 자신이 구축한 삶을 조심스럽게 허물어야 했다. 오랫동안 공연한 연극의 무대를 허물고 다른 무대를 구축하는 것과 비슷했다. 대대적인 방향 전환이었다. 나는 미라에게 이 점을 상기해주려 노력했다.

"한동안은 그냥 늦잠을 자면서 여유를 즐기면 어때요? 아침에 일어나면 무슨 꿈을 꿨는지 글을 써도 좋고요. 정해진 시간에 일어나 명상을 하거나, 자신에게 엄격한 일정을 부과하지 말고요."

"맞아요." 미라가 동의했다. "저도 알아요. 지금 저는 아무 쓸모도 없어요. 사실 이러나저러나 늦잠은 자거든요. 그러면서 늦잠을 자는 자신에게 화를 내요. 아니면 톰이 저를 게으르다고 생각할까 봐 톰이 일어나는 시간에 맞춰 일어나요. 그러고는 나중에 다시 드러누워요. 자신에게 실망한 채로."

"미라에겐 제대로 된 휴식이 필요한 것 같아요."

미라는 동의했다. 그간 열심히 일했으니 아무런 계획 없이 뒹구는 시간도 오롯이 포용해야 하는 자연스러운 것이었다. 우리는 휴가의 초반 몇 주 동안 미라에게 무엇이 필요한지 남편에게 설명할 방법을 궁리했다. 남편의 걱정을 덜어주고 미라에게 필요한 자기만의 공간을 확보하는 것이 목표였다. 우리는 그냥 뒹굴뒹굴하면서 음악이나 팟캐스트를 듣거나 재미있는 소설 몇 권을 처음부터 끝까지 읽어도 괜찮겠다는 이야기를 나누었다. 미라는 상상력을 재가동해야 했다. 우리는 속도를 늦추는 것과 삶을 완전히 멈추는 것은 종이 한 장 차이라는 것을 알았다. 그래서 인터넷과 SNS에 쓰는 시간을 제한하는 것이 중요하다는 이야기를 나눴고, 미라는 무한 스크롤링의 블랙홀에 빠지지 않도록 SNS 앱을 전부 지우기로 했다. 직장의 피로를 해독하는 시간, 새로운 것이 태어날 수 있는 자유로운 시간이 필요하다는 것을 미라는 이해하고 있었다.

"제가 똑똑히 **이해**해야 할 것 같아요. 이제는 목표가 다르다는 걸."

"더 이야기해봐요." 나는 호기심이 동했다.

"이제 제 일상의 목표는 마감을 맞춘다거나 의뢰인을 만족시키는 게 아니고…" 미라는 잠시 이야기를 멈추고 생각에 빠졌다. "미라바이가 하고 싶은 게 뭔지, 제니퍼가 **두려워하는** 게 뭔지 알아내고, 그 방향으로 전진해서 제니퍼의 한계를 확장하는 거예요."

"대단해요." 내가 미소 지었다. "네. 바로 그거예요."

"제니퍼는 운전석에서 내려야 해요. 통제권을 내주는 거죠. 미라바이는 주도권을 잡는 법을 배워야 하고요."

안정형에게 기존의 삶을 허물고 진정한 삶을 구축하는 작업은 복잡한 법이다. 이 작업은 타인의 기대(나 타인의 기대라고 짐작하는 것으)로부터 등을 돌리고 자기 자신과 자신의 흥미를 향해 이동하는 과정이다. 처음에는 목표 지점이 명확하지 않을지라도 말이다. 자기 몸과 영혼을 끊임없이 점검하면서, 정기적으로 경청 작업으로 돌아와 지침을 얻고 실행에 전념해야 한다. 이 작업은 자기 자신을 **믿는다**는 급진적인 행위다. 다른 사람이 이해하지 못할 때도, 안정적인 일상에 위협이 될 때도 자신의 영혼이 옳다고 믿는 것이다. 바로 이것이 미라가 해야 할 일이었다.

시간이 걸렸다. 미라는 이 휴가가 잘못된 선택이고 다시 직장으로 돌아가야 한다는 내면의 회의감을 끊임없이 밀어내야 했다. 불확실과 공포 속으로 뛰어들어야 했다. 텅 빈 일상으로 뛰어들어 새로운 것을 만들어야 했다.

"미라바이 이야기가 나와서 말인데요." 내가 천천히 이야기를 꺼냈다. 어쩌면 지나치게 캐묻는 것일지도 몰랐다. "휴가 기간에 그림을 그리면 어떨지, 생각해본 적 있나요…?"

"네." 미라가 우물거렸다. "알아요. 그림 생각을 많이 했어요. 이렇게 그림에 거부감을 느끼다니, 정말이지 이상해요. 왜인지 생각조차 하기 싫어요."

"어쩌면 미라의 일부는 **너무나도** 그림을 원하기 때문일까요?"

"네… 그러니까… 그 말이 맞아요. 어떤 거냐면, 그림을 그려봤자 무슨 **쓸모가 있을지** 모르겠어요. 그래서 하기 싫은 거고요. 하지만 그러면서도 일단 시작하면 절대 그만두고 싶지 않을 것만 같아요. 이상하고 무서워요."

"제니퍼와 미라바이가 싸우고 있는 거예요." 내가 미소 지었다.

미라가 어깨를 으쓱하고 미소 지었다. "그런가 봐요. 그리고 제니퍼가 이기고 있고요, 맞죠?"

"하지만 미라는 사실 그림을 그리고 싶잖아요."

"네…." 미라는 나를 바라보다가 자기 손을 바라보았다. 볼을 씹기 시작하더니 깊이 심호흡을 했다.

이것은 미라가 거쳐야 하는 시험이었다. 미라는 자신의 영혼인 미라바이가 요구하는 것, 때로는 애원하는 것을 실천으로 옮길 수 있을까? 무슨 "쓸모"가 있는지 모르겠지만, 그럼에도 급진적인 변화를 감행해서 관심을 원하는 자신의 일부를 신뢰할 수 있을까? 지금 미라를 자극하는 것은 책임감이 아닌 그가 가진 고유한 본성이었다. 낯설고 아슬아슬한 모험이 시작될 것이었다. 이제 미라는 마감이나 클라이언트의 요구 사항이 아닌, 미묘하고 집요한 내면의 **바람**에 집중해야 했다.

"화구를 찾아보기는 했어요." 미라가 마치 위험한 비밀을 공유하는 것처럼 다시 이야기를 꺼냈다. "솔직히 말하면, 사고 싶은 게 잔뜩 있어요. 전부터 목록을 기록해놨거든요."

"그랬어요?"

"네. 그리고 작업실로 쓸 만한 공간을 발견해서, 이메일을 보내뒀고요."

"**정말** 그랬어요?" 나는 마음이 놓였다.

미라는 고개를 끄덕였지만, 시선은 그저 손만 내려다보고 있었다.

"더 이야기하기 겁나요?"

미라가 다시 고개를 끄덕였다.

✛

잿더미에서 일어서기

"사실 저는 농구팀에서 활동하는 게 싫었어요." 상담을 시작하고 약 여섯 달쯤 지났을 때 코너가 말했다. 전에는 그 누구에게도 한 적이 없는 말을 용기 내서 털어놓는 듯한 급작스러운 고백이었다.

"정말요?" 나는 진심으로 놀랐다.

코너가 어깨를 으쓱하며 그렇다고 대답했다. 농구와 농구팀 팀원들에 관해 이야기할 때는 으레 애정에 벅차오르거나, "그들에게 실망을 안겼다"면서 수치심에 빠지던 것과 사뭇 달랐다.

"정확히 말하면, 농구는 좋아했어요." 코너가 무슨 뜻인지 설명하기 시작했다. "저는 포인트 가드거든요." 나를 바라보는 코너의 어조가 달라졌다. "포인트 가드가 뭔지 아세요?"

나는 지역 NBA 농구팀인 트레일블레이저스의 경기를 꼬박꼬박 챙겨보는 사람이었기에 코너의 질문에 고개를 끄덕이며 트레일블레이저스의 포인트 가드를 언급했다.

"맞아요." 코너가 고개를 끄덕였다. "뭐, 그 수준은 아니지만 저도 꽤 잘하거든요. 슛을 날릴 때 느껴지는 기분이란… 설명하기 힘들어요. 때로는 저격수 같은 것이 된 기분이에요. 제가 하는 모든 게 정확성과 연결되어 있거든요. 그게 좋아요. 집중해서 정확하게 해내는 것."

이야기를 듣는 내 귀가 쫑긋해졌다. 코너가 구체적으로 무언가를 좋아한다고 말한 것이다. 나는 이런 순간을 위해, 코너의 관심사가 어떤지 세세하게 알게 될 순간을 위해 줄곧 귀 기울이고 있었다. 한 사람에 관한 정보는 그가 좋아하는 것과 좋아하는 이유에, 취향의 구석구석

구축　　　　　　　　　　　　　　　　　　　　　　　　　　　201

에 빼곡히 숨어 있기 마련이다.

"정확하다는 그 감각을 좋아하는군요." 내가 코너의 대답을 곱씹었다.

"네. 공이 손가락을 떠나는 느낌, 떠날 때부터 이 슛은 성공이라는 걸 직감하는 경험이 너무 좋아요." 코너가 좋아하는 것을 떠올리자 그를 감도는 분위기도 덩달아 바뀌었다. 낯빛이 밝아졌다. "정말 굉장한 느낌이에요." 코너가 생각에 잠겼다.

하지만 잠시 생각에 잠겨 있던 코너에게 다른 무언가가 떠오른 듯했다. 이 대화가 어떻게 시작됐는지, 자신이 어떤 이야기를 털어놓고 싶었는지 생각났던 것이다.

"그런데 경기하려고 이동하는 건 싫었어요. 경기를 마치고 돌아오면 항상 녹초가 됐어요. 혼자 하는 게 훨씬 낫겠다 싶더라고요. 나 혼자 집에 있는 코트에서요."

"어린 시절에 집에서 농구를 했나요?"

"네. 매일 학교 끝나면 했어요. 가끔은 어둑어둑해질 때까지."

코너는 혼자서 농구공을 던지면서 느끼던 편안함을 되새기고 있었고, 나는 그 모습을 지켜보았다. 그런데 코너의 얼굴이 다시 어두워졌다.

"왜 그래요?" 내가 물었다. "방금 무슨 생각을 했어요?"

"우리 팀 코치가 너무 싫어요."

"대학 농구팀 코치요?"

"네. 이제 우리라고 할 수는 없겠지만…. 그 코치는 완전 개자식이에요."

"왜요?"

"하는 짓이 전부 그래요." 코너가 웃음을 터뜨렸다. "항상 우리한테 소리를 질러요. 코치라면 원래 억박지를 때도 있지만, 정도가 지나쳤어요. 가끔은 진짜 못 견딜 지경이었어요."

코너는 학교를 그만두게 된 이유, 무너져 내린 과거의 삶에 관해 고민하는 중이었다. 이제 잔해를 수습하고 해답을 구하면서 그때 무슨 일이 있었고 **지금** 자신이 무엇을 원하는지 밝혀내고 있었다. 조금씩 조금씩, 잿더미 속에서 새로운 삶을 구축하려고 노력하고 있었다.

"그리고, 이야기가 나왔으니까 하는 말인데, 전공이 맞지 않았던 것 같아요."

"그래요? 자세히 이야기해보세요."

"학교에서는 운동선수들을 죄다 언론정보학과로 집어넣고는 해요." 코너는 전에 수강했던 언론정보학 강의에 관해 이야기했다. "전부 쓸모라고는 하나도 없어 보였어요. 학점 잘 받는 건 어렵지 않았는데, 항상 바보가 된 느낌이었어요. 너무 쉬워서요. 너무 바보 같아요."

"이제는 많은 것이 명확해졌나 봐요."

코너가 다시 고개를 끄덕였다. 생각에 잠긴 듯했다.

"제가 학교로 돌아간다면, 이것저것 바꿔야 할 거예요." 코너가 내 눈을 바라보았다.

전보다 명확해진 것은 관점뿐만이 아니었다. 그날 상담에서 나는 코너의 전반적인 태도가 전과 상당히 다르다는 것을 눈치챘다. "더 단단해진" 느낌이랄까, 다른 내담자들도 종종 보여주지만 설명하기는 힘든 변화였다. 물리적인 존재감이 강해지고 성숙해졌으며, 자기 자신에 관해 더 잘 알게 된 것 같았다. 이런 변화에 특별한 계기가 있었는지, 어떤 행동 변화가 있었던 것인지 궁금해졌다.

"오늘은 코너의 존재감이 전보다 더 강렬한데요." 내가 말을 꺼냈다. "많은 것을 명확하게 바라보게 된 것 같고요."

"실제로 기분이 더 좋아요."

"변화의 계기가 뭔지 알아요?"

"음, 이번 주 내내 9시에 일어나서 아침을 만들어 먹고 있어요."

나는 눈이 휘둥그레졌다. "정말요?"

"네." 고개를 끄덕이는 코너의 반응은 그다지 열렬하지 않았지만, 반가워하는 나를 저지하지도 않았다.

"아침 식사 때문에 기분이 나아졌다는 걸 알고 있었어요?"

"아, 그럼요." 코너가 웃으면서 크게 대답했다.

"정말 기분이 좋아진 것처럼 **보이는**데요."

사실 나는 몇 달 전부터 코너에게 그와 식생활에 관해 물어보았지만, 이는 항상 복잡한 주제였다.

"식사를 잘하고 있는지 궁금한데, 간단히 점검만 해보면 어떨까요?" 언젠가 내가 질문한 적이 있었다. 그날 코너는 완전히 정신이 나간 상태였고, 내가 질문을 던져도 잘 알아듣지도 못했다.

"식사?" 코너가 어리둥절한 채로 대답했다.

"네, 식사요. 그러니까, 매일 몸에 음식을 공급하고 있는 거예요?"

코너의 입술이 양옆으로 벌어지면서 위아래 치아가 그대로 드러났다. 마음에 안 드는 상황에 처한 듯한 표정이었다.

"음… 아니요?"

"네." 내가 슬프게 고개를 끄덕였다. "그런 것 같았어요."

그 후로 몇 달 동안, 나는 상담에 영양 교육을 포함하려고 노력했다. 독립적이고 만족스러운 삶을 구축하려면 최소한 자신의 기본적인 욕구 정도는 책임질 수 있어야 했다.

쿼터라이프를 거치면서 식이장애를 진단받는 경우도 드문 일은 아니지만, 무질서한 식이 습관은 만연한 수준이다. 돈이 부족하든, 좋은 음식에 접근하기 힘든 상황이든, 요리를 배운 적이 없든, 영양소가 부족한 가공 포장 식품을 선호하는 유행 때문이든, 그런 유행의 대안으로 대두된 순수하고 건강한 음식만 고집하는 집착 때문이든, 이런 다양한 이유로 인해 쿼터라이퍼 대다수는 음식과 식사에서 문제를 겪고 있다.

"처음에는 실용적인 이유 때문이었어요." 코너가 왜 식사를 안 하는지 이야기해준 적이 있었다. "부모님이 주시는 용돈을 아껴보려고 그랬어요. 아데랄을 먹다 보니 허기를 못 느끼기도 했고요. 흡입하기도 했어요." 코너가 나를 쳐다보며 고백했다. 알약을 가루로 빻아 코로 들이마셨다는 이야기였다.

"자주 그랬어요?" 내가 물었다.

"아침마다 그랬을걸요?" 코너가 입을 다물고 자기 손을 바라보았다. "가끔은 오후에 한 번 더 하고요."

그 설명을 통해 코너의 뚜렷한 피로감과 퀭한 낯빛을 어느 정도 이해할 수 있었다. 때로 옷이 너무 커서 허수아비처럼 보였던 것도 이해할 수 있었다. 코너는 고등학생 시절 초반기부터 아데랄을 처방받았다. 대학에서는 성과를 높이기 위해 복용했지만, 집으로 돌아온 뒤로는 그저 허기를 잠재우고 아침에 활력을 얻는 용도로 사용하고 있었다. 시간이 지나면서 나는 코너가 눈에 분노를 담고 있거나 오랫동안 우울감에 고생할 때면 각성제에 의존하고 있어 그렇다는 것을 깨닫게 되었다. 가끔 코너는 상담 도중에 갑자기 돌변해 상처를 보호하는 무력한 동물처럼 나를 몰아세우기도 했다. 코너에게 상담이 끝나자마자 무엇이든 먹으라고 말하곤 했지만, 식사를 거르고 곧바로 집에 돌아갈 확률이 크다는 것을 나는 알고 있었다.

코너를 자살 충동으로 밀어 넣은 약이 보험에서 승인하고 비용을 지급한 것이라는 사실은 짚어볼 만한 가치가 있다. 코너가 종종 상담실에 들고 오는 에너지 드링크는 그의 또래를 주요 고객층으로 겨냥한다. 반면 혈당을 조절하고, 비타민과 pH의 균형을 맞추고, 몸과 정신의 기능에 도움이 되는 음식은 접근하기가 더욱 어렵고, 쿼터라이퍼를 주 고객층으로 간주하지 않으며, 빨리 먹을 수 없다. 바로 이것이 현대 쿼터라이프 심리의 거대한 아이러니이자 위험이다. 도움이 되는 것은 사회에서 장려하지 않고, 비용이 지나치게 높으며, 효과적인 광고도 없다. 주류 심리학의 지원을 받지도 못한다. 주류 심리학은 진단과 약물에만 손을 뻗을 뿐 기본적인 영양, 적절한 운동, 정기적인 수면의 중요성은 간과하는 경향이 있기 때문이다.

하지만 오늘 상담에서 코너는 어딘가 달랐다. 훨씬 좋아진 모습을 볼 수 있어 다행이었다. 돌연 삶을 재건하는 일에 전념하기로 결심한 모습이었다. 자신에게 필요한 도움을 제공해줄 새로운 체계와 습관을 구축할 준비가 된 것 같았다.

"그래서, 아침으로는 뭘 만들어 먹었나요?" 내가 물어보았다.

"해시 요리를 잔뜩 먹었어요. 고기와 감자를 볶고 치즈, 시금치, 달걀을 곁들여서." 코너는 자부심이 느껴지는 얼굴로 나를 쳐다보았다. "지이이인짜 맛있었어요." 코너가 강조하려고 단어를 늘여 말하면서 웃음을 터뜨렸다.

"맛있었겠어요." 나는 코너를 따라 웃었다. 그렇게 생동감이 넘치는 모습을 보니 마음이 놓였다.

"집에 가기 전에 저녁으로 태국 음식을 먹으려고 기대 중이에요."

"모퉁이 근처에 있는 식당이 맛있어요." 내가 창밖을 가리켰다.

"네…." 코너는 고개를 끄덕였다. 생각에 잠긴 것 같았다. "또 하고 싶은 말이 있었는데… 아데랄을 끊었어요."

"그랬어요?"

"네. 지난주에 한 병을 다 먹었는데, 이제는 처방전을 받지 않으려고요. 알고 있어요, 오래전부터 약이 나쁜 영향을 줬다는 걸."

새로운 일상의 패턴을 구축하려는 움직임은 비밀스럽게 시작되었다. 그간 나는 우리의 상담이 코너에게 얼마나 닿고 있는지 알고 싶어 끙끙대고 있었는데, 어디선가 연결이 되기는 했던 것이다. 코너는 자신에게 무엇이 좋지 않았는지 가려내고 변화를 만들기 시작했다. 더는 필요하지 않은 오래된 장난감이나 서류를 치우듯 조금씩 대학 농구팀과 언론정보학 전공과 아데랄을 버렸다. 그리고 이 모든 것을 깨달음으로써, 자신에게 살고 싶은 삶을 제공하지 못한 과거의 체계와 영향력을 완전히 허물었다. 이제는 조금씩 행복감이 느껴지는 삶을 구축해나갈 차례였다.

9장

통합

새로운 것을 향해 나아가고,

새로 맺은 결실을 축하할 수 있을까?

심리적 성장이 한 권의 책처럼 명쾌하고 직선적인 형태로 이루어지는 경우는 드물다. 자신을 창조하는 작업은 지극히 어려울 때가 많으며 복잡하고 순환적이다. 극복했다고 생각한 패턴으로 후퇴하기를 반복하고, 전에 깨달았던 것을 다시 깨닫고는 한다. 그래서 성장의 네 기둥이 **기둥**이지 단계가 아닌 것이다. 분리, 경청, 구축, 이 세 가지 작업은 앞으로 나아갔다가 뒤로 돌아오기를 반복하면서 이루어지기에 진동, 혹은 직조처럼 느껴질 수 있다. 예를 들어 구축에 너무 깊이 파고들다가는 무엇이든 바꾸어버리고 싶은 집착이 생길 수 있는데, 이럴 때는 다시 자신의 내면을 경청해야 한다. 비슷하게, 자신의 욕망과 필요를 경청하는 것이 너무 혼란스러우면, 친구나 과거의 양육자, 사회의 규율과 자기 내면의 목소리를 분리하는 일에 다시 주의를 기울여 무엇이 혼란을 초래하는 것인지 밝혀내야 한다. 시간이 지나면 여러 기둥 사이에 거미줄처럼 아름답고 새로운 패턴이 형성된다. 분리, 경청, 구축, 이 세 가지 작업이 '통합'되기 시작하면서 완전히 새로운 것이 나타난다.

통합의 경험은 놀랍고 실질적인 '성취'의 형태를 취할 수도 있다. 직업적 성공이라든지, 예술 작품을 완성한다든지, 전에는 이루어질 수 없었던 연애 관계를 맺게 되는 식이다. 많은 사람에게 통합의 경험은 마치 마법이 일어난 것처럼 느껴질 수 있다. 크고 작은 순간이 쌓여 자신의 영혼과 자아가 공생하고 있다고 느낄지도 모른다. 이는 한 사람의 내면세계와 외부 세계가 합일을 이루는 경험이다. 마침내 안정과 의미 자아는 더 이상 반목하지 않고 끈끈히 연결되어 삶과 **관계를 형성**하게 된다.

분리하고, 경청하고, 구축하기 위해 치열하게 노력한 후에 그 모든 결과를 통합할 수 있다면, 그것은 마치 축복과도 같다. 이런 경험을 통해 쿼터라이퍼는 자신이 지켜보기만 할 뿐 실제로 행동하지 못하는 방관자가 아니라 세상의 일부로서 세상의 형성에 일조하고 있다고 느낄 수 있다. 지금껏 견뎌야 했던 방황과 고통이 지나간 자리에 굉장한 것이 탄생할 수 있다는 사실을 믿지 못하는 쿼터라이퍼에게, 나는 **자기 삶을 사랑할 수 있다**고, 기쁨을 즐기고 선한 것을 믿는 능력은 과거의 치열한 노력만큼이나 중요하다고 강조한다. 통합을 향해 나아가는 행위는 취약함과 친밀함, 창의력, 성공이 두려워질 때 그 두려움을 직면하는 행위다. 그러기 위해서는 과거와 다른 존재로 거듭날 용기, 마음이 동하는 새로운 길을 믿어볼 용기, 자기만의 고유한 삶을 선택할 용기가 필요하다.

새로운 시작

"이제 서류 작업은 전부 끝난 것 같아요." 코너는 한 해 동안 상담을 계속한 끝에 학교로 돌아갈 계획을 마무리하고 있었다. 몇 주 내에 새로운 학기가 시작될 예정이었다.

"잘됐네요!" 나는 코너에게 미소로 응답했다.

"부모님은 제가 학교로 돌아가게 되어 마음이 놓이나 봐요." 코너가 이야기를 시작했다. "그런데… 부모님께 코치와 연락하고 지냈다고 했어요." 코너는 나를 흘끗 보더니 잽싸게 시선을 피했다.

"실제로는 아닌 거예요?"

"네. 절대 연락 안 할 거예요. 그 코치 팀에 들어가는 일은 절대 없어요."

"사실대로 이야기할 건가요?"

"그래야겠죠. 그런데 일단 중요한 것들을 해결해야 할 것 같아요. 도움을 받아서 학교에 등록부터 해야죠. 차근차근 중요한 것부터 처리하기, 맞죠?"

나는 코너의 복잡한 상황을 이해했다. 코너는 부모님의 기대와 바람으로부터 분리해 균형을 유지하면서 자신을 믿는 능력을 개발하려고 애쓰고 있었다. 그 어떤 것도 쉽지 않았다. 부모님에게 재정적으로 의존하고 있는 상태라 특히 힘들었는데, 이는 쿼터라이프에 빈번하게 발생하는 문제다.

그래도 코너는 전보다 식사도 훨씬 잘 챙겼고, 집에 있는 날에는 전처럼 농구를 했다. 부모님이 자신에게 느끼던 서먹함이 줄어들었다

210

는 것도 알고 있었다. 부모님은 코너의 내면에 무슨 일이 일어나고 있는지 전부 알지는 못했지만, 적어도 지금의 아들에게서는 익숙한 모습이 보였다.

"우리가 대화를 많이 하는 편은 아니거든요, 아시죠? 그렇지만 확실히 선을 지키더라고요. 더 이상 저를 감시하거나 전전긍긍하지 않아요."

이제 코너는 상담에 올 때마다 항상 부드러운 모습이었다. 전처럼 분노나 흥분에 차 있지 않았다. 수치심과 자기혐오의 단단한 굴레에서 벗어났고, 자신을 돌보는 능력이 급격하게 성장했다. 자신에게 귀를 기울이는 골디락스 탐험 역시 큰 성과를 이루었다.

"학교 상담사와 다음 학기에 의예과 과정을 시작하면 어떨지 이야기했어요." 코너가 알려주었다.

"그랬어요?" 우리가 과학이나 의학에 관해 많은 이야기를 나누지는 않았지만, 나는 사람들이 지금껏 의식하지도 못한 대상에 즐거움을 느끼는 것을 지켜본 경험이 많았다. "더 이야기해봐요."

"저번에 알려주신 대로 제가 좋아하는 것을 찾아내려고 집중해봤거든요. 지금까지 수업에서 배웠던 것 중에 마음에 드는 건 아무것도 없었고, 너무 지루해서 항상 졸기만 했어요. 하지만 코치가 시켜서 수강했던 해부학 수업이 생각났어요. 궁금한 게 정말, 정말 많았어요. 제가 질문을 너무 많이 해서 농구팀 팀원들이 항상 놀려먹었다니까요."

나는 활기 넘치고 호기심 많은 코너를 상상하며 미소 지었다.

"저는 실제로 적용할 수 있는 걸 배우고 싶어요, 이해되시죠? 그간 제가 농구의 정확성을, 그 실제적인 경험을 얼마나 좋아하는지 생각해봤어요. 저는 그런 걸 원해요. 제가 하는 일에 어떤 의미가 있는지, 그

일을 어떻게 해내야 하는지 알고 싶어요."

코너가 이렇게 깊이 고민하고 있었다니, 나는 놀라고 말았다. 몸을 기울인 채로 코너의 이야기를 전부 흡수했다.

"뭐, 정말 힘들겠다는 생각은 해요. 그래도 그 가능성을 탐험해야 하는 거잖아요?"

"흥미를 느낀다면 당연히 그래야죠. 아직 대학에 다니고 있으니까."

"네. 또 깨닫게 된 게 있는데, 제가 몇 년 전에 있었던 일을 자꾸 떠올리고 있더라고요. 고등학교 3학년 때 농구팀 코치님과 차를 타고 이동하고 있었는데, 우리가 보는 앞에서 사고가 났어요. 저는 차가 서자마자 내렸어요. 사고 현장으로 달려가서 사람들이 괜찮은지 확인했고요." 코너가 잠시 이야기를 멈추었다. "그러니까, 생각할 겨를도 없었어요. 정말 심각한 상황이었어요. 우리는 같이 구급차가 올 때까지 기다렸고, 구급요원들이 바쁘게 움직이는 모습을 보고 그제야 마음을 놓았죠."

"구급요원의 역할을 하는 자신의 모습이 그려졌던 거군요." 나는 코너가 하는 말을 유심히 듣고 곱씹었다.

"네, 아니면 호기심이 생겼거나. 다시 차에 탔더니 코치님이 이렇게 말했던 게 떠올랐어요. 제 반응이나 행동을 보고 있자니 의사가 되면 잘하겠다는 생각이 들었대요. 압박을 느낄 수 있는 상황인데도 무서워서 움츠러들지 않고 유능하게 대처했다고요."

"그럼요. 그럴듯하네요. 포인트 가드 역할이 좋았던 이유 중 하나가 바로 그 압박이었잖아요?"

"네, 맞아요." 고개를 끄덕이는 코너는 힘이 넘쳤다.

"학교 상담사는 뭐라고 하던가요? 지금 전공을 바꿀 수 있는 거예요?"

"네, 지금 의예과로 전공을 바꾸려면 어떻게 해야 할지 이야기했어요. 알아볼 거래요. 전공을 바꾸면 졸업 전에 적어도 한 학기는 더 다녀야 해요. 이번에 놓친 한 학기를 더하면 총 두 학기를 더 다녀야 하는 거예요. 그런데 알고 보니까 필요한 수업을 이미 몇 개 들었더라고요. 그러니 도전할 만해요."

코너는 안정과 의미가 모두 깃든 삶이 어떤 것인지, 그 깨달음에 조금 더 가까워져 있었다. 이제 겨우 스물한 살이었다. 앞으로 몇 년 동안 부모나 또래와 자신을 분리하는 법을 고민하고 자기만의 관점과 정체성을 밝혀내야 할 터였다. 의대 진학이 코너의 꿈이라면, 자기 몸과 좋은 관계를 유지하면서 건강한 습관을 이어가기 위해 노력해야 했다. 코너의 핵심 과제는 모든 것을 통합하는 방법을 익히는 것이었다. 잠시 깜빡하더라도 곧바로 자기 인식과 자기 돌봄으로 돌아와야 했다. 부모나 파트너와 공들여 소통하고, 자신이 진정한 기쁨을 추구할 수 있도록 허락해야 했다. 그런 것이 두려워 보여도, 그로 인해 가족과 불화가 생기거나 따돌림을 당하게 된다 해도 그래야만 했다.

코너가 쓰고 있던 야구 모자를 위아래로 잽싸게 움직여 모양을 조정했다. 손가락 관절을 뚝뚝 꺾더니 깊이 숨을 들이쉬었다. 실제로 몸 구석구석에 가닿는, 스트레스에 막히지 않는 호흡이었다. 커다란 먹이를 삼킨 허기진 뱀처럼 마구잡이로 떠오른 생각에 목이 막히는 일은 더 이상 일어나지 않았다. 코너는 자기 자신으로서 편안해 보였다. 그의 에너지는 불규칙하게 울컥거리지 않았고, 끊임없이 흐르는 강물처럼 유유히 움직였다.

"이상하지 않나요. 그렇게 많은 일이 있었는데, 다시 학교에 돌아 간다고 생각하니까 정말 기쁜 거 있죠?" 코너가 나를 똑바로 바라보며 질문을 던졌다.

"이상하지 않아요." 내가 미소 지었다.

코너는 날 잘 알았기에 그 짤막한 대답 안에 어떤 의미가 있는지 파악했다. 그간 나는 코너의 고통과 혼란이 정상적인 것이며 그가 겪고 있는 심리적 증상이 병적인 것이 아니라고 알려주었고, 자신을 돌보는 법을 가르쳐주었으며, 삶의 전환과 변화는 생각만큼 말끔하게 이루어지지 않는다는 점을 강조했다. 사람마다 서로 다른 생애 주기 동안 이런 식의 인격 형성이 이루어지기 마련이지만, 우리 사회는 그런 것을 인정하지 않는다. 나는 그에게 옛 자아의 죽음은 고통스러울지라도 "잘못"이 아닐 수 있다는 가능성을 알려주고 싶었다. 그것은 실패가 아니었다. 고통은 끔찍할지언정 "나쁜" 것이 아니었다. 그리고 코너에게는 그저 "성공적"이고 "생산적"인 삶이 아닌 행복한 삶을 추구할 권리가 있다는 것도 알려주고 싶었다. 어쩌면 코너에게 가장 중요한 교훈은 몸이 불행하고, 산만하고, 불편하고, 지루해하면, 몸에 귀를 기울이고 "왜?"라고 질문할 수 있다는 것일지도 몰랐다. 감정을 전부 꾹꾹 누른 채 할 일을 하려고 애쓰거나, 상황을 개선해줄 약물을 찾거나, 그를 고통스럽게 하는 환경이나 관계에 적응하려고 노력하고 또 노력하지 않아도 된다는 의미였다.

"세상에. 언론정보학 전공으로 졸업하지 않을 수 있어서 **어찌나** 다행인지." 코너는 또 손가락의 관절을 꺾고 웃음을 터뜨렸다. "그게 평생 간직할 학위가 될 뻔했어요. 저는 언론정보학이랑 정말 안 어울린다고요."

"이제는 그걸 알겠죠."

"너무나도 잘 알겠어요. 그 전공으로 졸업했으면 어떻게 살게 됐을지 상상이 안 돼요. 언론? 광고? 그런 건 제가 하고 싶은 게 아니에요."

내면의 위기로 방황하게 되었을 때 코너는 매우 어렸다. 하지만 위기가 지나고 나자 자신이 정말 좋아하는 것이 무엇인지 알아낼 수 있었다. 탈선하지 않기 위해 이를 악물고 노력해야 했던 과거의 삶을 버릴 수 있었다.

"얼른 학교에 가서 몸속의 장기네 뭐네, 그런 것에 관해 배우고 싶어요." 코너가 내게 말했다. "정말이에요. 생물 실험실에 들어갈 날이 기대된다니까요."

지난날들을 돌아보면, 새로운 삶을 앞둔 쿼터라이퍼가 자신의 진실을 예리하게 포착해내서 깜짝 놀란 적이 정말 많았다. 이러한 지혜와 새로운 발상은 자연스러운 발달의 양상이지만, 통합 과정을 통해 새로운 돌파구가 생기기도 한다. 내담자가 정확하게 깨달음의 순간을 감지하고, 자기만의 새로운 통찰과 능력을 고유한 미감이나 새로운 기술, 고전 철학과 접목함으로써 미처 예상하지 못한 기쁨이 깃든 삶을 실현하는 것을 목격할 때마다 나는 언제나 놀라고 만다.

"나도 알아요, 대학 생활은 힘들겠죠. 농구팀 팀원들이랑 같은 캠퍼스를 오가면서 농구를 안 한다니, 분명 기분이 이상할 거예요. 에바를 다시 만나는 것도 겁이 나고요." 코너가 마지막 상담 시간에 털어놓았다. 우리는 작별 인사를 준비하고 있었다. "그래도 제 생각에는… 아니, 모르겠어요. 그냥 언젠가 의사가 될 수 있다고 생각하면 즐거울 뿐이에요." 이 말을 하는 코너는 찬란하게 빛이 나는 것만 같았다.

맨 처음 대기실에서 만난 코너와 지금 코너의 이미지를 나란히 놓고 비교했다면 둘이 같은 사람이라고 생각하지 못했을 것이다. 나는 코너의 삶이 계속 변하리라는 것을 알았다. 우리의 작업, 지금까지 배운 모든 것을 통합해내는 작업은 결론이 아닌 새로운 시작이었다. 코너는 행복했고, 자기만의 고유한 삶을 이해할 수 있는 도구를 얻은 상태였다. 그것은 굉장한 성취였고 찬란한 새 출발이었다. 코너와 작별 인사를 나누면서 나는 그가 진심으로 자랑스러웠다.

✢

온전한 자신이 되기

"회사로 돌아가니까 어때요?"

미라가 얼굴을 찌푸렸다. 커다란 눈에 좌절감이 비쳤다. 휴가가 끝나고 회사에 복직한 첫 번째 주였다. 이제 막 새로운 일과를 즐기기 시작한 참이었다. 매일 잠자리에서 일어나 조붓한 작업실로 향했고, 그림을 그렸고, 때로는 캔버스 앞에서 끙끙대거나 때로는 자신의 그림에 한껏 도취하기도 했다. 회사로 돌아가면 조금 고통스러우리란 것을 예상하고 있었다.

"회사에 가면, 전에는 그냥 무시하고 살았던 다양한 에너지가 그대로 느껴져요." 미라가 이야기를 시작했다.

"뭘 알게 됐나요?"

"글쎄요. 마치…" 미라가 잠시 이야기를 멈추었다. "마치…" 또 멈추었다. "지금은 사람들의 스트레스가 실제로 느껴진달까. 전에는 그냥 차단해버렸던 거예요. 세상에, 다들 스트레스가 어마어마하던데요!"

"심각한가 봐요?"

"정말 심각해요. 세 달간 단식하다가 갑자기 정크푸드를 먹기 시작한 기분이랄까. 끔찍해요. 얼마나 더 참을 수 있을지 모르겠어요."

"어떻게 할 생각인가요?"

미라는 자신이 더는 변호사의 삶을 원하지 않는다는 사실을 알고 있었고, 그것을 외면할 수 없었다. 중요한 사실을 깨닫고 실천으로 옮기기까지 시간이 걸리는 경우가 많았지만, 나는 미라가 얼마나 더 버틸 수 있을지 궁금했다.

"솔직히 말하면, 모르겠어요. 겨우 사흘밖에 안 됐는데 집에 가고 싶다는 생각밖에 안 해요." 일하는 것을 싫어하다니, 미라는 자신의 새로운 모습에 웃음을 터뜨렸다. "제가 이럴 줄은 몰랐는데요."

미라는 더 이상 다른 방식의 삶을 상상하는 데 어려움을 겪지 않았다. 한때 그를 소진하고 얼어붙게 했던 그림 그리기를 향한 두려움, 마치 오랫동안 우리에 갇혀 있던 동물이 자유를 두려워하는 것 같은 감정은 마침내 녹아 없어졌다. 예술가의 삶은 더 이상 적대적으로 느껴지지 않았다. 자기만의 삶을 향한 욕망도 위협적이지 않았다.

"미라바이는 복직에 어떻게 대처하고 있나요?"

미라는 잠시 내 질문을 두고 고민했다. 미라의 두 갈등하는 자아에 관한 언급은 마치 우리만의 암호 같은 것, 둘 다 잘 알고 있는 이야기였다. 우리는 두 자아의 성격과 행동 동기를 숙지한 채로 둘을 자세히 살피고 있었다.

"잘 지내는 것 같은데요? 제 말은, 미라바이도 대충 알고 있는 것 같아요…" 미라가 한숨을 쉬더니 잠시 입을 다물었다. "어쩌면 직장을 그만둘 때가 됐다는 걸 아는 것 같아요."

나는 눈이 휘둥그레졌다.

"더는 이 일을 할 수 없다는 걸 알겠어요." 미라가 계속 말했다. "제가 이제 이 일을 원하지 않는다는 게 너무 명확해졌어요."

나는 고개를 끄덕였다. 미라의 명확한 결단에 마음이 놓였다.

"아, 참 이상하네⋯." 미라가 하늘을 바라보며 깊은 생각에 빠졌다.

"왜요?" 내가 물었다. "뭐가 이상해요?"

미라가 웃었다. "방금 제니퍼와 미라바이가 같은 곳에 있는 걸 본 것 같아요. 어떻냐면⋯ 세상에⋯ 정말 이런 이야기가 바보 같지 않다고 생각하세요?"

"바보 같지 않아요." 내가 대답했다. "무의식의 세계에 무언가가 나타난 거잖아요. 그걸 그냥 바라보세요. 같은 곳에 있었다니, 그게 무슨 말이지요?"

"그러니까, 지금까지 제 양면은 서로 분리되어 있었거든요. 다른 세계에 있다든지, 다른 방에 있다는지⋯ 하지만 지금은 둘이 실제로 서로를 알고 있는 것 같아요."

미라는 자기 이마를 살짝 때리더니 무릎 위로 몸을 기울이고 고개를 푹 숙였다. 다시 몸을 일으켰을 때는 눈물을 흘리고 있었다.

"지금 기분이 어때요?" 나는 천천히 물어보았다. 물론 지금 굉장한 일이 일어났다는 것은 감지할 수 있었다.

"모르겠어요. 꼭⋯" 미라는 이제 울음을 참으려 하지 않았다. "꼭 지금까지 제가 해온 게 진짜라는, 오묘하고 깊은 진실 같은 게 느껴져요."

"위안을 얻은 거예요." 내가 알려주었다.

"네, 맞아요. 딱 그거에요. 위안을 얻었어요. 깊은, 아주 깊은 위안을." 미라는 숨을 들이쉬고 머릿속을 정리했다. "이제 저는 쪼개진 것도, 분리된 것도 아니에요."

바로 이것이 균형을 이루기 위한 미라의 노력이 이룬 결실이었다. 두 개로 나뉘었던 자아가 다시 통합된 것이다. 미라는 이 결실을 절절하게 실감했으나, 때때로 내면의 경험은 설명하기 힘들었다. 자신이 **쪼개졌다**고 느끼다가 **온전하다**고 느끼는 것은 마치 두통이나 구역질이 없어지는 것과 비슷하다. 끊임없이 신경을 갉아먹는 불편한 통증이 있던 자리에 조용한 평온이 자리 잡는 것과 비슷하다. 그런 불편함을 겪어보지 않은 사람, 다른 자아와의 통합을 갈망해보지 않은 사람에는 설명하기 힘든 경험이다. "성공"이 외부적이지 않아 쉽게 관찰할 수 없을 때 특히 그렇다.

실제로 미라의 직업적 성취는 전보다 줄어든 상태였다. 자기 일에 열성적이거나 헌신적이지도 않았고, 좋은 연봉이 주는 안정감도 더는 회사에 남아야 할 충분한 이유가 되지 못했다. 어떻게 보면 삶의 안정성도 상담 전보다 약해진 상태였다. 하지만 미라는 마음속에서 그 어느때보다 강한 안정성을 느꼈다. 이제는 자신이 어떤 사람인지 알았고, 자신의 다양한 부분들을 연결하는 법을 알고 있었다. 자신의 일부를 쫓아 보내고 외면할 필요가 없었다. 전보다 더 강했고, 자신의 목적을 더 명확히 인식했으며, 한 자아가 다른 자아를 공격하려고 호시탐탐 노리고 있다는 두려움에 시달리지도 않았다. 그런 내면의 안정성에서 깊은 확신을 얻을 수 있었다. 자기 삶이 버겁지도 않았고, 걷잡을 수 없는 재앙이 닥칠까 봐 두렵지도 않았다. 그리고 자신에게 중요한 것이 무엇인지 점점 더 명확하게 알아가고 있었다.

"임신 준비를 시작하게 될 것 같아요." 오랫동안 아무 말도 하지 않던 미라가 이야기를 꺼냈다.

"그래요?" 내가 놀라서 외쳤다. "더 이야기해주세요."

"그게 지금까지 있었던 일들의 원인인 것 같아요. 이젠 알아요, 제가 그 무엇보다 한 아이의 엄마가 되고 싶다는 걸. 물론 엄마는 제가 다른 삶을 살기를 바랐지만요." 미라가 작게 한숨을 쉬었다. "이젠 알겠어요. 저는 집에서 그림을 그리고 요리를 하고 싶어요. 아기도 키우면 좋겠지요. 온종일 회사에 있는 것보다 훨씬 더. 결국 제가 정말로 원하는 건 엄마의 삶과 가깝네요. 적어도 지금으로선."

미라가 중요하게 생각하던 가치가 변화했다. 아니, 새로 드러났다. 미라는 자신이 바라는 삶이 지금껏 노력했던 삶과는 다르다는 것을 알게 되었다. 여러 방면에서 미라가 원하는 삶은 어머니가 딸에게 빌어주던 삶과 달랐다. 하지만 미라는 자기 삶에 임박했던 붕괴, 아니면 위기 같은 것이 실제로 발생하기 전에 삶을 전면적으로 바꿔냈다. 미라 부부는 결혼한 지 얼마 되지도 않았는데 이렇게 급격한 변화를 견뎌냈다는 사실이 내게는 종종 인상적이고 조금 놀랍기도 했다. 남편은 미라에게 어머니의 죽음 후에 해결하지 못한 상실의 슬픔이 있다는 것을 이해했고, 그 슬픔을 해결할 수 있도록 여유를 주고 싶었다. 남편도 같은 직업이라, 미라가 굉장히 유능할지언정 변호사 일을 원하지 않는다는 것을 이해할 수 있었다.

미라는 잠시 창밖을 바라보더니 다시 내게 시선을 돌렸고, 손에 쥐고 있던 구겨진 티슈로 코를 닦았다.

"톰이 그러더라고요. 요즘 제가 전보다 훨씬 행복해한다고." 미라가 웃었다. "사실 정확히 그렇게 말한 건 아닌데, 제 옆에 있는 걸 전보다 더 편안해해요. 제가 전보다 더 많이 일상을 공유해서 좋아하고 있

220

어요."

"미라도 전과 다른 기분인가요?"

"네. 전보다 남편에게 관심을 더 많이 쏟고 있는 것 같아요! 그리고 요즘에는 요리하는 게 정말 좋아요! 그 이야기 이미 했나요?"

"조금 했어요."

"정말이에요. 엄마가 정리해둔 요리법 모음을 보면서 따라 하고 있는데, 정말 재미있어요. 인도 식료품점에 가서 필요한 양념이라든지 다른 가게에 없는 냉동식품을 사야 할 때도 있어요. 벌써 가게 사장님, 매니저 몇 분과 친해졌어요." 미라가 함박웃음을 지었다. "정말 즐거워요."

바로 성공한 것은 아니지만, 미라는 결국 아이를 가졌다. 난임 문제로 고생하고 한 차례 유산한 끝에 임신에 성공했고, 안정기에 접어들자 소식을 전해왔다. 그와 동시에 의료보험과 육아휴직 혜택을 유지하면서 천천히 일을 그만둘 수 있도록 퇴사 계획을 세우기 시작했다. 하지만 그때쯤 그런 문제는 전부 실행의 문제였고, 미라의 마음은 완전히 회사를 떠나 집에 머물면서 요리하고 작업실에서 그림을 그리는 일상을 즐길 준비가 끝난 상태였다. 최근에는 오래된 가구에 직물을 입혀 재단장하는 법을 배우고 있었다. 아이를 위해 집 단장을 하고 싶었던 것이다. 아기가 태어난 후에도 한동안 직장으로 돌아갈 생각이 없었지만, 변호사 일과 **완전히** 작별한 것 같지는 않았다. 이제 미라는 매듭지어지지 않은 불확실한 상황도 그대로 받아들일 수 있었고, 이것만으로도 굉장한 변화였다. 미라는 복잡하지도 모순적이지도 않은 행복을 즐기고 있었다.

마지막 상담이 끝나고 몇 달 뒤 미라는 아기를 낳았다. 출산하고 두어 달이 지났을 때 미라가 아기와 찍은 사진과 짤막한 편지를 보냈다.

"육아는 정말, 정말 힘들어요. 잠을 하나도 못 자요. 이 어려운 걸 다른 사람들은 어떻게 해내고 있는 건지, 믿을 수가 없다니까요. 그래도 제가 어떤 사람인지 이토록 확실히 알게 된 건 처음이에요. 정말이지 전에는 한 번도 느껴보지 못한 평화로운 마음이랍니다."

✛

결실을 수확하기

"편집자님이 물어보더라고요. 제 단편 중 하나를 온라인 공모전에 내도 되냐고." 어느 오후에 대니가 말했다. "가망이 있다고 생각하나 봐요."

"굉장한걸요!" 내가 외쳤다. 대니가 깊이 존경하는 사람에게 이토록 확실한 응원을 받은 것을 축하해주었다.

"제가 대학원에 가야 한다고 생각하던데요." 대니가 얼굴을 찡그린 채로 이야기를 이어갔다. "소설집을 마무리하는 데 도움이 될 거래요."

나는 대니의 소설을 읽어본 적이 있었다. 쿠바를 배경으로 하는 포스트 아포칼립스 SF소설이자, 한 소년의 성장소설이었다. 예상하지 못한 이야기였지만 정말 아름다운 소설이라 깊이 감명받았다고, 다 읽은 후 대니에게 말했던 것이 기억났다.

그 후 몇 달 동안 대니는 저명한 창작 프로그램에 지원하기 위해 빡빡한 마감에 맞춰 열심히 지원서를 썼다. 그리고 또 여섯 달이 흐른 끝에 여러 프로그램에 합격했고 두 곳에서 장학금을 제안받았다. 그리고 단편을 제출했던 공모전에서도 수상하게 되었다. 대니의 작품을 향한 이어지는 호평에 나도 덩달아 기뻤다. 대니는 자신감을 얻었고 행복이 넘쳤다. 매번 새로운 소식을 들고 올 때마다 나 역시 행복했다. 몇년 전 우리가 처음 만났을 때였다면 상상하기 힘들었을 성공이 줄곧 이어졌다.

하지만 즐거운 소식은 이뿐만이 아니었다. 글쓰기의 성공과 거의 동일한 시점에 다른 중요한 변화가 생겼다.

"무슨 일 있어요?" 나는 거의 의심의 눈초리로 대니를 바라보았다. 그날 대니는 상담을 시작한 후에도 평소답지 않게 조용했다. 나쁜 일인지 좋은 일인지 알 수 없었지만, 마치 비밀을 지키고 있는 듯한 분위기였다.

"저… 새로운 사람을 만났어요." 대니가 이야기를 꺼내며 얼굴을 붉혔다.

"아! 그래서 행복한 거군요!" 나는 마음이 놓였다. "새로운 사람을 만났어요?"

대니가 고개를 끄덕였다.

"더 이야기해볼래요?"

대니는 부끄러운 듯 어깨를 으쓱했다. 어쩌면 나에게 털어놓았다가 사랑의 마법이 깨질까 봐 걱정하는 것인지 한동안 머뭇거렸다. 그래도 낱낱이 털어놓고 싶은 마음이 느껴졌다.

"정말 멋진 여자예요…." 대니가 수줍은 미소를 지었다.

"어디서 만났어요?"

"토요일 요가 수업에 다니는 친구예요. 오랫동안 몰래 좋아하고 있었거든요." 대니는 두려움과 기쁨으로 충만한 얼굴이었다. 다리를 꼬고 앉은 자세를 바꾸었다. "진짜 멋진 여자예요."

지난 몇 달 동안 대니는 전보다 훨씬 튼튼하고 활력있는 모습이었다. 차이가 극명했다. 서 있는 자세도 곧았고, 더는 삶에 패배한 듯한 분위기를 내보이지 않았다. 전에는 없던 회복력과 군센 힘이 느껴졌다. 대니의 촉촉하고 멍한 눈동자를 보고 있자니 새로운 연인에게 얼마나 푹 빠졌는지 알 수 있었다.

대니는 자신의 행운을 믿을 수 없었다. 이렇게 근사한 여자가 자신을 좋아하다니, 요가 시간에 대니의 우스꽝스러운 꼴을 봤는데도. 대니는 도저히 믿을 수가 없었다. 누군가가 자기 몸을 원한다니 상상조차할 수 없었다. 누군가가 자신에게 매력을 느낀다니. 자기가 그 여자를 좋아하는 것처럼 그 여자도 자기를 좋아할 수 있다니. 이 사실 자체만으로 즐겁고 치유의 효과가 있었다.

"물리치료를 전공하는 학생이래요." 대니가 눈을 휘둥그레 떴다. 여자 친구의 전공이 인상적이고 재미있는 모양이었다. "제 성격이랑 정반대인데, 조합이 좋은 것 같아요." 대니의 말은, 여자 친구의 활동적인 면과 자신의 사색적이고 작가적인 천성이 잘 맞는다는 것이었다. 어쩌면 새 여자 친구는 몸을 존중하는 건강한 삶이 어떤 것인지 모범을 보여줄 수 있는 사람일지도 몰랐다.

대니는 나와 맺은 탄탄하고 신뢰할 수 있는 관계를 통해 쑥쑥 자라났다. 상담사와 내담자의 관계는 대부분의 심리 상담에서 핵심적인 요소다. 편안함과 애착, 동조가 있어야 한다. 하지만 대니가 새로운 연애를 시작하자 상황은 훨씬 좋아졌다. 대니는 자신의 한계와 욕구를 잘 아는 사람과 안전하고, 헌신적이고, 판단 없는 관계를 즐기면서 새로운 방식으로 성장하기 시작했다. 그들은 적당히 자신의 영역을 지키며 서로를 사랑할 줄 알았다. 대니는 성적으로도 완전히 새로운 탐험을 시작했다. 과거의 대니에게 필요했던 것은 자기 몸에 수치심을 느끼거나 존중하는 여성을 억제하고 있다고 느끼지 않으면서 자신의 정서와 성적인 힘을 탐구할 수 있는 안전한 경험이었다. 이 새로운 관계 속에서 대니는 자연스럽게 자라나는 욕망을 포용할 수 있었고, 자기만의 취약성과 두려움을 공유하는 법을 배웠다.

그 후로 몇 주, 몇 달 동안 대니와 여자 친구는 전국 방방곡곡으로 짧게 여행을 떠났고, 주기적으로 하이킹을 하러 갔다. 함께 식사도 잘 챙겨 먹었다. 잠도 잘 잤다. 대니는 피곤하지 않은 우정을 즐겼고, 정말 오랜만에 자기 몸을 통해 지속적인 편안함과 기쁨을 느낄 수 있었다.

"심리 상담 때문에 모아둔 돈을 다 썼어요. 완전히 빈털터리가 됐지 뭐예요. 그렇지만, 세상에." 대니가 외쳤다.

"그럴 가치가 있었나요?"

"오, 당연하죠. 의문의 여지 없이."

이제 대니는 자신만만한 분위기를 물씬 풍겼다.

"지금껏 줄곧 물에 빠진 기분이었어요." 어느 날 대니가 자신의 변화를 곱씹으면서 말했다. "아니면 망망대해에 떠 있다거나."

"물에 빠져 죽어가는 것 같았나요?"

"네, 물에 빠져 죽는 느낌, 아니면 완전히 길을 잃고 둥둥 떠 있는 느낌이었어요. 이제는 그런 게 느껴지지 않아요."

"그래요? 그럼 지금 기분은 어때요?" 내가 물었다.

"지금 기분은, 망망대해에 떨어져도 다시 돌아올 수 있는 강력한 힘이 느껴진다고나 할까요. 아니면 딛고 설 지지대가 있다거나. 길을 잃은 듯한, 질식할 듯한 필사적인 두려움이 없어요."

나는 처음 대니를 만났을 때를 떠올렸다. 완전히 기진맥진한 모습이었다. 실제로 물에 빠져서 공황 상태라고 해도 비약 같지 않았을 것이다. 그래서 지금 대니가 묘사하는 이미지가 마음에 들었다. 물에서도 안전함을 느끼는, 다시 육지로 돌아갈 수 있는 상태.

대니는 문예창작 과정을 시작하러 떠날 때까지 줄곧 상담을 계속했다. 그때쯤에는 거의 4년 동안 상담을 진행한 후였다. 지속적인 조언으로 이루어지는 상담사와 내담자의 관계는 흔한 것이지만, "빠른 처방"을 좋아하는 사회와 보험사는 그런 것을 긍정적으로 바라보지 않는다. 학교 때문에 이사했을 때 대니는 더 이상 살아남는 것에 전전긍긍하지 않았다. 삶이 성가신 상처 같다고, 그냥 없애버리고 싶다고 생각하지 않았다. 간헐적으로 우울과 불안이 일상을 휩쓸 때도 분명 있었다. 기후변화 같은 수많은 사회문제와 삶을 힘들어하는 친구들 때문에 걱정스러웠다. 체력 유지와 자기 돌봄은 여전히 어려운 문제였다. 하지만 마음속에 굳건한 안정감이 있었다. 자기 삶에 안전함과 수수께끼를 위한 자리가 있다고 느꼈다. 앞으로도 힘든 일과 실망스러운 일은 계속 생길 것이었다. 하지만 이 세상에서, 세상이 제공하는 것들을 전부 즐기면서 살아가고 있다는 것에 진심으로 행복해할 수 있었다.

⊹

활짝 피어나기

"시내에서 여성 대상 경영 수업을 한다기에 찾아봤어요." 그레이스가 새로운 소식을 공유했다. 분명 들떠 있었고, 조금 긴장한 듯했다.

"그래요? 어떤 수업이에요?"

"자영업을 계획 중인 여성을 대상으로 한대요. 예산 짜는 법, 장부 쓰는 법을 집중적으로 배우는데, 어디서 대출을 받고 어떻게 재고를 관리하는지, 이런 것도 알려주나 봐요. 온갖 것을 배울 수 있대요."

"오, 좋은데요."

"네. 제게 딱 맞는 것 같기도 하고요? 전보다 돈 관리하는 수완이 좋아져서 기분이 좋거든요." 그레이스가 크게 웃음을 터뜨렸다. "바보 같나요? '돈 관리'로 기분이 좋아졌다는 게?" 그레이스는 어깨를 으쓱거리며 일부러 뽐내는 듯한 목소리로 말했다.

"그레이스는 바보 같다고 생각해요?"

"아뇨, 저는 마음에 들어요. 엄마한테도 돈 관리법을 알려주고 있다니까요. 같이 엄마 신용카드 이자율을 알아봤는데, 세상에! 도움이 필요하던걸요." 그레이스가 고개를 내젓더니 시선을 내리깔았다. "믿어지지 않아요."

"그렇게 심각해요?"

"정말 심각해요. 엄마가 평생 스트레스에 시달린 것도 다 이유가 있었지 뭐예요! 뭐, 솔직히 말하면 이유가 백만 개는 되지만, 이것도 그중 하나인 거죠."

"그러면 두 사람은 요즘에 대화가 늘었나 봐요?"

"조금 늘었어요."

"대화는 어땠어요?"

"엄마가 그러는데, 제가 집에 오면 같이 가족 상담을 받으러 가보고 싶대요."

"와. 놀라운걸요." 그레이스가 묘사한 어머니의 성격을 떠올려보면 분명 예상 밖의 제안이었다. "같이 가볼 생각이에요?"

"그러고 싶어요." 그레이스가 살짝 고개를 끄덕였다. "상담이 필요한 것 같아요. 엄마에게 많은 도움이 될 것 같고요."

그레이스는 이제 스물여섯 살이었다. 끊임없이 성장하고 있었지만, 이미 많은 변화를 이루었다. 돈 관리법에 집중하기 시작하고 몇 주 뒤에 동네에 있는 꽃집에 새로 일자리를 얻었다. 직업에 더욱 진지하게 임하고 싶다는 욕망을 탐구하면서 수입을 늘려야 한다는 것을 알게 되었다. 꽃집의 일자리는 서빙보다 시급이 딱 2달러 높을 뿐이었지만 그레이스에게는 굉장한 변화였고, 일도 관심사와 더 가까웠다. 동료들도 좋았고, 온종일 식물 옆에 있는 것도 좋았다. 그레이스의 생활은 훨씬 안정적이고 활력이 넘쳤으며 더욱 의미가 깊어졌다.

"최종적인 목표는 제 꽃 카트를 운영하는 거예요." 그레이스가 설명했다. "그게 바로 제 노력을 쏟을 사업 계획이에요."

"카트? 푸드트럭처럼요?"

"네, 작은 버스를 개조하려고요. 인터넷으로 찾아보고 있어요. 그리고 푸드트럭을 운영하는 사람들에게 주차라든지 허가 관련해서 조언을 구하고 있어요."

그레이스의 미래 계획이 온전히 드러나고 있었다. 자신에게 무언가를 만들어낼 능력이 있다는 믿음, 홀로 오롯이 자립할 수 있다는 믿음이 점점 더 강해지고 있었다. 그리고 인간관계와 연애를 통해 자신에 관해 더 많은 것을 알게 되었다.

그레이스가 혼자 살기 시작한 것도 두어 해쯤 지난 참이었다. 연애를 시작했고, 연애를 통해서 타인과 명확히 소통하고 적절히 선을 긋는 법을 익히고 있었다. 그레이스는 자신의 한계를 조금씩 재설정하고 있었다. 한 사람에게 딱 붙어서 의존하지도 않았고, 마치 인간 혈액은행처럼 원한다면 누구에게나 자신의 에너지와 집중력과 조언을 베풀면 친구들에게 모든 것을 내주지도 않았다. 그레이스는 자기 몸과 감정이 전하는 이야기를 진심으로 경청하기 시작했다. 거절하는 것이 두려워서 항상 타인이 원하는 것을 들어주는 대신, 자신에게 무엇이 필요한지 세심하게 알아채는 법을 배웠다. 거절하는 법을 배웠다. 통달하지는 못했으나 어쨌든 연습하고 있었다. 그리고 자신에게 실제로 필요한 혼자만의 시간이 어느 정도인지 알게 되었다.

"혼자 있는 시간이 너무, 너무 좋아요." 그레이스가 말했다. 얼굴에서 빛이 날 정도로 행복해 보였다.

"사실은 그레이스가 내향형일지도 모른다는 생각이 드나요?" 내가 미소 지었다.

"하!" 그레이스가 웃었다. "어쩌면?"

"혼자 있는 시간이 충분하지 않으면, 외향형은 다른 사람과 시간을 보내면서 활력을 즐기는 성향이라기보다는 조증과 비슷해질 때가 있는 것 같아요." 내가 알려주었다. "자신은 그냥 사람과의 만남을 정말 좋아한다고 생각하고 있지만, 사실은 반쯤 광증에 사로잡혀 기진맥진한 거죠."

그레이스가 눈을 휘둥그레 떴다. "세상에. 맞아요! 정말 맞는 말인걸요. 이제는 전처럼 조증 같은 기분이 느껴지지 않아요." 그레이스는 고민에 잠겼다. "전에는 절대 혼자 있고 싶지 않았어요. 왜냐하면, 뭐랄까, 혼자 있는 게 항상 무서웠던 것 같아요. 하지만 지금은 혼자 있는 시간이 정말 좋아요." 그레이스가 다리를 쭉 폈다. "그래서 제가 경영 수업을 기대하는 것 같기도 해요. 집에서 집중력을 쏟아붓고 공부할 거리가 있으면 좋겠어요."

혼자 있는 시간이 충분하면 세상에 압도당할 것 같은 기분에 사로잡힐 일도 없다는 것을, 그레이스는 점점 깨닫고 있었다. 최근 그레이스는 더 정돈된 듯한 모습이었고, 전처럼 숨을 몰아쉬거나 무너질 듯한 분위기를 내뿜지 않았다.

지금까지 그레이스가 쏟은 노력이 깊이 고민해서 구성하고 가꾼 정원처럼 활짝 꽃을 피우기 시작했다. 그레이스는 지금까지 배운 것을 통합하면서 필요 없는 것을 배출했다. 과거의 트라우마는 조금씩 미래를 위한 비료로 거듭나고 있었다.

마지막 상담이 끝났을 때, 그레이스가 내게 물었다. 답변을 바라는 질문은 아니었다. "왜 아무도 이런 걸 알려주지 않을까요?"

"무슨 말이에요?" 내가 되물었다.

"이런 것 전부 말이에요. 그러니까, 인간으로 사는 법이요! 인간으로 사는 법을 아무도 알려주지 않잖아요!"

나는 어깨를 으쓱했다. "모르겠어요, 정말로." 나는 그레이스의 절망에 동감했다. "그레이스의 나이에 맞는 정서적·심리적 지침이 거의 없죠. 사실은 어느 연령대든 마찬가지예요!"

"정말이지! 이제 저는 삶의 다음 단계가 진심으로 기대돼요." 그레이스가 속마음을 알려주었다. "삶이 모험처럼 느껴져요! 촌스러운 말이네요. 그래도 지금은 그저 살아남는 것만으로도 힘겹다는 생각이 들지 않아요. 전에는 항상 그랬는데, 그저 살아남으려고 애썼어요."

나는 고개를 끄덕였다. "그랬던 것 같아요. 그래도 잘 살아남았잖아요."

"맞아요. 하지만 지금 저는 진심으로 앞날이 기대돼요. 새로운 도전이. 내가 또 무엇을 할 수 있을지 알아내는 것이."

나는 마지막으로 그레이스를 놀려주기 위해 눈을 휘둥그레 떴다. 기쁘고 놀랍다는 표현이었다. 나는 내 앞에 당당히 선 여성에게 깊이 감탄하고 있었다.

"정말 듣기 좋은걸요." 내가 말했다.

· 맺음말 ·

길을 잃었을 때는
완전히 다른 미래에 온 마음을 바쳐야 한다

이런 책이 해야 하는 중요한 역할 한 가지는 독자들이 가능하다고 생각하는 영역을 확장해주는 것이다. 해피엔딩으로 끝맺을 수 없다면, 더 나은 방향을 가리켜야 한다. 길을 잃었거나 고통스러울 때는 과거와 완전히 다른 미래가 가능하다는 믿음에 온 마음을 바쳐야 한다. 그리고 고통을 벗어날 방법이, 더 나은 앞날로 향하는 길이 있다는 것을 믿으려면 변화에 관한 이야기가 필요하다. 보람 없는 일을 견뎌야 했던 나의 쿼터라이프 시절, 고통 속에서 세상과 내 미래와 돈 때문에 고민하면서 나만의 길을 찾기 위해 애쓰고 있을 때, 나는 다른 삶의 가능성이 존재하는지 알고 싶었다. 실존 인물이든 신화 속의 인물이든, 기쁨과 가능성이 깃든 쿼터라이퍼의 이야기는 내게 큰 도움을 주었다. 나는 이 책에서 같은 것을 보여주고 싶었다. 이제 나는 쿼터라이퍼에게 훨씬 더 나은 미래가 가능하다는 것을 안다.

물론 미라와 코너, 그레이스, 대니의 이야기는 '끝'나지 않았다. 바라건대 앞으로 수십 년 동안 삶은 그들에게 새로운 도전과 놀라운 선물을 선사할 것이다. 그러나 목표는, 내 바람은 이런 것이다. 그들이 과거로부터 분리하고, 자신의 진심을 경청하고, 삶을 구축하고, 안정과 의미를 통합하려고 치열하게 노력하는 과정에서 얻어낸 성장과 도구를 도움 삼아 내면과 외부의 태풍을 뚫고 앞으로 나아가는 것이다. 성장의 기둥, 집중해야 할 과제로 돌아오고 다시 돌아와 방향감각을 얻고 균형감각을 튼튼하게 다지는 것이다.

그러나 꼭 해야만 하는 말이 있다. 세상에는 희망적인 결말로 끝나는 이야기만 존재하지 않는다는 것이다. 네 인물의 명확한 성장을 보면서, 자신의 발전이 지연되고 있다거나 '너무 오래 걸린다'면서 부끄러움을 느낄 독자가 있지는 않을까 두려워진다. 이것을 유념해달라. 내가 그간 굉장한 변화를 목격한 것도 사실이지만, 어떤 내담자들의 경우에는 오랫동안 고통의 핵심이 무엇인지 정확히 알아내지 못하거나 어떻게 도와야 할지 몰라서 고생하기도 했다. 내담자들은 중독을 떨쳐내지 못하거나, 해로운 신념을 놓아주지 못하거나, 학대적인 관계에서 좀처럼 빠져나오지 못하거나, 내가 모르는 신경 발달 장애로 고생한다거나, 약물을 제대로 처방하고 조절하고 끊는 데 어려움을 겪기도 했다. 내담자가 발이 묶인 채 치유와 성장을 이뤄내지 못할 때, 그 고통이 그들과 나의 이해 범위를 넘어설 때, 나는 수많은 미지의 가능성을 떠올리며 그 앞에서 겸허해진다.

'발이 묶인' 쿼터라이퍼가 겪는 많은 문제의 핵심에는 온갖 형태와 크기의 트라우마가 있다는 것을 강조하고 싶다. 어디를 가도 트라우마에 시달리는 쿼터라이퍼가 있다. 트라우마가 없다고 해도, 평생 좌뇌 학습만 강조하는 학교에서 경쟁으로 인한 과도한 스트레스에 시달리는 데다가, 주기적인 수준을 넘어 온종일 전자 기기를 손에 쥐고 있으면, 사람은 자기 신체뿐만 아니라 내면세계와 상상력으로부터 단절될 수 있다. 쿼터라이퍼는 이토록 과도하게 선형적이고 논리적인 2차원의 세계에서 자기 자신과 멀어진다. 트라우마 연구자이자 심리학자인 피터 리바인이 같은 지적을 한 바 있다. "심각한 트라우마를 경험한 사람들만 자기 신체와 단절되는 것이 아니다. 현대인은 대부분 자기 내면의 감각 나침반과 유리되어 있는데, 그 악영향은 트라우마만큼 심각하지는 않을지라도 치명적인 수준이다." 우리가 자기만의 길을 찾으려면 바로 그 내면의 나침반이 필요하다.

내가 미래의 정신과 의료와 쿼터라이프 심리 상담에 품고 있는 가장 큰 희망 중 하나는 몸과 트라우마를 중심으로 하는 돌봄이 더욱 강조되는 것이다. 그러려면 더 많은 트라우마 전문 의료인이 필요하지만, 그 비용을 충당할 자원도 있어야 한다. 쿼터라이퍼가 일정 기간 비용 없이 치유하고 회복할 수 있도록, 삶을 위협하고 성장을 방해하는 증상에서 해방될 수 있도록 휴식을 취할 수 있는 돌봄 센터를 만들어야 한다. 나는 트라우마에 기반하는 심리 상담을 진행하고 있지만, 내담자에게 쉽게 추천해줄 치료 센터가 있다면 얼마나 좋을까 바란 적이 정말 많다. 심리 트라우마 치료를 전공한 훈련된 의료진에게 최상의 돌봄을 받을 수 있는 센터, 전적으로 보험 청구가 가능한 센터 말이다. 내 상상 속에서 이러한 돌봄 센터는 오래된 수도원처럼 아름답고, 자연과 고요와 영양가 높은 음식으로 가득하다. 이런 돌봄은 생명을 살릴 수 있다. 약물 재활원이나 노숙 생활, 감옥에 갇히지 않도록 도와주고, 신체적 질병과 자살 시도를 예방하고, 학대적 관계를 방지해줄 수 있다. 다들 잘 알다시피 학대성 관계는 대부분 과거의 트라우마에서 기인한다. 그러므로 장기간의 휴식을 일상의 일부로서 받아들이는 것, 쉽게 이용할 수 있는 트라우마 기반의 돌봄을 확대하는 것은 가장 먼저 해결해야 할 국가적 사안이 되어야 한다.

하지만 쿼터라이프 심리학의 미래를 생각하면, 든든한 예산을 갖춘 수준 높은 트라우마 치료는 그저 시작일 뿐이다. 쿼터라이퍼가 '발이 묶인', '삶을 시작하지 못하는', '성장하지 못하는' 상태일 때는 수많은 구조적 불평등이 원인으로 작용하고 있을 가능성이 크다는 것을 나는 안다.

심리 상담가로서 겪는 심각한 어려움 중 하나는 사회적 부정의와 불평등의 결과를 상담실에서 마주하게 된다는 것이다. 내게는 내담자를 위해, 혹은 상담실의 문턱도 밟지 못하는 사람들을 위해 경제 같은 거대한 것을 바꿀 기회도 능력도 없다. 내가 상담가로서 해결할 수 있는 문제가 있고, 그럴 수 없는 문제가 있다.

수많은 쿼터라이퍼가 치솟는 등록금과 불어나는 학자금 대출을 감당해야 하고, 그 결과 '모든 것을 해야 하는 대로 했음'에도 불구하고 빚을 갚지 못하거나 대학 교육과 학위 취득을 포기하게 된다. 나는 이런 상황을 해결할 수 없다. 이와 마찬가지로, 통제할 수 없는 지경인 집값이라든지 점점 벌어지는 임금격차와 치솟는 생활비 같은 것도 해결할 수 없다.

수많은 내담자의 의료보험이 심리 상담비를 지급하지 않는 현실, 그들이 상담을 계속하기 위해 공제액을 늘리거나 막대한 본인부담금을 내려고 아등바등하는 상황도 해결할 수 없다. 나 홀로 상담을 전부 차등제 요금으로 운영하거나, 내담자들이 전부 보험 혜택을 받을 수 있도록 수많은 보험회사와 협업해 일하기란 현실적으로 힘들다. 그리고 보험회사 대부분은 정신과 의료를 경시해서, 정신과 진료에 전국 평균보다 훨씬 낮은 금액을 지급하고 있다.

쿼터라이퍼가 고등학교를 졸업할 때 기본적인 경제적 문해력이나 건강한 의사소통법, 인간관계에서 선을 긋는 법을 숙지할 수 있도록 요리와 영양, 연애 관계 속 학대 위험성, 삶의 질 향상과 생명 유지에 직결된 의료와 자기 돌봄에 관한 기본 지식을 갖출 수 있도록 교육제도를 바꿀 수도 없다.

자기 꿈을 좇을 자유는 기본적 인권으로 보장받아야 마땅한데도 이 나라의 이민국 때문에 고생하는 쿼터라이퍼, 혹은 세계 곳곳의 교전 지역, 난민 캠프, 국경 지역에서 자기 꿈꿀 자유를 박탈당한 채 살아가는 쿼터라이퍼를 도와줄 수 없다.

모든 임산부 쿼터라이퍼가 자기 몸과 미래를 위해 스스로 결정을 내릴 수 있도록 도와줄 수 없다. 쿼터라이퍼가 자기 동네와 학교에서 총기 난사에 휩쓸렸을 때 보호해줄 수 없다. 쿼터라이퍼의 미래와 생계를 위협하는 기후 위기를 멈춰줄 수 없다.

내가 할 수 없는 것들은 이토록 끝이 없다.

쿼터라이프의 심리에 집중하는 것이 내 직업이지만, 머릿속에 언제나, 정말이지 언제나 자리하고 있는 생각이 있다. 이 시기에 관심 두지 않는 것은 사회정의에 반한다는 사실이다. 우리 공동체와 세계 곳곳의 수많은 쿼터라이퍼는 자신의 통제에서 멀리 벗어난 구조적 문제 때

문에 아무리 열심히 변화를 추구한들 자유롭고 충만한 삶을 살 기회를 누리지 못한다.

사회는 수많은 쿼터라이퍼 음악가, 운동선수, 배우의 사생활과 유명세를 즐기며 집착하지만, 그들이 진정으로 건강한 삶을 추구하거나, 실수를 저지르거나, 정말 정신 건강이 우려되는 모습을 보이면 비슷하게 집착적인 방식으로 실컷 비웃는다. 그리고 이와 똑같은 태도가 공동체와 가족 단위로 이어진다. 가족 사이에서도, 할리우드와 올림픽에서도 쿼터라이프의 성공은 분명 관심의 대상이지만, 어떤 이유로든 줄곧 완벽하게 기능하지 못하는 사람들을 애석해하고 비웃는 것도 국가적 여흥 거리인 것이다.

다른 접근법을 써보면 어떨까?

초기 아동기 발달과 말기 환자 돌봄을 적극적으로 지원하기 시작한 것처럼, 쿼터라이프 지원을 국가적 우선순위로 삼으면 어떨까?

나 역시 초기 성인기를 무시하는 문화적 경향에 영향받은 적이 있었다. 나 역시 내 호기심이 중요하지 않다고 생각했고, 한때 내가 오롯이 몰두했던 "더 중요한 문제"에 집중하라고 애원하는 수많은 내면의 악마와 싸워야 했다. 하지만 사그라지지 않는 직감이 있었다. 이 낯설고 과소평가된 심리학의 영역을 이해하고 싶다는 욕구가 나를 붙잡은 채 무겁게 어깨를 짓눌렀고, 내가 온몸으로 이 호기심을 받아들이기까지 약해지지도 나를 놔주지도 않았다. 내가 깨달은 것은, 우리가 쿼터라이프 발달에 관해 이야기할 때 실제로 이야기하고 있는 것은 성숙한 시민, 공동체의 일원, 배우자이자 부모의 발달이라는 사실이었다. 양을 치듯 인간의 발달에 관해 논하면서, 사회가 건강한 성인을 길러낼 책임이 있을지도, 없을지도 모른다는 식으로 안일하게 구는 것이다. 오래전부터 중년기와 노년기 성인은 쿼터라이퍼에게 자신의 부정적인 감정을 투사해왔고, 앞으로도 쿼터라이퍼에게 적대적인 비판을 던지면서 이런 중요한 사실을 무시해버린다면 그것은 더 정상적인 사회로 나아갈 기회를 폐기하는 것과 다름없다. 자라나는 시민들이 좋은 교육을 받고, 좋은 집에서 좋은 음식을 섭취하고, 그들에게 필요한 정신 의료와 신체 의료에 접근할 수 있는 사회 말이다. 쿼터라이퍼가 독립적인 삶을 구축하면서 자유롭게 자기만의 결정을 내릴 수 있도록, 사랑으로 가득한 세심한 관계를 만들어낼 수 있도록 통찰력을 키울 수 있는 사회 말이다. 쿼터라이퍼가 아이를 낳기로 결정했다면 아이에게 사랑과 주의를 기울이고, 육아에 필요한 자원을 사용하고, 필요할 때는 관계 속에서 적절한 선을 그을 수 있고, 언젠가 아이를 독립시킬 수 있는 사회 말이다.

정부와 주류 문화에 불만을 제기한 사람들은 전부 처음에는, 그리고 오랫동안 저항과 조롱, 거부 반응을 맞닥뜨렸다. 시민운동과 진보의 역사를 보면 다양한 연령 집단이 정부의 보호와 관심을 요구했다는 것을 알 수 있다. 다른 이들이 그들을 대변하기도 했다. 한때 아동노동은 일반적으로 용인되는 행태였다. 노인에게 사회보장연금과 의료보험을 보장하는 것은 그저 제안에 지나지 않았다. 유치원부터 고등학교까지 무료로 공교육을 제공하는 것은 꿈같은 일이었다.

이와 유사하게, 구조적이고 사회적인 장애물이 쿼터라이퍼에게 영향을 미치고 있으며 이는 법안과 보호와 예산이 필요한 우리 모두의 문제라는 주장을 처음 마주하면 의아해하거나 이해하지 못할 수도 있다. 하지만 학자금 상환 면제나 생애 첫 집 마련 지원이라는 문제부터, 더 넓게는 입대 자격, 유색인종 거주 지역의 경찰 폭력, 원주민 여성의 실종 및 살인, 트랜스젠더 살인, 여성의 재생산권을 향한 공격, LGBTQIA+ʳ 공동체의 높은 노숙자 비율 등의 문제 등에서 **주로 영향받는 것은 퀴터라이퍼다.**

화두가 경제적 기회든(독립적인 삶을 구축하는 데 핵심적인 요소다) 신체적 자유와 안전이든, 오늘날 퀴터라이프에 영향을 미치는 사회적 문제는 많은 사람의 성장을 방해할뿐더러 다른 집단에게도 삶의 장애물로 작용할 수 있다.

또 언급할 만한 점은, 이제 우리가 세계적인 전염병에서 (바라건대?) 벗어나고 있다는 것이다. 전염병은 퀴터라이퍼의 삶을 급격하게, 때로는 참혹하게 바꿔놓았다. 전염병이 발발한 초기에 나의 내담자 중 상당수는 적게나마 실업급여를 받아 생필품을 구하면서, 끊임없는 근무일과 경제적 스트레스, 사회적 책임으로부터 벗어날 수 있어 마음을 놓았다. 이 시간을 활용해 평소에는 온갖 문제로 분주해서 할 시간이 없었던 깊은 심리적 작업에 착수했다. 분주한 생활에서 멀어져 휴식을 취하며 삶을 변화했다. 하지만 다른 내담자들은 육아와 돌봄 노동, 경제적 생존, 건강 관리, 온라인 수업, 극도의 고립 등으로 스트레스가 치솟았다. 이는 곳곳의 퀴터라이퍼가 겪은 현실이었다. 수많은 퀴터라이

ʳ 여성 동성애자인 '레즈비언Lesbian', 남성 동성애자인 '게이Gay', 남성과 여성 모두에게 성적 호감을 느끼는 '양성애자Bisexual', 지정 성별과 성별 정체성이 다른 '트랜스젠더Transgender', 성 소수자 전반을 지칭하는 '퀴어Queer', 간성을 뜻하는 '인터섹스Intersex', 타인에게 성적 끌림을 느끼지 않는 '무성애자Asexual'를 비롯한 성 소수자 앞 글자를 따고, 이 외에도 가능한 정체성을 인정하겠다는 뜻의 기호 '+'를 더한 약어.

퍼의 눈앞에서 일자리와 교육 기회가 증발해버렸다. 급박한 기한 내로 기숙사를 떠나 몇 달 동안 자기 물건이 그대로 남아 있는 방에 돌아가지 못했고, 졸업식이 온라인으로 진행되는 바람에 친구들을 안아주고 제대로 작별 인사를 나눌 수 없었다.

다행히도 다른 저자들이 여러 기사와 책을 통해 퀴터라이퍼와 관련된 다양한 주제를 탐구했다. 전문가들은 퀴터라이퍼가 이 전염병으로부터, 기후변화와 이민정책, 수감률, 산부인과 의료 정책으로부터 어떤 영향을 받았는지 다루고 있다. 첫 집 마련과 고등교육 접근권에 어떤 세대적 격차가 있는지 주목하는 저자와 활동가도 있는데, 이런 연구에서는 "부머"와 "밀레니얼"이라는 개념이 실제로 의미가 있고 도움이 된다.(질 필리포빅의 책《부머 세대여, 이야기해봅시다OK Boommer, Let's Talk》가 이 주제를 탁월하게 분석한다.) 그러나 이 시기를 지칭하는 하나의 통일된 용어가 없기 때문에, 아니면 이때를 **엄연한 생애 주기로** 인식하지 못하기 때문에, 많은 저자와 활동가는 한 나라의 퀴터라이퍼가 자기만의 독립적인 삶을 구축하고 성장할 수 있도록 권리와 지원을 보장받는 것이 얼마나 가치 있는 일인지 동의에 이르지 못하는 상황이다.

나는 힘들어하는 퀴터라이퍼에게 진정한 안내와 경제적 지원을 제공하는 사회를 꿈꾼다. 모퉁이마다 총이 있는 사회, 위기가 터질 때마다 감옥 문을 열고 슬퍼할 때마다 약물을 제공하는 사회는 싫다. 청소년기에서 중년기를 연결하는 금박 미끄럼틀 같은 것을 만들려는 것이 아니다(벌써 내 제안에 쏟아질 환멸 섞인 비판이 눈에 선하다). 살아 있다는 것은 몸이 있다는 뜻이다. 몸이 있다는 것은 분투하고 성장하고 분투하고 성장하기를 반복한다는 뜻이다. 이런 본질적인 반복은 인간의 생득권이다. 우리의 소명은 변화하며 살아가는 법, 온전히 자기 자신으로서 창조하고 사랑하는 법을 배우는 것이다. 역사 속의 수많은 신학자, 철학자, 심리학자가 표현한 것처럼, 나는 인생의 복잡함이나 고통조차도 그 자체로 발달과 성숙에, 삶의 깊은 의미를 얻는 데 필수적이라는 사실을 잘 안다. 제임스 볼드윈은 이렇게 썼다. "고통을 겪지 못하는 자는 절대 성장하지도, 절대 자신이 누군지 알아내지도 못한다." 하지만 볼드윈이 일생을 바쳐 주장한 것처럼, 주류 사회는 모든 시민을 돌보기 위해 더 큰 노력을 기울일 수 있고, 그래야만 한다.

정말이지 쿼터라이프는 **이토록** 어려울 필요가 없다.

만약 쿼터라이프의 안정과 의미 추구가 인간의 정상적인 발달에 필수적이며 이는 사회적 정의와 연관된 사안이라는 사실이 받아들여진다면, 쿼터라이퍼가 힘들어하다가 종종 굴복하기도 하는 수많은 문제를 한데 모아볼 수 있을 것이다. 그리고 첫 번째 성인기에 널린 함정과 술수와 빠져나올 수 없는 치명적인 문제를 제거하기 위해 집단적 차원의 조치를 취할 수 있을 것이다. 그러면 분명 개인의 고통이 줄어들 것이고, 이것만으로도 충분한 행동 동기가 된다. 그러나 그것뿐만 아니다. 뿌리부터 더욱 튼튼한 사회가 탄생할 것이다. 시민과 공동체의 일원들이 더 많은 기회와 방향성을 제공받고, **사회의 필수적인 일원으로서 돌봄받고 있다**고 느끼면서 성인기를 시작할 수 있다면, 온 사회 조직이 개선될 것이다. 여러 세대 동안 전해 내려온 괴롭힘과 질책, "**나는 해냈는데 너는 왜 못 해?**"라는 질문을 계속하지 않아도 될 것이다.

쿼터라이프의 여정은 모든 시대에 존재했으나 단 한 번도 쉬운 적이 없었다. 어쩌면 불행히도, 쿼터라이프의 생존과 성장을 보장하기 위해 해야 할 일들은 간단하고 명확하지 않다. 그저 각자 자기만의 여정을 떠날 뿐이다. 한 사람은 자신이 누구인지 알아내고 자신의 상처를 치유해야 할 개인적인 의무가 있고, 그러면서 개인적인 즐거움을 누릴 수 있다. 사회는 이 여정을 무수한 방식으로 지원할 수도 있고, 방해하거나 공격할 수도 있다. 우리는 더 잘할 수 있다. 수없이 많은 퀴터라이퍼의 여정이 지금보다 더 수월해질 수 있다. 더 많은 사랑과 공감, 안전, 실질적인 지원으로 채워질 수 있다. 이 책을 통해 퀴터라이프라는 심오하고 심리적인 여정을 걷는 데 필요한 기반을 얻을 수 있기를, 그렇게 자기만의 고유한 삶과 자기만의 진실을 생생하게 체험하고, 체계와 목적의식이, 안정과 의미가 결합된 삶의 경험을 찾아낼 수 있기를, 나는 그저 바랄 뿐이다.

・감사의 말・

　내담자들이 없었다면 이 책은 그저 구상으로 남았을지도 모른다. 오랜 세월 동안 그토록 많은 것을 가르쳐주고, 쿼터라이프에 관한 이해를 정련할 수 있도록 도와준 그들에게 무한히 감사한 마음이다. 또한 나는 수많은 심리 치료사, 치유사, 스승에게도 빚을 지고 있다. 내가 쿼터라이프를 지나는 내내 잘 살아남아 나만의 길을 찾을 수 있도록 도와준 것에 감사하다.

　어떤 형태로든 이 책을 써야겠다고 구상하고 집필을 시작한 것이 벌써 10년이 넘었다. 조사하고, 석사 논문을 쓰고, 또 다른 글을 쓰면서 오랜 시간을 보낸 후에야 마침내 책을 완성할 수 있었다. 내가 융 심리학적 관점에서 바라본 "인생 전반기"에 관한 글을 썼을 때, 그 글을 게재하고 그 속에서 이 책의 씨앗을 발견해준《심리학의 관점들 Psychological Persepctives》편집 위원회에 감사를 표한다. 내 글의 가치를 믿어주고, 초반 편집 작업을 맡아 출간으로 이어질 수 있도록 도와준 로버트 힌쇼에게도 감사하다. 그 후에 썼던 글을 《굽GOOP》에 실어준 엘리스 로에넨과 키키 코로셰츠에게도 고마운 마음이다. 글이 실리고 일주일도 지나지 않아 데이비드 매코믹이 연락해왔고, 그는 곧 내 에이전트가 되었다. 데이비드는 책 집필에 관해 많은 것을 알려주었으며 내 제안서가 적당한 출판사를 만날 수 있도록 노력을 기울였다. 그리고 성공했다. 데이비드에게, 이 책의 제안서만으로 출간을 결정해준 랜덤하우스의 편집자 줄리 그라우에게 더할 나위 없이 고마운 마음이다. 두 사람이 이 책의 가치를 믿어준 것이 얼마나 감사한지, 어떤 말로도 제대로 표현할 수 없을 것이다.

이 책은 자기만의 역사가 있다. 두 번째 편집자 케이틀린 매키나에게 감사한다. 고아가 된 책을 품어, 체계가 없어 엉망이었던 초기 원고의 지킴이가 되어주었다. 그리고 세 번째이자 마지막 편집자 에마 카루소에게도 특히 고맙다. 케이틀린이 출산 휴가로 자리를 비운 후로 몇 년 동안 엄청난 집중력을 발휘해 이 책이 그럴듯한 형태를 갖출 수 있도록 도와주었다. 내가 처음에 구상했던 책은 에마의 헌신과 질문, 통찰, 믿음과 함께 성숙해질 수 있었다.

훌륭한 교열 전문가 리즈 카보넬, 원고를 미리 읽고 사실관계를 확인해준 마야 알렉시스와 미나크시 벤카트에게 감사하다. 다들 세심한 손길로 원고를 다듬어주었다. 이 책을 아름답게 디자인해준 빅토리아 왕, 그리고 랜덤하우스에서 편집, 디자인, 마케팅, 프로젝트 관리 등에 몸담아 노력해준 이름 모를 모든 이에게 감사한 마음이다. 일정이 빡빡한데도 원고를 받아 책 속의 사실관계를 확인하고, 작지만 부끄러운 실수를 바로잡아준 줄리 테이트에게도 고맙다.

이 책이 출간을 향해 나아가는 동안, 나만의 여정도 계속되었다.

힘든 쿼터라이프 시절에 나를 응원해준 키어스틴 콜린스, 처음부터 내일과 이 책을 굳게 믿어준 그에게 고마운 마음이다. 대학 룸메이트로 만나 지금까지 너무나도 충실한 친구가 되어준 홀리 헤레라, 심리 치료사이자 친구로서 (아주) 오랫동안 그 누구보다 든든하게 내 옆을 지켜준 그에게 고맙다. 이 책이 제안서, 초고였을 때부터 함께하며 수많은 긍정적인 대화를 나눠준 에반 슈나이더와 주디스 에드워즈에게 감사하다. 레베카 하이먼, 이론 정립이라는 까다로운 작업을 도와주고 완성 단계의 책을 더욱 개선할 수 있도록 세세한 조언을 제공해준 데 고맙다. 초기 단계의 원고와 막바지에 이른 원고를 읽고, 개선이 필요한 대목을 정확히 짚어내 내게 절실하던 도움을 준 미셸 루이즈 카일에게 감사를 표한다. 질 필리포빅, 삭제할 부분과 유지할 부분에 관해 아주 중요한 조언을 제공해주고 항상 응원해준 것에 고맙다. 사라 게스트, 존 브렘, 콰메 스크러그스, 로렌 그니아즈도스키, 샘 알렉산더, 린지 라토스키, 아이아나 제이미슨을 비롯해 함께해준 친구, 가족, 동료에게도 고마움을 표하고 싶다.

살로메 연구소에 있는 동료들 없이는 그 어떤 것도 이루지 못했을 것이다. 특히 캐롤 페리스, 켈리 스웬슨, 내 오랜 제자들인 살로메이트들에게 감사하다. 로빈 메시와 스콧 헨리는 처음부터 나를 열렬히 신뢰해주었고, 그들이 거실을 내주어 나는 두 해 동안 살로메 살롱을 주최할 수 있었다. 두 사람의 우정, 그리고 지속적이고 구체적인 도움은 내게 온 세상만큼 귀하다.

우리 어머니 아니타 도일을 향한 고마움은 그 어떤 말로도 표현할 수 없을 것이다. 어머니는 내게 융의 작업과 꿈의 세계를 소개해주었고, 대학으로 떠나는 내 손에 『역경』을 들려주었다. 아버지 아이라 바이오크는 의사-작가-활동가-전문가의 삶이 어떤 모습일지 몸소 보여주었다.[*] 어머니와 아버지가 내 삶과 직업 생활에 불어넣은 긍정적인 영향력은 가늠할 수 없을 것이다. 새어머니 이본 코르베이, 부모님과 함께 최종 원고를 읽어보고 날카로운 조언과 뜨거운 마음을 더해준 것, 항상 지지해준 것에 감사하다. 정말이지 고마운 마음이다.

몰리 이모, 항상 나의 성과를 축하해주고 수업에 관심을 보여주어 감사하다. 내 자매 라일라 바이오크와 그의 남편 샘 쇼, 이 책의 출간을 축하해준 것에 고맙다. 집필 과정에서 여러 질문을 던졌을 뿐만 아니라 내가 등장인물의 이름을 바꾸도록 설득함으로써 큰 도움이 되었다(고마워, 라이).

그리고 마지막으로 제이에게 무한한 고마움을 표한다. 처음부터 이 책의 가치를 믿어주었고, 그 후로 줄곧 내 치열한 고민에 함께했으며, 원고를 훌륭하게 수정하고 또 수정해주었고, 정서적인 지원을 해주었다. 이 모든 것 덕분에, 그리고 다른 수많은 이유로 당신을 더할 나위 없이 사랑한다.

[*] 저자의 아버지인 아이라 바이오크는 세계적 호스피스 전문의로, 완화의료 전문가이자 저술가이며 말기의료의 개선을 주장한 활동가다.

지은이 ✛ **사티아 도일 바이오크**Satya Doyle Byock

전문 면허를 보유한 심리 치료사이자 작가, 살로메 융 심리학 연구소The Salome Institute of Jungian Studies의 소장이다. 분석심리학, 트라우마 연구, 역사, 사회적 정의에 집중하는 작업을 한다. 융 심리학을 토대로 성년이 된 지 얼마 되지 않은 20대 초중반을 대상으로 한 심리 연구와 치료에 전념해왔으며, 이와 관련된 주제로 강연과 글을 쓰고 있다. 포틀랜드에 산다.
✛ quarterlife.org

옮긴이 ✛ **임슬애**

고려대학교에서 불어불문학을, 이화여자대학교 통역번역대학원에서 한영번역을 공부하고 현재 번역가로 일하고 있다. 옮긴 책으로『두 번째 장소』,『영광』,『도리언 그레이의 초상 1890』,『더 로스트 키친』등이 있다.

어른의 중력

생의 1/4 승강장에 도착한 어린 어른을 위한 심리학

펴낸날 초판 1쇄 2022년 12월 12일
　　　　초판 4쇄 2024년 3월 4일
지은이 사티아 도일 바이오크
옮긴이 임슬애
펴낸이 이주애, 홍영완
편집장 최혜리
편집1팀 양혜영, 문주영, 강민우
편집 박효주, 유승재, 박주희, 홍은비, 장종철, 김하영, 김혜원, 이소연, 이정미
디자인 박아형, 김주연, 기조숙, 윤소정, 윤신혜
마케팅 김지윤, 최혜빈, 김태윤, 김미소, 정혜인
해외기획 정미현
경영지원 박소현
펴낸곳 (주)윌북 출판등록 제2006-000017호
주소 10881 경기도 파주시 광인사길 217
전화 031-955-3777 팩스 031-955-3778
홈페이지 willbookspub.com
블로그 blog.naver.com/willbooks 포스트 post.naver.com/willbooks
트위터 @onwillbooks 인스타그램 @willbooks_pub
ISBN 979-11-5581-563-2 03180